Hurra, mein Haus ist weg!

Arndt Gerhardts

Hurra, mein Haus ist weg!

Die Schritt-für-Schritt-Anleitung

für entspannten Immobilien-Verkauf

Arndt Gerhardts (Jahrgang 1976) ist mit Leib und Seele Immobilienmakler. Schon als Jugendlicher arbeitete er in den Neunzigerjahren im Immobilienbüro seines Vaters mit und wurde bald sein Geschäftspartner – mit dem Schwerpunkt Wohnimmobilien. Arndt Gerhardts kennt den Immobilienmarkt am Niederrhein wie seine Westentasche und gibt auch darüber hinaus wertvolle Tipps, vor allem wenn es um den Verkauf geht. 2019 wurde er als ehrenamtlicher Gutachter in den Gutachterausschuss für Grundstückswerte des Kreises Viersen bestellt. Im Jahr 2022 wurde er vom Bundesverband für die Immobilienwirtschaft (BVFI) zum Regionaldirektor in Nettetal-Grefrath ernannt und vom BVFI in den Bundeskongress für die Immobilienwirtschaft berufen.

Hurra, mein Haus ist weg!
Die Schritt-für-Schritt-Anleitung für entspannten Immobilien-Verkauf

Die Deutsche Nationalbibliothek verzeichnet diese Publikation in der Deutschen Nationalbibliografie. Detaillierte bibliografische Daten sind unter www.dnb.de abrufbar.

Verlag
ImmobilienFachVerlag GmbH & Co. KG, Johann-Kern-Str. 12, 97839 Esselbach.

Umschlaggestaltung, Illustration: Tahnee Giannakis/Arndt Gerhardts
Fotos: Karin Poltoraczyk (www.czyk-foto.de)
Redaktionelle Beratung: Thilo Baum
2. Auflage, Brüggen, 2023

ISBN 978-3-949964-05-3

Inhaltsverzeichnis

Vorwort 8

Ihre Motivation 9

Sie brauchen Liquidität? 9
Sie wollen sich räumlich verändern? 31
Sie haben eine Immobilie geerbt? 48
Sie haben sich getrennt oder geschieden? 65
Sie sind von Ihrer Immobilie überfordert? 78
Sie pflegen einen Angehörigen? 81
Sie wollen altengerecht wohnen? 91

Der Kaufpreis 96

Recherchieren Sie auf dem Markt! 96
Sprechen Sie mit Immobilienmaklern! 102
Lassen Sie ein Gutachten anfertigen! 105
Lassen Sie sich Angebote unterbreiten! 109
Ermitteln Sie den Wert selbst! 111
Fazit: Die beste Strategie 116

Die Verkaufsvorbereitung 119

Welche Steuern fallen an? 119
Verkaufen Sie selbst oder über Makler? 122
Was, wenn Ihre Finanzierung noch läuft? 132
Was ist beim Thema Grundbuch wichtig? 138
Welche Informationen von welchen Behörden? 145
Wie Sie ansprechende Verkaufsunterlagen erstellen 153
Wie Sie Besichtigungen in Grenzen halten 167

Die Vermarktung 182
Wie Sie Ihre Strategie festlegen 182
Wo Sie Ihr Exposé platzieren 187
Welche Rechtspflichten zu beachten sind 200
Seriöse und unseriöse Interessenten 216
Wie Sie Besichtigungen organisieren 225
Was nach der Besichtigung zu tun ist 238

Verhandlung – Kauf – Notar 245
So bereiten Sie Ihre Verhandlung vor 245
So begegnen Sie emotionalen Argumenten 250
So wählen Sie den richtigen Käufer 255
So fixieren Sie den Deal 261

Ein neuer Abschnitt 280
Ein Einschreiben wird kommen … 280

Nachwort 283

Vorwort

Ich verkaufe meine Immobilie.« Der Satz ist schnell gesagt. Doch oft sitzen schnell Entschlossene kurze Zeit später bei mir und beauftragen mich mit der Vermarktung. Die Gründe ähneln sich: »Hätte ich gewusst, was da alles auf mich zukommt, hätte ich es niemals selbst versucht.« – »Immer wieder scheitert die Finanzierung.« – »Was man da so alles erlebt und wer da so ins Haus kommt!« Das sind häufige Aussagen. Dann gehen wir die Vermarktung der Immobilie an – mit dem Konzept, das Sie in diesem Buch kennenlernen. Oft erzielen wir schnell einen Abschluss und oft bleibt dem Verkäufer am Ende trotz unseres Erfolgshonorars mehr Erlös als erhofft. Manchmal aber müssen wir den Verkäufer aus seinen unrealen Traumvorstellungen in Sachen Kaufpreis auf den Boden der Realität holen.

Dennoch gibt es viele erfolgreiche Immobilienverkäufe auch im privaten Sektor. Zumindest vermeintlich erfolgreich. Es passiert auch, dass private Verkäufer und Käufer nach dem Kauf Rat bei mir suchen. Rat, weil ein Mangel an der Immobilie offensichtlich wurde und nun möglicherweise Schadenersatz fällig ist. Das kann sogar berechtigt sein, wenn bei der Veräußerung nicht alle erforderlichen Dinge abgeklärt wurden. Im schlimmsten Fall wurde ein Kaufvertrag unterzeichnet und muss dann aufgrund fehlender finanzieller Möglichkeiten des Käufers aufwendig und letztlich auch teuer rückgängig gemacht werden. Solche Ärgernisse lassen sich mit dem richtigen Vorgehen bei einem Immobilienverkauf vermeiden.

Was mir am Herzen liegt: faire und nachhaltige Deals für beide Seiten. Mit diesem Buch halten Sie dazu einen wichtigen Schlüssel in der Hand. Ich freue mich, wenn Ihnen dieser Leitfaden maximal hilft. Bei Fragen können Sie mich unter buch@im-g.de erreichen.

Ihre Motivation

Sie brauchen Liquidität?

»Die Zukunft kann man am besten voraussagen,
indem man sie selbst gestaltet.«
Alan Kay (1940), US-Informatiker*

Es gibt unterschiedliche und individuelle Gründe, warum Sie Liquidität brauchen. Wobei Liquidität im Kern bedeutet, dass Sie jederzeit in der Lage sind, Zahlungsverpflichtungen aus Schulden nachzukommen. Häufig wird »liquide sein« aber auch in dem Sinne gedeutet, dass man sich etwas leisten kann, ohne eben Schulden machen zu müssen oder ein Darlehen aufnehmen zu müssen. Und damit sind wir, so glaube ich, bei den zwei wesentlichen Gründen, warum auch Sie sich mit dem Thema »Liquidität« befassen sollten.

Fangen wir mit dem zweiten und somit wahrscheinlich etwas angenehmeren Punkt an. Sie möchten sich etwas leisten können, ohne Schulden zu machen – oder Sie möchten vielleicht einen Menschen unterstützen, der Ihnen nahesteht. In meiner Praxis als Immobilienmakler kommen diese Motive recht häufig vor:

- Menschen möchten sich räumlich verändern.
- Andere möchten ihren Ruhestand genießen und ihr Geld »auf den Kopf hauen«.
- Viele wollen ihre Kinder finanziell unterstützen.

Sich räumlich zu verändern, kann vieles bedeuten. Daher gehen wir auf dieses Thema später im Buch genauer ein.

Geld »auf den Kopf hauen« will auch geplant sein

Da Sie hier einen Ratgeber über den Verkauf einer Immobilie in den Händen halten, gehe ich davon aus, dass Sie Ihr Haus oder Ihre Wohnung verkaufen möchten. Aus dem Erlös möchten Sie sich dann gegebenenfalls die Weltreise gönnen, einen Oldtimer kaufen, dreimal am Tag lecker essen gehen oder was auch immer. Sie möchten das Kapital, das in Ihrer Immobilie gebunden ist, auf dem Konto haben. Also Ihr immobiles Kapital wieder mobil machen. Unbeschwert, ohne eine Zahlungsverpflichtung an eine Bank und ohne Verpflichtungen, die eine Immobilie mit sich bringt. Und dies ist Ihr gutes Recht.

Allerdings werden Sie mir zustimmen: Es ist ein großer Schritt, ohne tägliche berufliche Verpflichtungen in den Ruhestand zu treten. Ein noch größerer Schritt ist es nun, auch sein möglicherweise über Jahrzehnte bekanntes Wohnumfeld zu verlassen. Es bedarf einer genauen Planung, damit Sie Ihren Ruhestand wie gewünscht und vor allem unbeschwert und frei gestalten und genießen können. Daher sollten Sie zuallererst folgende Punkte für sich rational und real beantworten und dann entsprechend angehen:

- Welches Budget brauchen Sie monatlich, um Ihren notwendigen Lebensunterhalt zu gestalten?
- Was möchten Sie sich über dieses Budget hinaus zusätzlich leisten?
- Welche Rücklage möchten Sie für Unvorhergesehenes bilden?
- Welche fixen Kosten entfallen durch den Verkauf Ihre Immobilie (Grundsteuer, Reparaturen, Versicherungen, …)?
- Welche fixen Kosten kommen hinzu?
- Wie lange kommen Sie dann mit Ihrem Kapital aus?
- Wo haben Sie Ihren neuen festen Wohnsitz oder Ihre Meldeadresse?

- Werden Sie zur Miete wohnen oder etwas Kleines kaufen?
- Wer übernimmt während Ihrer Abwesenheit Ihre Pflichten als Eigentümer oder Mieter?
- Wie stellen Sie sich den Übergang zwischen Verkauf und neuem Wohnumfeld vor?

Die Budgetplanung

Hier sind Fleiß und vor allem Ehrlichkeit sich selbst gegenüber gefragt. Beschönigen Sie an dieser Stelle nichts, denn Sie möchten ja unbeschwert und frei den kompletten Ruhestand genießen und sich nicht eines Tages einschränken wollen. Nehmen Sie sich die Kontoauszüge des vergangenen Jahres und notieren Sie alle Ausgaben, die Sie monatlich haben. Ich empfehle Ihnen, dazu eine Tabelle anzulegen mit den Spalten »weiterhin feste Ausgabe«, »Sparpotenzial«, »entfällt mit Verkauf des Hauses«, »kommt neu hinzu« und »Bargeldabhebungen«.

Wenn Sie das erledigt haben, haben Sie schon einen ersten, sehr guten Überblick über Ihre monatlichen fixen Kosten. Aber das reicht noch nicht. Was ist mit den Ausgaben, die Sie in bar tätigen und die nicht in den Kontoauszügen erfasst sind? Wenn Sie ein Haushaltsbuch führen, haben Sie auch hier einen idealen Überblick. Allerdings führt kaum jemand ein Haushaltsbuch – ich schließe mich da nicht aus. Zumindest was die Dauerhaftigkeit angeht. Ab und an erfasse ich diese Dinge über einen gewissen Zeitraum und es ist immer aufschlussreich. Und auch Ihnen empfehle ich: Führen Sie ab sofort ein Haushaltsbuch. Notieren Sie, was Sie wann wofür ausgeben. Sie werden sehen, dass dies wirklich hilfreiche Erkenntnisse für Sie bringt: Es macht Ihre Budgetplanung noch genauer und schafft zudem meist noch neue Einsparpotenziale.

Außer Disziplin ist die Führung eines Haushaltsbuchs eine Frage der Organisation. Es gibt dazu Apps, die insofern praktisch sind, als man Ausgaben auch unterwegs direkt eingeben kann. Dies kann man aber auch mit einem normalen altmodischen Notizblock oder einer Excel-Tabelle. Und auch Excel haben die meisten Menschen auf dem Smartphone immer dabei. Ich mache es so, dass ich mir immer einen Beleg geben lasse. Auch beim Bäcker. Diese Belege nehme ich dann ein- bis zweimal die Woche aus meiner Geldbörse und gebe die Daten dann in eine kleine Excel-Tabelle ein. Fertig.

Nun geht es um die Ausgaben, welche Sie künftig zusätzlich haben. Also: Welche Reisekosten fallen an, was kostet der Oldtimer, das Wohnmobil, die Tickets für Events, die Sie besuchen möchten? Und so weiter. Und wie hoch sind die Unterhaltskosten? Also bei der Reise: Was geben Sie am Tag so für Verpflegung, Unterkunft und Vergnügen aus? Welche Kosten fallen für Reparatur und Wartung von Oldtimer und Wohnmobil an? Welche Kraftstoffkosten? Fallen eventuell zusätzlich erforderliche und sinnvolle Versicherungen an? Reiserücktritts- und Auslandskrankenversicherung, zusätzliche Kfz-Versicherung und Kosten für ein Bankschließfach, damit Sie wichtige Dokumente sicher deponiert haben, wenn Sie unterwegs sind? Und waren Sie beim Notar, um dort Ihren letzten Willen zu hinterlegen? Ja, das ist ein Thema, dass man gerne zur Seite schiebt. Aber auch das sollten Sie erledigen, um Ihren Ruhestand wirklich unbeschwert und mit ruhigem Gewissen genießen zu können. Auch der Notar kostet etwas. Gehen Sie auch hier in sich und listen Sie alles auf, was Ihnen einfällt. Je genauer Sie jetzt planen, je schöner wird Ihr neuer Lebenstraum.

Wie lange kommen Sie mit Ihrem Kapital aus?

Diese Frage kann Ihnen leider – oder zum Glück – niemand beantworten. Denn letztlich liegt es daran, wie lange Sie Ihr Leben leben werden. Haben Sie in Ihrem Budget einen festen Betrag, der Ihnen monatlich bis an Ihr Lebensende ausgezahlt wird? Also zum Beispiel eine Rente, eine Betriebsrente, Zusatzrenten oder ähnliches? Reichen diese aus, um Ihre Grundbedürfnisse zufriedenstellend zu decken? Wenn Ihnen dies ab einem bestimmten Zeitraum ausreicht, dann brauchen Sie sich hier keine weiteren Gedanken machen. Bedenken Sie aber die steigenden Lebenshaltungskosten und planen Sie daher Ihre monatliche Rente nicht zu knapp.

Vielleicht hilft Ihnen bei der Planung des Zeitraums für Ihr Budget die Statistik der sogenannten Sterbetabellen. Die sagt Ihnen nämlich, wie lange Sie noch zu leben haben. Sterbetabellen finden Sie ganz einfach über Ihre Suchmaschine, bei destatis.de oder in meinem Mitgliederbereich zum Buch.[1] Als kleine Orientierung: Als jetzt 40-jähriger Mann haben Sie in Deutschland noch eine Lebenserwartung von 39,69 Jahren. Wenn sie jetzt 60 sind, haben Sie noch 21,77 Lebensjahre vor sich. Bei Frauen, die jetzt 40 sind, sind es noch 44,07 Jahre und mit 60 noch 25,39 Jahre.

Wenn es trotz perfekter Budgetplanung einmal anders kommt

Sie haben alles geplant und sind in Sachen Budget perfekt vorbereitet? Wunderbar. Ich gönne Ihnen von ganzem Herzen all das, was Sie angehen möchten, auch umsetzen zu können. Aber manchmal kommt das Leben leider anders. Sie gehen am Morgen am Strand entlang, wohlmöglich joggen Sie sogar und fühlen sich wunderbar. Dann schön frühstücken, danach in der Buchhandlung stöbern und anschließend noch kurz ein paar Dinge für den Mittagstisch besorgen. Und dann passiert es: ein Schlaganfall. Sie wachen irgendwann und irgendwo in einem Krankenhaus auf. Gott sei Dank, Sie verstehen alles und können auch sprechen. Aber irgendwas stimmt nicht. Ein Bein können Sie nicht bewegen und fühlen es auch

---

[1] Einen QR-Code finden Sie am Ende des Nachworts.

nicht. Nun steht eine Reha an und vielleicht brauchen Sie für immer einen Rollstuhl und Pflege.

Ja, auch solch ein Szenario, wobei der Schlaganfall stellvertretend für einen Unfall, einen Herzinfarkt, eine Krebsdiagnose oder andere Schicksalsschläge steht, verdrängt man gerne. Aber es passiert leider immer wieder. Gut, wenn man dann Rücklagen eingeplant hat. Wie hoch sollten diese sein? Das ist eine schwierige Frage und auch von Ihnen individuell anhängig. Eine grobe Faustregel: Ihre Rücklagen für solche Fälle sollten mindestens so hoch sein wie der Betrag, den Sie für ein Jahr sonst auch eingeplant hätten. Dabei sollten Sie auch folgende Faktoren berücksichtigen: Wie gut ist Ihre Pflegeversicherung? Haben Sie Zusatzversicherungen abgeschlossen, oder tritt »nur« die gesetzliche Leistung ein? Dann sind schon einmal schnell 1.000 bis 3.500 Euro pro Monat selbst zu tragen. Wenn Sie einen Unfall hatten: haben Sie eine Unfallversicherung, die dann auszahlt und wenn ja, wie viel?

Ich kann Ihnen an dieser Stelle nur Denkanstöße geben und empfehlen, verschiedene Szenarien zu bedenken und sich dann umfassend zu informieren, welche finanzielle Folgen auf Sie zukommen könnten. Informieren Sie sich bei Ihrer Krankenkasse. Es gibt auch spezielle Pflegeberatungen, bei denen man sich informieren kann. Oder vielleicht kennen Sie ja Menschen, die von diesem Thema betroffen sind und Erfahrungen haben. Vielleicht wollten Sie den Betroffenen schon lange einmal besuchen. Tun Sie es! Man wird sich über Ihren Besuch freuen und zudem können Sie dabei nützliche Erkenntnisse gewinnen.

Sie haben sich nun für einen Betrag als Rücklage entschieden. Überlegen Sie jetzt, wie Sie diesen anlegen. Ihr Anlageziel sollte Sicherheit sein, denn Sie wollen den Betrag ja im Falle eines Falles zur Verfügung haben. Dennoch sollten Sie sich hier Gedanken machen. Auf jeden Fall sollten Sie zumindest ein Tagesgeldkonto wählen. Auch wenn die Zinsen derzeit erbärmlich sind: Sie sind besser als nichts. Und es sollte meiner Meinung nach nicht die einzige Anlagevariante sein. Persönlich würde ich darüber nachdenken, zumindest einen Teil, sagen wir rund 10 Prozent, in Gold anzulegen. Nicht erst seit der Corona-Krise wird Geld in Unmengen gedruckt – und dass dies für die Stabilität einer Währung nicht unbedingt gesund ist, dürfte mittlerweile jeder wissen. Von daher würde ich persönlich diesen Baustein bei einer Rücklage nicht missen wollen. Aus gleichem Grund, aber auch um den inflationsbedingten Wertverlust auf dem Tagesgeldkonto auszugleichen, würde ich einen weiteren Teil in Aktien anlegen. Nicht in spekulative Aktien. Aber es gibt Papiere, die seit 100 Jahren und länger regelmäßig Dividenden zahlen und mehr oder weniger stabil sind. Hier sind die Risiken eines Totalausfalls gering und stabile Erträge sehr wahrscheinlich. Auch würde ich nicht mehr als drei bis fünf Aktien wählen und mein Depot selbst verwalten. Online geht dies mittlerweile von jedem Ort der Welt zu jeder Zeit.

Tiefer kann ich an dieser Stelle aber nicht auf das Thema »Geldanlage« eingehen, verweise aber an dieser Stelle nochmals auf meinen Mitgliederbereich. Sprechen Sie auch mit Leuten, von denen Sie wissen, dass diese wirklich erfolgreich mit Aktien sind. Diese praxiserprobten Menschen liefern meist wertvolle Tipps. Auch was sehr gute und professionelle Berater angeht. Und vielleicht macht es Ihnen ja sogar noch Spaß, sich künftig einfach eine halbe Stunde am Tag intensiv mit diesem Thema zu befassen und Ihre Rücklagen zu optimieren.

Mieten oder kaufen?

Auch bei dieser Frage gilt es zu erörtern, was für Sie persönlich die bessere oder sagen wir passendere Entscheidung ist. Von daher habe ich für Sie folgende Checkliste beigefügt. Gehen Sie sie durch und beantworten Sie für sich die Fragen nachvollziehbar und vor allem ehrlich. Lassen Sie sich auch die notwendige Zeit dazu.

Frage	Trifft zu	Trifft nicht zu
Flexibilität ist für mich wichtig und ich möchte nicht an einen Standort gebunden sein.		
Ich brauche keinen festen Rückzugsort, auch wenn ich viele kleinere Reisen und Tagesausflüge mache.		
Eine höhere Flexibilität ist mir wichtiger, als an einer Wertsteigerung von einer Immobilie zu partizipieren.		
Ich möchte mich nicht mehr um Handwerker kümmern, wenn eine Reparatur oder Wartung ansteht.		
Ich bin nicht bereit, Geld für Reparaturen, Instandsetzungen oder Wartungen anzusparen und zu hinterlegen.		
Wir sind zu zweit. Sollte einer von uns allein sein, ist es uns wichtig, dass derjenige ohne großen Aufwand eine kleinere Wohnung beziehen kann und gegebenenfalls in die Nähe seiner Familie ziehen kann.		
Eine Immobilie wird auch häufig als »Betongold« bezeichnet. Dennoch verzichte ich auf diese Form der Geldanlage und wähle andere Strategien, um mein Kapital und mich »mobil« zu halten.		
Ich hinterlasse meinen Kindern oder Angehörigen lieber Vermögenswerte, damit diese für sich selbst entscheiden können, wie sie es verwenden möchten.		

Haben Sie alle Fragen ehrlich beantwortet? Wunderbar. Dann zur Auswertung! Wenn Sie mehr Kreuze bei »Trifft zu« gesetzt haben, dann ist für Sie die Sache klar: Sie möchten zur Miete wohnen. Entsprechend möchten Sie lieber etwas kaufen, wenn Sie mehrmals die Auswahl »Trifft nicht zu« gewählt haben. Und was, wenn es unentschieden steht? Dann sollten Sie nochmals in sich gehen. Vielleicht hilft Ihnen die »Bauchgefühl-Methode«.

Sie kennen es bestimmt. Sie müssen eine Entscheidung treffen, aber irgendwie kommen Sie zu keinem Ergebnis. Oft, weil der Kopf etwas anderes sagt als der Bauch: Trotz aller sorgfältig überprüfter Argumente kommen Sie zu keiner Entscheidung. Ich lasse dann meistens den »Bauch« entscheiden. Wenn ich mit der Entscheidung ringe und dies ist meist spät am Abend oder mitten in der Nacht, dann stelle ich zunächst zwei banale und eindeutige Behauptungen auf. Die erste These sollte in jedem Fall zutreffen und absolut wahr sein. Also zum Beispiel: »Ich liebe meine Kinder über alles.« Merken Sie sich, welches Bauchgefühl sich bei Ihnen für den Zustand »richtig« entwickelt. Wiederholen Sie Ihre These ruhig ein paar Mal. Dann stellen Sie eine total abstruse und vollkommen falsche Behauptung auf. Zum Beispiel: »Krieg und Hass sind wunderbar und erstrebenswert.« Merken Sie sich auch das Bauchgefühl, das dieser Satz erzeugt. Und jetzt formulieren Sie folgende Aussagen: »Ich bin glücklich und froh, in dieser tollen Mietwohnung zu leben« und »Ich bin froh, diese wunderbare Eigentumswohnung gekauft zu haben und hier zu leben.« Wobei entwickelt sich bei Ihnen das »gute« Bauchgefühl? Bei der Mietwohnung? Dann mieten Sie. Bei der Eigentumswohnung? Dann kaufen Sie.

Diese Entscheidung ist nun gefallen und Sie haben auch die anderen Punkte wie den neuen Wohnsitz und die Meldeadresse geklärt. Und Sie haben einen »Kümmerer« für Ihr neues Zuhause gefunden, wenn Sie unterwegs und auf Reisen sind. Damit haben Sie schon eine ganze Menge beachtet und vorbereitet. Nun geht es noch um den reibungslosen Übergang von Ihrer zu verkaufenden Immobilie in Ihre neue Wohnung. Darauf werden wir später im Buch genauer eingehen.

Finanzielle Unterstützung der Kinder oder Enkelkinder

Ein sehr häufiges Argument, warum Menschen Ihre großen Häuser und Wohnungen verkaufen, ist die Tatsache, dass man den Kindern oder Enkeln die Gründung einer Familie und den Start in die eigenen vier Wände erleichtern möchte. Neben tatkräftiger Unterstützung eben auch finanziell. Frei nach dem Motto: »Ich möchte jetzt mit warmen Händen geben und mit Freude sehen, was sich daraus entwickelt, als mit kalten Händen und möglicherweise zu spät.« Das ist Ihr gutes Recht. Aber auch dabei sollten Sie so einiges beachten.

Zunächst einmal gehen wir davon aus, dass Ihr Verhältnis zu den Kindern und Enkeln intakt ist. Sie können ihnen vertrauen und müssen nicht befürchten, »über den Tisch gezogen« zu werden. Seien Sie bitte auch an diesem Punkt kritisch und ehrlich zu sich selbst. Beim Thema Geld ist bekanntlich schon manche Freundschaft zerbrochen. Und wo wir gerade bei Freundschaften sind: Finanzielle Unterstützung im großen Rahmen und sogar Schenkungen sollten meiner Meinung nach in der Familie bleiben. Natürlich ist man für echte Freunde da und hilft auch im kleinen Rahmen aus, wenn es denn überhaupt dazu kommt. Dennoch kommt die Weisheit »Blut ist dicker als Wasser« nicht von ungefähr. Zudem gelten auch rechtlich andere Bedingungen. Trotzdem gilt natürlich: Sie dürfen frei entscheiden, was Sie mit Ihrem Geld machen.

Schauen wir uns die verschiedenen Möglichkeiten an:

Bürgschaft. Eine Bürgschaft bedeutet, dass Sie gegenüber einem Gläubiger für die Schulden eines Dritten einstehen. Also praktisch gesprochen: Ihr Sohn möchte mit seiner Partnerin bei der Bank einen

Kredit in Höhe von 350.000 Euro für den Kauf eines Hauses aufnehmen. Nun sagt die Bank, dass ihr Sicherheiten von 20.000 Euro fehlen und man daher nicht finanzieren könne. Für diese 20.000 Euro könnten Sie nun gegenüber der Bank bürgen. Sprich: Wenn Ihr Sohn und seine Partnerin den Kredit nicht mehr bedienen, wird die Bank zumindest die 20.000 Euro bei Ihnen holen. Allerdings ist diese Form der Bürgschaft heutzutage kaum noch Praxis und wird von den Banken auch nicht mehr gewollt. Die Bank möchte und muss Sicherheiten haben. Also wird man Ihnen vorschlagen, auch auf Ihr Immobilieneigentum eine Grundschuld einzutragen. Und hier wird man sich jetzt nicht mit einer Sicherheit von 20.000 Euro zufriedengeben, sondern deutlich mehr eintragen lassen wollen. Seien Sie an dieser Stelle vorsichtig. Es könnte sein, dass Sie Ihre Immobilie verlieren, weil zum Beispiel Ihr Sohn und seine Partnerin den Kredit nicht mehr bedienen können, aus welchen Gründen auch immer. Außerdem: Sie haften auch für die Schulden der Partnerin. Was ist, wenn diese sich von Ihrem Sohn trennt oder umgekehrt? Sie sehen also, es ist sogar innerhalb der Familie höchste Vorsicht mit einer Bürgschaft geboten, um nicht zu sagen: Sie ist nicht zu empfehlen. Vielleicht hat es mehr Sinn, wenn Sie selbst bei der Bank 20.000 Euro Darlehen aufnehmen und dieses dann an Ihren Sohn weitergeben. Oder vielleicht haben Sie ja einiges gespart und können diese Summe aus eigenen Mitteln aufbringen. In welcher Form Sie das Geld weitergeben, dazu im weiteren Verlauf mehr.

Darlehen. Eine andere Möglichkeit wäre es, Ihrem Sohn ein Privatdarlehen zu geben. Ganz offiziell mit schriftlichem Vertrag, Zahlungsziel, Tilgungsplan, Zins und Zinsbindung. Die eingenommenen Zinsen müssten Sie als Kapitalerträge versteuern. Wobei Sie den Zinssatz selbst bestimmen können. Während ich diese Zeilen schreibe, liegt der Basiszinssatz der Europäischen Zentralbank (EZB) bei –0,88 Prozent. Minuszins wohlgemerkt. Wer will Ihnen also verdenken, wenn Sie ein Darlehen für 0 Prozent oder um mögliche Nachfragen des Finanzamtes in Sachen Schenkung zu vermeiden, für 0,1 Prozent Zins gewähren? Warum es sinnvoll sein kann, nicht unbedingt eine Schenkung zu leisten und was eine Schenkung ist, finden Sie im Kapitel »Sie haben eine Immobilie geerbt« genauer.

Welche Art eines Darlehens Sie vergeben, können Sie auch festlegen. Geben Sie ein Annuitätendarlehen und es wird in monatlichen festen Raten zurückgezahlt? Oder geben Sie ein endfälliges Darlehen und Ihr Sohn zahlt in der Zwischenzeit nur die Zinsen an Sie und an Tag X die volle Summe auf einmal zurück? Was ist im Falle Ihres, ich hoffe noch sehr lange nicht eintretenden, Todes? Geht der Anspruch aus dem Darlehen dann an Ihre Erben über? Wenn nur noch Ihr Sohn Erbe ist, dann wäre es ohnehin so. Sind noch andere Erben da, dann ist es vielleicht Ihr letzter Wille im Testament, dass Ihr Sohn das Darlehen erlassen bekommt? Sie sehen, es gibt viele Gestaltungsmöglichkeiten. Und obwohl wir Ihnen in meinem Mitgliederbereich Möglichkeiten geben, Darlehen selbst zu berechnen und auch unverbindliche Mustervorlagen für ein Privatdarlehen zur Verfügung stellen, sollten Sie den Rat von einem Fachanwalt, Notar oder Steuerberater einholen.

Und auch den Punkt Sicherheit des Darlehens sollten Sie beachten. Denken Sie daran: Wenn Sie Ihrem Sohn und deren Partnerin das Darlehen gewähren, ist automatisch auch die Partnerin begünstigt. Wenn Sie dies nicht möchten, dann geben Sie nur Ihrem Sohn das Darlehen. Allerdings gehen wir davon aus, dass Sie ein intaktes Verhältnis haben und blindes Vertrauen herrscht. Aus diesem Grunde blenden wir an dieser Stelle Besonderheiten in Sachen Ehe, Ehevertrag, Zugewinngemeinschaft und Gütertrennung aus. Dazu sind bei solchen spezifischen Fragen die eben genannten Experten Ihre Ansprechpartner. Hier geht es darum, Ihnen Wege aufzuzeigen – gehen müssen Sie diese selbst. Trotzdem, bei allem Vertrauen der Hinweis: Selbst wenn Sie Ihr Darlehen an Ihren Sohn und dessen Partnerin beim Notar in Form einer Grundschuld im Grundbuch eintragen lassen, seien Sie sich bewusst, dass die Bank immer Vorrang vor Ihnen hat und Sie im Falle des Falles wahrscheinlich leer ausgehen würden. Um korrekt zu sein: Die Bank hat nicht automatisch Vorrang, aber Sie wird sehr penibel dafür sorgen.

Das Darlehen ist also ein geeignetes Instrument, ihre Kinder oder Enkel bei einem Vorhaben tatkräftig zu unterstützen, insbesondere wenn man die Sache mit geeigneten Experten sorgfältig umsetzt. Aber deshalb haben Sie ja dieses Buch in der Hand.

Exoten: An Kinder vermieten – und Erbpacht

Eine andere Überlegung könnte folgende sein: Angenommen Ihnen ist Ihr Haus zu groß und Sie möchten sich ohnehin verkleinern. Ihr Haus wäre ideal für die Kinder. Warum dann nicht folgendes Szenario: Ihre Tochter mietet Ihr Haus und Sie kaufen oder mieten eine für Sie optimale Wohnung? Idealerweise ist die monatliche Miete, die Sie bekommen, höher als die Darlehensrate, die Sie bezahlen. So erzielen Sie einen Überschuss, Ihre Tochter braucht kein Bankdarlehen und das Geld bleibt in der Familie. Doch beachten Sie bitte, dass die Miete realistisch ist: Wenn Sie zu günstig vermieten, könnte das Finanzamt fehlende Gewinnerzielungsabsicht unterstellen. Von daher orientieren Sie sich bitte an der ortsüblichen Marktmiete durch die später im Buch beschriebene eigene Marktrecherche oder fragen Sie bei Ihrer Kommune nach dem aktuellen Mietspiegel.

Es tut mir leid, aber auch in diesem Beispiel müssen wir an Ihren unvermeidlichen Tod denken. Wenn Sie sterben und Ihre Tochter Alleinerbin ist, dann geht das gemietete Haus auf die Tochter über und Sie müssen nichts weiter berücksichtigen. Gibt es noch weitere Erben, dann haben diese Erben natürlich ebenfalls Anspruch auf das von Ihnen an Ihre Tochter vermietete Haus. Hier gilt es wieder, einen entsprechenden letzten Willen – sprich Testament – zu verfassen und ich empfehle hier definitiv wieder die genannten Experten: Fachanwalt, Notar und Steuerberater. Warum? Ganz einfach: Entweder die gesetzliche Erbfolge tritt ein – dann muss Ihre Tochter ein Darlehen aufnehmen, um die anderen Erben auszuzahlen, damit sie im Haus wohnen bleiben kann.

Oder vielleicht haben Sie ja noch andere Möglichkeiten. Vielleicht haben Sie durch Schenkungen zu Lebzeiten die anderen Erben schon begünstigt? Darum überlegen Sie: Ist anderes Vermögen vorhanden, welches Sie entsprechend aufteilen könnten? Lohnt sich bei mehreren Immobilien vielleicht sogar die Gründung einer »Vermögensverwaltenden Gesellschaft«? Beachten Sie dazu die geltenden Freibeträge, welche wir später noch benennen werden.

Vermeiden Sie jedenfalls durch rechtzeitiges Planen und Handeln unnötige und möglicherweise belastende Zahlungen der Erbschaftsteuer durch Ihre Kinder an den Staat. Handeln Sie aktiv!

Übrigens: Anstatt Ihrer Tochter Ihr Haus zu vermieten, könnten Sie auch eine Wohnung kaufen und diese an Ihre Tochter vermieten. Vielleicht haben Sie auch ein Grundstück und Ihre Tochter möchte darauf bauen? Dann gäbe es die Möglichkeit einer exotischen Lösung: die Erbpacht. Vereinfacht gesprochen ist dies die Miete eines Grundstücks mit festem Rückgabetermin, meist über 99 Jahre, mit der Möglichkeit zu verlängern. Außerdem wird festgelegt, wie bei der Rückgabe des Grundstücks das darauf errichtete Gebäude an den »Mieter« zu entschädigen ist. Auch hier gilt es, ein sauberes Testament zu verfassen. Der Verkauf in Form eines Darlehens mit Notarvertrag ist auch möglich – je nach Wert des Grundstücks lohnt sich der Blick auf die später beschriebene Schenkung.

Sie sehen also, es sind viele Möglichkeiten gegeben, Ihre Kinder zu unterstützen. Allerdings gibt es viele Facetten zu berücksichtigen. Hoffentlich konnten Sie einen Weg für sich erkennen und setzen diesen nur mit dem Rat der Experten um.

Der finanzielle Engpass

Manchmal kommt das Leben anders als geplant – und trotz aller Sorgfalt in der Planung kommt es zu einem finanziellen Engpass. Wichtig ist zunächst einmal: Dies ist keine Schande und kann jeden treffen. Gerade in Zeiten von »Corona« kann dies aus heiterem Himmel und ohne eigenes Zutun geschehen. Aber egal was Ihre finanzielle Not begründet: Wichtig ist, dass Sie nun aktiv werden und handeln. So schwer und aussichtslos es Ihnen auch gerade erscheinen mag: Jede Krise ist auch eine Chance und kann Sie nach vorne bringen. Aber nur, wenn Sie das Heft in die Hand nehmen und nicht wie der Strauß den Kopf in den Sand stecken.

Bei einem finanziellen Engpass sollten Sie sich zunächst einmal einen Überblick über Ihre Einnahmen und Ausgaben verschaffen. Wie dies geht, ist weiter oben im Buch unter »Die Budgetplanung« beschrieben. Gehen Sie Punkt für Punkt Ihre Ausgaben durch und streichen Sie alles, was Sie derzeit nicht brauchen: Sky, Netflix, DAZN, Tageszeitung, Mobilfunkverträge, überflüssige Versicherungen und so weiter. Da kommen schnell schon 100 Euro und mehr im Monat zusammen. Wichtig ist allerdings, dass Sie die Prioritäten richtig setzen. Wenn Ihre Bank schon mit der Kündigung Ihres Hausdarlehens und der damit verbundenen Zwangsversteigerung droht, dann sollten Sie unbedingt das Gespräch mit ihr suchen. Dabei kann es sicherlich nicht schaden, wenn Sie Ihrem Bankberater mitteilen können, wo Sie schon aktiv Ihre Ausgaben reduziert haben. Allerdings: Damit allein werden Sie die Bank nicht überzeugen können, Ihnen mehr Zeit zu geben. Dennoch wird es im gesamten Puzzle der Verhandlungen mit Ihrer Bank ein Baustein zu Ihren Gunsten sein.

Mehr Zeit zu gewinnen, dies ist bei der drohenden Zwangsversteigerung zunächst das oberste Ziel. Das klingt für Sie in dieser Situation grotesk? Sie bangen um Ihre Existenz, Sie müssen Ihren

Kindern sagen, dass Sie bald in eine kleine Wohnung umziehen müssen. Sie sehen derzeit Ihr Leben in Scherben vor sich liegen und Zeit soll da das Wichtigste sein? Ja, glauben Sie mir, denn unter Zeitdruck machen wir alle unsere größten Fehler. Außerdem haben Sie noch einen nicht zu unterschätzenden Partner an Ihrer Seite, den Sie wahrscheinlich nicht vermuten: Ihre Bank. Die Bank verdient, wenn Sie die Darlehensverträge erfüllen. Und der Bank ist bewusst, dass eine Zwangsversteigerung für Sie nahezu immer ein Verlustgeschäft wird. Also wird man offen sein für Gespräche und mit Ihnen Lösungen suchen. Vor allem wenn man merkt, dass Sie aktiv sind.

Aussetzung der Tilgungsleistung

Eine Lösung könnte die zeitweise Aussetzung der Tilgung für Ihr Darlehen sein. Die monatliche Rate, die Sie derzeit an die Bank zurückzahlen, besteht ja zum einen aus der Zinszahlung und zum anderen aus der Rückzahlung, also Tilgung des Darlehens. Beides zusammen nennt man die Annuität und monatliche Rate. Der Anteil der Tilgung ist heutzutage in der Regel deutlich höher als die Zinsen. Wenn Sie nun eine Rate in Höhe von 900 Euro monatlich zahlen, kann es sein, dass davon »nur« rund 300 Euro Zinsen sind und 600 Euro Tilgung. Diese 600 Euro pro Monat würde die Bank Ihnen für eine gewisse Zeit stunden. Ein Jahr oder ein halbes Jahr ist hier keine Seltenheit und es verschafft Ihnen Zeit zum Handeln und etwas Entspannung auf dem Konto.

Wichtig ist es jetzt für Sie realistisch einzuschätzen, wie es weitergeht und aktiv zu bleiben. Stellen wir uns vor Sie sind in Kurzarbeit, haben wegen Krankheit oder kurzzeitiger Pflege eines Angehörigen ein reduziertes Einkommen, wissen aber genau, dass Ihr Einkommen nach dem von der Bank gewährten Zeitraum wieder so hoch ist wie vorher, und dass Sie Ihren Zahlungsverpflichtungen dann wieder nachkommen können – dann ist alles gut. Dennoch sollten Sie Ihre Ausgaben optimieren. Eine Möglichkeit wäre hier noch bis vor wenigen Monaten gewesen, den Zinssatz Ihres Darlehens mit der Bank neu zu verhandeln. Aktuell liegen die Zinsen aber wieder fast auf dem Niveau von vor 10 Jahren. Sie müssen also genau schauen, ob ein günstigerer Abschluss möglich wäre. Rechtlich haben Sie darauf keinen Anspruch, die Bank muss Ihnen hier nicht entgegenkommen. Aber denken Sie daran: Eine Zwangsversteigerung möchte die Bank auch nicht. Vor allem nicht bei Leuten wie Ihnen, die aktiv werden und alles versuchen, das Darlehen trotz aller Widrigkeiten zu bedienen. Führen Sie sich bitte vor Augen: Bei einem Kreditvolumen von 200.000 Euro bedeutet ein halbes Prozent weniger Zinsen 83,33 Euro Ersparnis im Monat. Vereinfacht gerechnet, ohne Zinseszinseffekte.

Sparen Sie nicht »auf null«

Und: Sparen Sie nicht »auf null«. Also: Planen Sie die Rückzahlung nicht so, dass Sie den Kredit bis zum Ende nach dem Plan tilgen, der zu Beginn des Kreditvertrages vorgesehen war.

Sehr viele Menschen sparen auf null. Auch ich habe das lange gemacht. Weil »man« das so lernt und so macht. Die häufigste Frage bei nahezu allen Finanzierungsgesprächen ist die Frage: »Wann habe ich das Darlehen zurückgezahlt?« Also: »Wann bin ich bei null?« Verstehen Sie mich nicht falsch: Sicherlich sollte man das Ziel haben, ein Darlehen zurückzuzahlen und in Zeiten von Zinsen um 10 Prozent und mehr sollte man dies so schnell wie möglich erledigen. Aber ist die »Null« wirklich das wichtigste Ziel? Muss das Darlehen tatsächlich planmäßig voll und ganz in Raten getilgt werden? Oder wissen Sie vielleicht schon jetzt, dass Sie in 20 Jahren das Haus ohnehin verkaufen möchten, weil Sie Ihre Weltreise planen, in Ihre Traumstadt ziehen möchten oder was auch immer? Warum muss dann das Darlehen in 20 Jahren auf »null« stehen? Sie möchten doch dann Ihre Immobilie verkaufen. Tun dann zum Beispiel noch offene 50.000 Euro wirklich weh? Bedenken Sie dabei Folgendes:

- 50.000 Euro heute und 50.000 Euro in 20 Jahren – das ist eine ganz unterschiedliche Kaufkraft. Der Grund dafür ist die Inflation mit derzeit rund 2 Prozent im Jahr. (11-2022 sogar über 10 %!) Deutlich wird Ihnen dies vielleicht an der Kugel Eis. Bei der Einführung des Euro-Bargelds kostete die Kugel 60 Cent. Jetzt sind 1,50 Euro keine Seltenheit mehr. Auf unsere 50.000 Euro bezogen bedeutet dies: Die Kaufkraft dieser 50.000 Euro liegt mathematisch bei 2 Prozent Inflation in 20 Jahren bei rund 34.000 Euro, verglichen mit heute. Das sind 16.000 Euro weniger! Das muss man sich deutlich machen.
- Die Immobilienpreise sind in den vergangenen 30 Jahren im Schnitt um rund 1,5 Prozent pro Jahr gestiegen. Wir reden vom Durchschnitt. Die letzten Jahre war der Anstieg deutlich höher. Das bedeutet für Sie: Die Immobilie, die Sie vor rund fünf Jahren für 300.000 Euro gekauft haben, wird in 15 Jahren – statistisch gesehen – rund 398.000 Euro wert sein. Ein Wertzuwachs von 98.000 Euro in 20 Jahren.
- Sie werden also die 50.000 Euro, die Sie über 20 Jahre nicht tilgen, durch einen Verkauf und durch den Effekt der geringeren Kaufkraft gegenüber heute sehr wahrscheinlich ohne große Mühe ausgleichen können.
- Nehmen wir nun an, diese geringere Tilgungsleistung würde 100 Euro im Monat betragen. Diese 100 Euro legen Sie nun an. Aber bitte wegen der Inflation mit einem wahrscheinlichen Ertrag von über 2 Prozent. Dies ist bei Fonds möglich. Aber auch bei Aktien. Beschäftigen Sie sich ein wenig mit dem Thema. Eine halbe Stunde am Tag kann da schon viele Erkenntnisse und gute Erträge bringen. Im Zweifel ziehen Sie

einen Finanzberater hinzu. Aber bitte jemanden, der Ihnen nicht nur die Produkte mit den für ihn selbst besten Provisionen verkauft. Gute Berater, die stets in Ihrem Sinne denken, sind nicht einfach zu finden. Vielleicht kennen Sie ja jemanden, der in diesen Dingen recht erfolgreich ist und Ihnen wertvolle Tipps gibt. Oder kaufen Sie sich entsprechende Literatur.

- Wenn Sie 200 Euro pro Monat anlegen, sind dies in 20 Jahren bei 3,5 Prozent Jahreszins rund 67.871 Euro, bei 5 Prozent sind es rund 79.358 Euro. Das Wichtigste aber: Sie haben nicht auf die Null gespart, sondern sich neben der Abzahlung des Darlehens wieder Vermögen angespart. Sie haben für liquide Mittel gesorgt. Wie fühlt sich das an?

Zugegeben, diese Betrachtung werden Ihnen die wenigsten Finanzberater aufzeigen. Aber ich finde, der Blick lohnt sich und ist wichtig, um sich finanziellen Spielraum zu erhalten und nicht nur »auf null« zu sparen. Wenn Sie dies für sich einmal nachrechnen möchten: Entsprechende Berechnungstools finden Sie auch hier in meinem Mitgliederbereich.

Sie können Ihr Darlehen nicht mehr bedienen

Nächstes Szenario: Sie haben alles versucht und trotzdem können Sie Ihr Darlehen nicht mehr bedienen. Die Kurzarbeit endete in einer Kündigung. Sie können Ihr Restaurant, Ihr Ladenlokal oder was auch immer Ihr Geschäft ist nicht mehr wirtschaftlich betreiben. Entsprechend können Sie auch das Darlehen nicht mehr bedienen. Auch die oben erwirkten Einsparungen und Verbesserungen reichen leider nicht aus. Sollten Sie resignieren und erschöpft sein von dem langen Kampf um Ihre Existenz, was ich absolut verstehen könnte: Bleiben Sie weiter aktiv! Auch wenn Sie es jetzt noch nicht erkennen können:

Ihr Handeln jetzt ist entscheidend dafür, wie gut Sie aus dieser Krise herauskommen und neu starten. Hinfallen kann jeder, nur liegen bleiben und aufgeben ist eine Schande. Denken Sie an das Kind, das laufen lernt: Wie oft fällt es hin, tut sich weh, weint kurz und steht trotzdem wieder auf und versucht es erneut? Genau diesen Ehrgeiz und Willen brauchen Sie jetzt. Stellen Sie sich vor, Henry Ford (1863–1947) hätte nach der Pleite seines ersten Unternehmens aufgegeben! Oder Walt Disney (1901–1966)! Oder, um in Deutschland und etwas aktueller zu bleiben Frank Thelen (* 1975). Ja, sogar Bill Gates (* 1955) startete mit einer Insolvenz. Also packen Sie es an! Denn noch haben Sie die Zügel in der Hand.

Der erste Schritt ist ein bekannter Schritt: Sprechen Sie erneut mit Ihrem Darlehensgeber. Legen Sie erneut Ihre Situation offen dar und bitten Sie um noch ein paar Monate Zeit. Diese wird man Ihnen nicht ohne einen Plan geben. Und dieser Plan sollte sich an folgenden Schritten orientieren:

- Nochmalige Optimierung Ihrer Ausgabensituation in Sachen Finanzen. Brauchen Sie in Ihrer Situation noch zwei Pkw oder genügt einer? Können Sie durch den Verkauf eines Pkw und den gesparten Unterhalt Liquidität beziehen? Wie wäre es mit einem Hauströdel, bei dem Sie alles vom Dachboden, Keller und was sonst so übrig ist, zum Verkauf anbieten? Drehen Sie nochmals jede Ausgabe um und schauen Sie, was Sie nicht mehr brauchen und wo Sie vielleicht noch den einen oder anderen Euro bekommen können.
- Betreiben Sie Marktrecherche und bestimmen Sie den Wert Ihrer Immobilie. Es ist am heutigen Immobilienmarkt möglich, dass mit dem Verkauf aufgrund der gestiegenen Preise trotz aller anfallenden Kosten und der Schulden am Ende noch ein Plus für Sie bleibt. Nebenbei wird die Bank es wohlwollend aufnehmen, wenn sie keine Verluste macht.

- Präsentieren Sie der Bank auch bereits ein Verkaufsexposé oder zumindest Marktpreiseinschätzungen von Immobilienmaklern.
- Zeigen Sie der Bank, dass Sie sich aktiv mit Ihrer neuer Wohnsituation befassen und dass Sie bereits aktiv Wohnungssuche betreiben, um Ihre Immobilie schnell räumen zu können und entsprechend schnell den Kaufpreis erhalten zu können.
- Und zeigen Sie natürlich auch neue Perspektiven für Ihre berufliche Situation auf.

Die Bank wird Ihnen Zeit geben. Je nachdem, wie großzügig oder knapp dieser Zeitraum ist, sollten Sie fortfahren mit diesem Buch. Haben Sie ein halbes Jahr oder mehr Zeit, dann lesen Sie sofort im Kapitel »Der Kaufpreis« weiter und setzen Sie die dort beschriebenen Punkte und die der Folgekapitel konsequent und zügig um.

Die Bank macht Druck oder gibt Ihnen keine Zeit

Macht die Bank Druck? Bekommen Sie keine Fristverlängerung? Dann bleibt Ihnen nur eins: Lesen Sie das Unterkapitel »Verkaufen Sie selbst oder über Makler«, um für die Gespräche mit einem Makler vorbereitet zu sein. Denn Sie haben schlichtweg keine Zeit und müssen mit der Erfahrung und dem Wissen des Maklers äußerst schnell und effektiv in den Verkauf und Abschluss. Zudem sind noch viele Dinge offen, die ein professioneller Makler für Sie klärt. Allem voran wird er nochmals mit der Bank sprechen – vielleicht auch mit Ihnen zusammen – und sicherlich noch kleine, aber vielleicht entscheidende Zugeständnisse erwirken. Zudem wird er sicherlich auch Dinge wie eine Vorfälligkeitsentschädigung durch Sie an die Bank und anderes klären. Zur Verdeutlichung: Alle diese Schritte und Punkte sind in diesem Buch ausführlich erläutert. Aber wenn seitens der Bank Druck da ist, duldet der Faktor Zeit keinen Tag Verzögerung, Ihre

Immobilie am Markt zum optimalen Preis und in optimaler Präsentation zu platzieren. Dies schaffen Sie mit diesem Buch zwar in 2 bis 4 Monaten auch. Aber eben nicht in Ihrer Situation. Das muss jetzt schneller gehen!

Jetzt werden Sie vielleicht einwenden, dass der Makler ja auch Geld kostet. Ja, das ist richtig. Aber sehen Sie es als Investition. In Deutschland sind je nach Region zwischen 3 und 7 Prozent vom Kaufpreis plus Mehrwertsteuer für Sie als Besteller als Provision fällig. Das hört sich auf den ersten Blick viel an. Unter dem Strich kann es für Sie aber dennoch ein guter Deal werden, wenn Sie einen höheren Kaufpreis erzielen und deutliche Verluste durch eine Zwangsversteigerung vermeiden. Ein guter und seriöser Makler wird zudem niemals Vorkasse oder monatliche Gebühren wegen laufender Kosten verlangen. Ein guter Makler sieht seine Provision als Erfolgshonorar an und wird Ihnen die Möglichkeit geben, dieses aus dem Kaufpreis zu bezahlen. Weitere Punkte, woran Sie einen guten Makler erkennen, finden Sie in dem bereits angesprochenen Unterkapitel »Verkaufen Sie selbst oder über Makler«.

Je schneller Sie handeln und je schneller Sie Ihre Immobilie verkaufen, desto mehr bleibt wahrscheinlich am Ende für Sie übrig. Im schlimmsten Fall bleibt ein kleinerer Betrag als Schuld stehen. Es kann auch sein, dass Sie mit Null aus der Sache kommen oder sogar mit einem kleinen oder gar deutlichen Plus. Feststeht: Mit einem Verkauf kommen Sie immer besser aus der Situation heraus als mit einer Zwangsversteigerung. Sie haben dann keinen schweren Rucksack mit Ballast mehr bei sich und können mit vollem Elan und wahrscheinlich sogar einem kleinen finanziellen Polster Ihre Zukunft wieder frei und aktiv gestalten. Weil Sie rechtzeitig gehandelt haben. Sie haben Ihre persönliche Krise angenommen und gehen zu Recht mit neuem Selbstvertrauen und Zuversicht Ihre neuen Aufgaben an.

Sie wollen sich räumlich verändern?

»Veränderungen begünstigen nur den,
der darauf vorbereitet ist.«
Louis Pasteur (1822–1895), Mitbegründer der Mikrobiologie

Veränderung bedeutet, etwas loszulassen und etwas Neues zu beginnen. Eine räumliche Veränderung kann viele Gründe haben. Die Veräußerung einer Immobilie in diesem Zusammenhang hat in der Regel folgende Gründe:

- Umzug aus beruflichen Gründen in eine andere Stadt oder Region
- gewachsener Raumbedarf durch Familienzuwachs
- Sie möchten einfach schöner wohnen
- einen geringeren Raumbedarf durch Auszug und Tod von Familienangehörigen
- geänderte Anforderungen an den Wohnraum durch gesundheitliche und altersbedingte Herausforderungen (Stichwort »Barrierefreiheit«)
- Umzug in eine andere Stadt oder Region, um näher bei der Familie zu sein
- Umzug in eine andere Stadt oder Region, um etwas Neues zu beginnen und um sich einen Lebenstraum zu erfüllen
- Aufgabe eines festen Wohnsitzes für die Weltreise oder um mit dem Camper mobil zu sein

Alle diese Gründe haben eines gemeinsam: Man setzt sich positiv mit der Veränderung auseinander, um etwas Altes bewusst aufzugeben.

Eine der ersten Fragen, die sich bei der räumlichen Veränderung stellen, ist auch hier: kaufen oder mieten? Die Checkliste und die Bauchgefühl-Methode zu diesem Thema finden Sie weiter vorne im Buch. Ergänzend dazu können Sie sich noch folgende Fragen stellen:

Frage	Ja	Nein
Ist der Grund des Umzugs in eine andere Region zeitlich unbegrenzt?		
Ist der gestiegene oder gesunkene Raumbedarf dauerhaft?		
Ist Ihre Familie sicher auf lange Sicht dort, wo es Sie hinzieht?		
Wenn Sie sich mit dem Umzug einen Lebenstraum erfüllen möchten und vielleicht sogar ins Ausland möchten: Möchten Sie im Falle eines Falles dort gesundheitlich versorgt und gepflegt werden?		

Wenn Sie eine Frage mit »Ja« beantworten, dann spricht dies jeweils für einen Kauf. Ein »Nein« spricht für Miete.

Das Anforderungsprofil: Makro- und Mikrolage

Unabhängig von Ihrem persönlichen Motiv für eine räumliche Veränderung sollten Sie für sich eine sehr genaue Vorstellung davon entwickeln, welche Anforderungen Sie an Ihr neues Zuhause stellen. Und damit meine ich sowohl die Anforderung an die Immobilie selbst als auch an die Lage. Bei der Lage wird zwischen Makro- und Mikrolage differenziert.

Makro ist griechisch und bedeutet »groß«. Die Makrolage beschreibt also den Blick auf das Große. Man betrachtet eine Stadt oder eine Region im Ganzen. Beispielsweise:

Die wirtschaftliche Entwicklung. Hier ist es wichtig, genau hinzuschauen. Ist die Stadt oder Region wirtschaftlich breit und zukunftssicher aufgestellt? Oder ist man von einem Wirtschaftszweig oder gar einem Unternehmen abhängig und würde massive Bevölkerungsverluste verzeichnen, wenn dort Arbeitsplätze wegfallen? Dies würde sich auch negativ auf Immobilienpreise auswirken.

Wie sind Bevölkerungsstruktur und Kaufkraft? Leben überwiegend junge Menschen in der Region? Sind ausreichend Arbeitsplätze vorhanden oder gibt es eine hohe Arbeitslosenquote? Sind überproportional viele Rentner dort ansässig? Oder ist die Altersstruktur ausgewogen. Welches soziale Umfeld bevorzugen Sie?

Wie ist die Verkehrsinfrastruktur? Brauchen Sie nach wie vor Ihren Pkw? Oder ist der öffentliche Nahverkehr so gut ausgebaut, dass ein eigenes Auto überflüssig ist? Zumal auch für den Fall eines Falles eine Autovermietung oder Carsharing verfügbar sind? Was ist mit Flughafen, Bahnhof, U- und S-Bahn? Wie sind die Straßen und Radwege? Wie ist die Anbindung an andere Städte und Regionen?

Wie sind die Kosten? Damit sind die Kosten gemeint, die natürlich von den vorgenannten Punkten abhängen. Also: Welche Preise und Mieten resultieren aus Lohnniveau und Kaufkraft? Was ist mit den kommunalen Gebühren wie Grundsteuer, Abgaben für Niederschlag und Müllentsorgung? Sofern Sie gewerblich unterwegs sind: Wie hoch ist die Gewerbesteuer?

Wie ist die Infrastruktur? Welche Verwaltungen, Behörden oder gar Ministerien sind vor Ort? Gibt es Gerichte? Wie sieht es mit Schulen, Kindertagesstätten, Fachhochschulen und Universitäten aus, mit Kliniken, Pflegeheimen und Apotheken? Was ist mit Freizeit- und Erholungsangeboten, Einkaufsmöglichkeiten und Gastronomie?

Machen Sie sich auch hier gerne eine Übersicht, was für Sie persönlich in Sachen Makrolage wichtig ist. Übrigens: Auch der potenzielle Käufer Ihrer Immobilie macht sich dazu Gedanken. Also listen Sie ruhig einen Vergleich zu Ihrem jetzigen Standort auf. Später im Buch kommen wir darauf zurück.

Womit wir auch nahezu fließend zur »kleinen« Lage übergehen: »Mikro« ist ebenfalls griechisch und bedeutet »klein«. Bei der Mikrolage geht es um das direkte Umfeld Ihrer neuen Immobilie – also um den Stadtteil oder Straßenzug. Wenn Sie die Attraktivität der direkten Umgebung beurteilen, sollten Sie auf folgende Dinge achten:

Wie weit ist es zu den nächsten Einkaufsmöglichkeiten? Entscheiden Sie hier nach Ihren individuellen Präferenzen. Sie möchten jeden Morgen frische Brötchen? Dann sollte der nächste Bäcker nicht weit sein.

Wie sieht es mit der Nähe zur Infrastruktur aus? Auch hier gilt: was ist für Sie wichtig? Wenn sie Ihr Enkelkind täglich aus der Kita abholen möchten, dann sollte diese in der Nähe sein. Wenn Sie mit dem Gericht nichts zu tun haben, dann muss dieses nicht unbedingt nebenan sein. Wenn sie regelmäßig zu einem bestimmten Facharzt müssen, ist Ihnen eine gute Erreichbarkeit bestimmt wichtig. Gehen Sie gerne ins Kino oder ins Theater? Oder ist der Besuch im Fußballstadion wichtig? Lesen Sie gerne ein Buch im Park oder bevorzugen Sie den Besuch im Zoo? Gehen Sie gerne schwimmen oder lieber ins Fitnessstudio? Wie weit ist Ihr Arbeitsplatz entfernt?

Wie ist die direkte Anbindung an den öffentlichen Nahverkehr? Wie weit ist es bis zur nächsten Bushaltestelle oder U-Bahn-Station? Haben Sie bei Ihrer neuen Immobilie einen festen Stellplatz für Ihr Auto oder müssen Sie den täglichen Kampf um den freien Parkplatz führen? Ist der Bahnhof nicht weit, da Sie von dort gerne zu Tagestouren aufbrechen oder reisen Sie oft mit dem Flugzeug?

Wie sieht die Nachbarschaft aus? Übertrieben formuliert: Als Rentner werden Sie sich im Umfeld von Studenten wahrscheinlich auf Dauer nicht wohlfühlen. Ebenso würden Sie wahrscheinlich ein Problemviertel meiden und nachts sicher durch die Straße gehen wollen. Auch möchten Sie wahrscheinlich beim Lesen Ihres Buchs im Park nicht irgendwelche illegalen Substanzen erwerben und drauf angesprochen werden. Wie sind die direkten Nachbarn im Haus? Jünger, älter, gemischt?

Wie sieht es mit Lärm aus? Wenn Sie eher ruhig wohnen möchten, sollten Sie sich die Mikrolage ganz genau anschauen. Es kann sein, dass das Haus, indem Sie künftig leben, direkt an einer stark frequentieren Straße liegt. Auf den ersten Blick also ein Ausschlusskriterium. Aber was ist, wenn Ihre Wohnung in dem Haus im hinteren Bereich zum Garten oder Innenhof liegt und durch die bauliche Anordnung der Straße nichts oder kaum noch etwas zu hören ist? Und übrigens: Wie sieht es in ein paar Jahren aus, wenn es nach dem Willen der Politik – Stand jetzt – nur noch leise E-Autos gibt?

Was ist Ihnen sonst noch wichtig? Letztlich setzen Sie die Prioritäten. Fühlen Sie sich in einem dicht bebauten Viertel wohler? Oder sollte es doch lieber eine schöne Allee mit höherem Grünanteil sein? Fühlen Sie sich auf dem Land zu Hause und möchten eine bestimmte Stadt oder Region aber innerhalb einer Stunde erreichen können? Sind Ihnen medizinische Versorgung wichtiger als Freizeitangebote? Bevorzugen Sie eine Wohnung im Erdgeschoss oder lieber ganz oben? Aber dann mit Aufzug? Auch das gehört zur Mikrolage.

Nehmen Sie sich Zeit bei der Auswahl Ihres Standorts und schauen Sie sich Makro- und Mikrolage genau an. Denn Ihre Immobilie kann für Ihren Bedarf noch so perfekt und schön sein – Sie werden nicht glücklich auf Dauer, wenn das Umfeld nicht zu Ihnen passt. Auch hier gilt übrigens: Diese Überlegungen werden auch potenzielle Käufer Ihrer Immobilie anstellen.

Ein Tipp für die Praxis, da im Verlaufe des Buches je nach Ihrer Motivation neben der Lage noch weitere Faktoren für Ihr individuelles Anforderungsprofil folgen: Legen Sie eine Tabelle an und tragen Sie Punkt für Punkt Ihr persönliches Profil zusammen. Etwa so:

Anforderung	Unbedingt	Wichtig	Neutral
Bäcker um die Ecke	X		
Park in der Nähe		X	
Bank leicht erreichbar			X

Eine solche Tabelle können Sie in Word oder Excel leicht anlegen und nahezu unendlich erweitern. Vergessen Sie auch nicht, eine Tabelle anzulegen mit den Dingen, die Sie auf gar keinen Fall haben möchten. Also absolute Ausschlusskriterien. Etwa so:

Ausschlusskriterium	Geht gar nicht	Kompromiss möglich
Direkt an Bahnlinie	X	
Bad ohne Fenster		X

Am Ende haben Sie eine klare Auflistung dessen, was für Sie absolut wichtig ist und auf jeden Fall gegeben sein sollte und was absolut nicht sein sollte.

Zwischen Alt und Neu – der Umzug

Wenn Sie die Lage für sich genau geprüft haben und eine für Sie passende Immobilie gefunden haben, wollen Sie vielleicht gleich den Umzug organisieren. Aber stopp! Ich denke, vorher sollten wir noch ein paar andere Fragen beantworten. Zum Beispiel: Wie sollte der zeitliche Ablauf zwischen dem Verkauf Ihrer bestehenden Immobilie und dem Erwerb oder der Anmietung Ihrer neuen Immobilie aussehen? Darauf gibt es leider keine Standardantwort. Hier müssen wir zunächst differenzieren, ob Sie kaufen oder mieten.

Mieten Sie, dann entfällt zumindest der Prozess des Kaufs mit Notar und der benötigten Zeit. Was Sie dazu als Käufer beachten müssen, können Sie später im Buch anhand des Verkaufsablaufes ableiten. Mietobjekte werden in der Regel drei bis vier Monate, bevor sie leer werden, angeboten. Das bedeutet, Sie sollten sich im derzeitigen Verkäufermarkt – in dem Verkäufer mehr Macht haben als Käufer – ruhig schon ernsthaft mit Ihrer neuen Immobilie befassen, wenn Sie aktiv den Verkaufs Ihres Hauses oder Ihrer Wohnung starten.

Der Vorteil ist: Sie haben schnell Klarheit, wann Sie umziehen können und können eine klare Aussage treffen, ab wann Ihr Käufer Ihre Immobilie übernehmen kann. Der Nachteil ist: Sie könnten ein paar Monate Miete zahlen und Ihr Haus noch unterhalten müssen, da sich wider Erwarten doch nicht so schnell ein Käufer gefunden hat. Diese Doppelbelastung gilt es abzuwägen. Im Laufe der Jahre haben sich aus der Beobachtung in dieser Situation zwei Vorgehensweisen etabliert: Die einen sind auf Sicherheit aus und haben meist schon eine neue Immobilie, bevor sie den Verkauf aktiv starten. Die anderen wollen zuerst nahezu sicher einen Käufer für ihr bisheriges Zuhause haben und suchen erst dann ihre neue Wohnung. Meistens verlegen sie den Termin für die Übergabe in den Preisverhandlungen zwei bis drei Monate weiter nach hinten, als es für die Abwicklung notwendig wäre. Die Erfahrung aus mehr als 20 Jahren zeigt: Es funktioniert beides und noch nie hat jemand auf der Straße gesessen.

Wenn Sie kaufen, dann haben Sie neben der Herausforderung, etwas Passendes zu finden, eine weitere Hürde zu nehmen: Sie können ja, wie auch Ihr Käufer, erst in Ihr neues Heim, wenn Sie den Kaufpreis bezahlt haben. Auf der anderen Seite bekommen Sie das Geld aus dem Verkauf Ihrer bisherigen Immobilie erst dann, wenn Sie diese geräumt haben. Hier beißt sich also die Katze in den Schwanz. Wenn Sie nicht gerade das Geld für die Zahlung Ihres neuen Hauses als Eigenkapital zur Verfügung haben, kommen Sie um eine sogenannte Zwischenfinanzierung nicht herum. Die Bank leiht Ihnen also die Summe, die Sie für die Zahlung des Kaufpreises benötigen, für eine kurze Zeit – und Sie lösen dieses Darlehen auf einmal ab, sobald Sie den Kaufpreis für Ihre bestehende Immobilie erhalten haben. Auch dies ist mit Kosten verbunden, denn Sie zahlen für den Zeitraum einen Zins. In der heutigen Niederzinsphase ist dies aber überschaubar. Bei einer Zwischenfinanzierung von 300.000 Euro macht dies bei rund 1 Prozent Zinsen aufgerundet 250 Euro im Monat. Dazu kommen eventuell noch Bearbeitungsgebühren und Gebühren von Notar und Grundbuchamt. Denn sehr wahrscheinlich sichert die Bank dieses kurzfristige Darlehen mit einem Eintrag einer Grundschuld im Grundbuch ab. Dennoch ist dieser Weg in der Regel der eleganteste und entspannteste Weg.

Zunächst etwas in der neuen Region oder Stadt zu mieten und dann irgendwann dort etwas zu kaufen, ist allerdings auch eine Option, die einige meiner Kunden im Laufe der Jahre genutzt haben und womit sie glücklich waren. Der Grund war simpel: Man wollte zunächst sehen, ob man dort wirklich dauerhaft sesshaft werden wollte. Der andere und viel pragmatischere Grund: Man wollte dann in Ruhe, ohne Zeitdruck und mit viel besserer Ortskenntnis den Immobilienmarkt sondieren und dann kaufen. Zumal dies organisatorisch auch einfacher ist in Sachen Besichtigungen. Vor allem dann, wenn Sie mehrere Stunden von Ihrer alten Heimat entfernt sind. Zudem darf man nicht vergessen: Eine Mietwohnung können Sie binnen drei Monaten wieder verlassen, bei einer gekauften Immobilie sollte die Auswahl passen.

Umzugsplanung

Den Umzug können Sie so planen, wie ich es einmal vor rund 25 Jahren tat: Freunden Bescheid sagen, wann Sie umziehen möchten, ein geeignetes Fahrzeug organisieren und dann schauen, was passiert. Es hat alles funktioniert, war aber auch chaotisch und zum Glück war der Haushalt damals noch klein. Wahrscheinlich hatte ich sogar mehr Glück als Verstand und sehr zuverlässige Helfer. Ich bin in Sachen Umzug also nicht wirklich ein Experte. Trotzdem glaube ich, dass die folgenden Checklisten (diese finden Sie in meinem Mitgliederbereich) für Sie hilfreich sein können, allerdings erheben diese keinen Anspruch auf Vollständigkeit:

1 bis 3 Monate vor dem Umzug

Was zu tun ist	Erledigt √
Genauen Umzugstermin festlegen	
Urlaub beantragen	
Ummelden bei Vertragspartnern und Behörden (siehe separate Checkliste)	
Nachsendeantrag und Umzugsmitteilung bei der Post einreichen	

<table>
<tr><td>Alte Wohnung renovieren<ul><li>Klären: Ist dies erforderlich?</li><li>Oder müssen Sie nur besenrein und leer verlassen?</li><li>Keller, Dachboden und andere Lagerräume entrümpelt?</li><li>Sperrmüll rechtzeitig beauftragen</li><li>Gartenanlage, falls vorhanden, der Jahreszeit entsprechend gepflegt übergeben</li></ul></td><td></td></tr>
<tr><td>Neue Wohnung renovieren<ul><li>Maler rechtzeitig beauftragen</li><li>Sind weitere Handwerker notwendig?</li><li>Handwerkertermine organisiert?</li></ul>Wenn Sie selbst renovieren:<ul><li>Helfer organisiert und informiert?</li><li>Tapeten, Farbe, Kleister und anderes Material ausreichend eingekauft?</li></ul>Termin für die Renovierung festlegen</td><td></td></tr>
<tr><td>Helfer für den Umzug organisieren</td><td></td></tr>
<tr><td>Umzug durch ein Umzugsunternehmen<ul><li>Angebote einholen</li><li>Rechtzeitig beauftragen</li><li>Transportwege checken lassen</li><li>Zufahrt und Parkplatz durch dieses sichern lassen</li></ul></td><td></td></tr>
<tr><td>Umzug in Eigenverantwortung<ul><li>Zusätzliche Helfer organisieren</li><li>Transportwege messen (Treppen, Türen, Aufzüge)</li></ul></td><td></td></tr>
</table>

• Zufahrt und Parkplatz an beiden Standorten sichern (nötigenfalls bei Behörden anmelden) • Rechtzeitig geeignetes Fahrzeug organisieren (mit Spanngurten zur Sicherung der Ladung) • Umzugskartons besorgen • Utensilien zum Verpacken besorgen (Klebeband, Decken, Luftpolsterfolien, Müllsäcke, Packpapier etc.)	
Telefon, Fernsehen, Internet • Kündigungsfristen beachten • Gelegenheit nutzen: Anbieter vergleichen • Verfügbarkeit in der neuen Wohnung? • Termin für den Wechsel rechtzeitig vereinbaren	
Mit Blick auf die neue Wohnung	
Planen Sie Ihre neue Einrichtung: • Was kommt mit? • Was kaufen Sie neu? • Einbauküche rechtzeitig bestellen oder Handwerker für eine Anpassung der vorhandenen Küche beauftragen • Gardinen oder Jalousien planen	
Hausrat- und Haftpflichtversicherung prüfen und nötigenfalls anpassen oder neu abschließen	
Auswahl neuer Energieversorger (Strom, Gas)	
Familie und Bekannte über die neue Anschrift informieren, nötigenfalls neue Visitenkarten bestellen	

1 bis 2 Wochen vor dem Umzug

Was zu tun ist	Erledigt √
Termin für die Wohnungsübergabe (bisherige Immobilie) und für die neue Wohnung vereinbaren. Am besten ein Wohnungsübergabeprotokoll vorbereiten	
Termin bei den zuständigen Stadtwerken/Anbieter für die Ablesung von Strom-, Wasser-, und Gaszähler vereinbaren, sofern Sie die Daten nicht selber übermitteln können	
Am alten und am neuen Wohnsitz die Nachbarn über den Umzug informieren. So sind Verkehrswege sicherlich am Umzugstag frei	
Werkzeugkiste prüfen. Sind alle notwendigen Werkzeuge vorhanden? • Schraubendreher, Akkubohrer und Bits • Bohrmaschine und Bohrer • Schrauben und Dübel • Hammer und Nägel • Zangen, Spannungsprüfer etc. • Gliedermaßstab, Spachtel und Spachtelmasse	
Organisieren Sie die Absperrung der benötigten Park- und Rangierfläche	
Umzugskartons packen	
Lebensmittel aufbrauchen und Gefrierschränke abtauen	
Überprüfen Sie Einzugsermächtigungen und Daueraufträge in Bezug auf Ihren alten Wohnsitz und beauftragen Sie diese für Ihren neuen Wohnsitz	

Lassen Sie sich die vereinbarten Handwerkertermine nochmals bestätigen	
Informieren Sie Ihre Umzugshelfer über den Treffpunkt und die Uhrzeit des Umzugsstarts	

Am Tag vor dem Umzug

Was zu tun ist	Erledigt √
Öffentlichen Parkplatz vor dem Haus absperren, sofern dies nicht die Spedition für Sie übernimmt	
Verpflegung für Umzugshelfer einkaufen	
Prüfen, ob alle erforderlichen Schlüssel vorhanden sind, auch für Aufzüge und Einfahrten	
Teppiche und Böden abdecken, evtl. Türzargen schützen	
Müllsäcke und Reinigungsmittel bereitstellen	
Smartphone laden	

Am Umzugstag

Was zu tun ist (in der alten Wohnung)	Erledigt √
Treppenhaus auf Vorschäden prüfen und gegebenenfalls dokumentieren	
Restlichen Hausrat einpacken für den Transport	
Umzugshelfer einweisen: Zuerst Möbel einpacken, dann Umzugskartons	
Kontrolle, ob nichts vergessen wurde	
Wohnung und Treppenhaus reinigen. Kontrolle, ob nichts beschädigt wurde	
Briefkasten leeren und Namensschilder entfernen	

Übergabe der Wohnung oder des Hauses an den Vermieter oder neuen Eigentümer	

Was zu tun ist (in der neuen Wohnung)	Erledigt √
Treppenhaus auf Vorschäden prüfen und gegebenenfalls dokumentieren	
Beleuchtung anbringen und Böden abdecken	
Umzugshelfer einweisen, wo welche Möbel stehen sollen	
Möbel stellen und dann die Umzugskartons auf die Zimmer verteilen	
Sich bei den Helfern erkenntlich zeigen	
Nach dem Umzug Reinigung des Treppenhauses und prüfen, ob etwas beschädigt wurde	
Namensschilder anbringen	

Nach dem Umzug

Was zu tun ist	Erledigt √
Beim Umzug entstandenen Müll umweltgerecht entsorgen	
Tipp: Sollten Sie aus beruflichen Gründen umgezogen sein, sammeln Sie die Belege. Sie können die Ausgaben als Werbungskosten in Ihrer Steuererklärung geltend machen	
Möbel zusammenbauen und neue Möbel kaufen	
Strom- und Gasanbieter ausgewählt?	
Geben Sie geliehenes Werkzeug und geliehene Umzugskartons zurück	
Richten Sie Ihre Wohnung ein	
Einweihungsparty veranstalten	

Was bei der Weltreise oder der Camping-Tour zu beachten ist

Es gibt in Deutschland seit 2015 eine neue Fassung des Bundesmeldegesetzes. Dort heißt es in § 17 Abs. 2 S. 1: Wer aus einer Wohnung auszieht und keine neue Wohnung im Inland bezieht, muss sich innerhalb von zwei Wochen nach dem Auszug bei der Meldebehörde abmelden.

Wenn Sie aber ohnehin planen, zu bestimmten Zeiten ein paar Wochen oder Monate in Deutschland zu verbringen und Sie somit eine Wohnung in Deutschland haben, dann brauchen Sie sich nicht abzumelden. Egal, ob diese Wohnung dann leer steht oder Sie diese untervermieten. Sollten sie aber wirklich keine Wohnung mehr in Deutschland haben wollen, egal ob gemietet oder als Eigentum, dann sollten Sie die nachfolgenden Absätze lesen.

Vor der Neuregelung im Gesetz war es möglich, sich bei der Familie oder bei Freunden anzumelden. Dies ist jetzt nicht mehr möglich und gilt sogar als Scheinmeldung. Denn es muss bei der Meldebehörde eine sogenannte Meldebestätigung durch den Wohnungsgeber erfolgen. Darin bestätigt der Wohnungsgeber ausdrücklich, dass man in der Wohnung tatsächlich wohnt. Fällt es auf, dass Sie dort nicht wohnen, kann dies für Sie ein Bußgeld bis zu 1.000 Euro bedeuten und für Ihre Freunde oder Familie ein Bußgeld von bis zu 50.000 Euro. Sie sollten sich also gut überlegen: Werden Sie nie mehr in Deutschland sesshaft werden oder planen Sie, eines Tages wieder hier zu wohnen? Entsprechend sollten Sie die Vor- und Nachteile einer Abmeldung aus Deutschland für sich prüfen.

Vorteile einer Abmeldung aus Deutschland

- Wenn Sie sich abmelden, kann es sein, dass Sie für viele Verträge, die Sie abgeschlossen haben, ein Sonderkündigungsrecht erhalten.

- Wenn Sie sich in Deutschland abmelden, müssen Sie keine gesetzlichen Krankenversicherungsbeiträge mehr leisten. Bedenken Sie aber: Im europäischen Ausland bekommen Sie auch Leistungen aus dieser Krankenkasse. Und wenn Sie im außereuropäischen Raum unterwegs sind, können Sie die Krankenkassenbeiträge ruhend stellen, sofern Sie eine geeignete andere Krankenversicherung nachweisen können (zum Beispiel eine Auslandskrankenversicherung) und sofern Sie den Nachweis erbringen, dass Sie tatsächlich im außereuropäischen Raum sind. Dies geht zum Beispiel mithilfe von Flugtickets.

Nachteile einer Abmeldung aus Deutschland

- Wenn Sie vor der Abmeldung bei der Krankenkasse freiwillig versichert waren, ist diese nicht verpflichtet, Sie wieder aufzunehmen.
- Wenn Sie sich aus Deutschland abmelden und hier Ihr Gewerbe haben, aus dem Sie auch ohne Ihre Anwesenheit Einkommen generieren, dann müssen Sie dieses aufgeben.
- Der Anspruch auf Kindergeld entfällt.
- Sie dürfen kein Auto mehr auf Ihren Namen in Deutschland anmelden.
- Das Bankkonto könnte von der Bank gekündigt werden.
- Einige Versicherungen könnten leistungsfrei werden. Dies kann übrigens auch auf Auslandskrankenversicherungen und die Altersvorsorge (zum Beispiel Riester) zutreffen.
- Es wird generell kaum noch möglich sein, Verträge in Deutschland abzuschließen.
- Es sind zahlreiche Behördengänge bei der Abmeldung notwendig.

- Sollten Sie sich wieder anmelden wollen, ist der Aufwand nochmals so hoch.

Wägen sie also gut ab, ob Sie sich wirklich abmelden möchten oder nicht. Deutscher Staatsbürger bleiben Sie weiterhin, nur mit dem Vermerk im Ausweis »ohne festen Wohnsitz«. Und steuerpflichtig in Deutschland bleiben Sie in jedem Fall auch, wenn Sie mehr als sechs Monate pro Jahr hier leben. Ziehen Sie also hier auch wieder Ihren Steuerberater hinzu. Und wenn Sie wirklich dauerhaft und für immer Deutschland verlassen möchten, dann holen Sie sich zusätzlichen Rat durch Literatur. Gegebenenfalls können Sie Freunde und Bekannte fragen, die diesen Schritt schon gegangen sind.

Die weiteren speziellen Anforderungen an den räumlichen Umzug zeigen die folgenden Kapitel: Darin geht es beispielsweise um Fragen zu Scheidung, Erbe, Pflege oder auch um eine mögliche Überforderung durch die Immobilie und was in Sachen altersgerechtes Wohnen zu beachten ist.

Sie haben eine Immobilie geerbt?

»Vor, wann nahe Freunde starben,
erbten wir, was sie erwarben.
Wer da wolle, sterbe heuer,
erbt man nichts als seine Steuer.«
Friedrich Freiherr von Logau (1604–1655), barocker Dichter

Jeder kennt sie, die Geschichte von der zerstrittenen Erbengemeinschaft, die am Ende mehr verliert, als sie gewinnt. Ursachen für diese Streitigkeiten sind meistens Neid und Missgunst. Der eine gönnt dem anderen nichts. Häufig ist es auch so, dass dort Erben zusammenkommen, die bisher nicht viel miteinander zu tun hatten, da man sich lieber aus dem Weg gegangen ist. Nun aber soll man kooperieren, weil man gemeinsam etwas geerbt hat. Es kann der letzte Wille des Erblassers sein, dass genau dies passiert: Die Familie muss an einem Strang ziehen. Quasi eine Art letzter Versuch, die Versöhnung innerhalb der Familie nach dem eigenen Tode doch noch zu erreichen. Meistens kommt es jedoch zu so einer Situation, da der letzte Wille im Testament nicht klar formuliert ist und somit die gesetzliche Erbfolge eintritt. Wie tief die Gräben sein können, ist mir bewusst, seit ich einmal für eine Erbengemeinschaft aus 20 Personen tätig war. Immerhin kam es zum Verkaufsabschluss und zum Notartermin. Allerdings war die Stimmung dort recht kühl und es musste sogar an zwei Terminen beurkundet werden. Ein Teil der Erben wollte definitiv nicht mit den anderen Erben zusammentreffen. Hoffen wir, dass es bei Ihnen harmonisch zugeht und Sie sich mit den anderen Erben gut verstehen und somit im Sinne der Verstorbenen handeln und den Nachlass entsprechend aufteilen, wie es im Testament bestimmt ist.

Allerdings ist es mit dem Aufteilen einer Immobilie etwas schwer. Gehen wir von dem Beispiel aus, dass Sie zusammen mit Ihrer Schwester oder Ihrem Bruder das elterliche Haus erben. Nun gibt es die folgenden Möglichkeiten, das Haus zu teilen:

- Sie beziehen es gemeinsam und leben dort zusammen. Das ist selten, aber es kommt vor. Meistens ist es keine Option.
- Sie verwalten das Haus gemeinsam, vermieten es und teilen sich den Ertrag und die Instandhaltung. Das ist durchaus eine Option. Vor allem, wenn vielleicht der Umbau in zwei Wohneinheiten möglich ist.
- Eines der Geschwister zieht ein und entschädigt den anderen durch eine entsprechende Zahlung in Höhe des halben Verkehrswerts des Hauses.
- Sie entschließen sich gemeinsam, das Haus zu verkaufen und sich den Erlös zu teilen.

Egal, für welche Lösung Sie sich entscheiden: Zunächst einmal wird sich das Finanzamt bei Ihnen melden, um die Höhe einer möglichen Erbschaftsteuer zu ermitteln. Das sollte zunächst einmal geklärt werden. Leider kommen wir an dieser Stelle nicht umhin, etwas tiefer in das Erb- und Erbschaftsteuerrecht einzusteigen. Allerdings weise ich an dieser Stelle ausdrücklich darauf hin: Ich gebe Ihnen in diesem Buch Einblicke und mögliche Lösungen aus meiner Erfahrung. Diese ersetzen keineswegs die individuelle Klärung Ihrer Situation mit einem entsprechenden Fachanwalt, Notar und Steuerberater. Ich empfehle ausdrücklich, diese zu Rate zu ziehen.

Die Freibeträge und steuerfreie Güter

Die Erbschaftsteuer wurde bereits 1906 im Deutschen Reich eingeführt. Natürlich wurde sie im Laufe der Jahre geändert und ergänzt.

So sind heute zum Beispiel eingetragene Lebenspartnerschaften mit Ehepaaren gleichgestellt. Die letzte Änderung trat zu Juli 2016 in Kraft. Sie betraf allerdings nur das Betriebsvermögen, welches wir in diesem Buch nicht berücksichtigen.

§ 16 des Erbschaftsteuergesetzes (ErbStG) nennt die Freibeträge bei einer Erbschaft:

Verwandtschaftsgrad	**Freibetrag**
Ehegatten und Lebenspartner	500.000 Euro
Kinder und Stiefkinder	400.000 Euro
Enkel, deren Eltern nicht mehr leben	400.000 Euro
Enkel, deren Eltern noch leben	200.000 Euro
Urenkel	100.000 Euro
Eltern und Großeltern des Verstorbenen	100.000 Euro
Übrige Erben	20.000 Euro

Dies ist jedoch noch nicht alles. § 17 des Erbschaftsteuergesetzes gewährt Ehegatten und Lebenspartnern sowie Kindern zusätzliche Versorgungsfreibeträge.

Den überlebenden Lebenspartnern oder Ehegatten werden zusätzliche 256.000 Euro Versorgungsfreibetrag gewährt. Es sei denn, der Überlebende erhält eine Witwenrente oder Betriebsrente, die nicht der Erbschaftsteuer unterliegt. In diesem Fall wird der zu erwartende Bezug der Rente vom Versorgungsfreibetrag abgezogen. Wie viel das in Ihrem Fall ist, lassen Sie bitte von Ihrem Steuerberater ermitteln. Ebenso wird er auch den steuerfreien Zugewinnausgleich – dazu später mehr – des Ehegatten feststellen. Dieser macht eine Menge aus. In der Regel bis zu einem Viertel des Erbes (§ 5 ErbStG i. V. m. § 1931 BGB i. V. m. § 1371 BGB).

Die Versorgungsfreibeträge bei Kindern sind nach Alter gestaffelt und gelten auch hier nur in voller Höhe, wenn die Kinder nicht über eigene Versorgungsbezüge verfügen wie etwa eine Waisenrente. Dies sind die Versorgungsfreibeträge bei Erbschaft:

Erben	Freibetrag
Ehegatten und Lebenspartner	256.000 Euro
Kinder bis zu 5 Jahre	52.000 Euro
Kinder älter als 5 und bis zu 10 Jahre	41.000 Euro
Kinder älter als 10 und bis zu 15 Jahre	30.700 Euro
Kinder älter als 15 und bis zu 20 Jahre	20.500 Euro
Kinder älter als 20 und bis zum 27. Geburtstag	10.300 Euro

Sie sehen also, dass ein Erbe nicht zwangsläufig zu einer Erbschaftsteuerzahlung führt. Auf der anderen Seite können die Freibeträge schnell aufgebraucht sein, vor allem wenn mehrere Immobilien und Barvermögen zugleich vorhanden sind. Aber schauen wir uns noch weitere Besonderheiten an: die steuerfreien Güter aus § 13 ErbStG.

Verwandtschaftsgrad	Art	Steuerfrei
Ehegatte, Lebenspartner, Kinder, Enkel, Eltern, Großeltern	Hausrat inklusive Kleidung	41.000 Euro
Ehegatte, Lebenspartner, Kinder, Enkel, Eltern, Großeltern	Andere bewegliche Gegenstände außer Kunst	12.000 Euro
Andere Erben	Hausrat und andere bewegliche Gegenstände außer Kunst	12.000 Euro
Alle Erben	Kunst, Bibliotheken, Sammlungen	60 Prozent

Eine weitere Besonderheit stellt die selbstgenutzte Wohnimmobilie dar, auch Familienheim genannt. Diese erben Sie als Ehegatte oder Lebenspartner steuerbefreit. Allerdings nur, wenn Sie diese selbst noch mindestens weitere zehn Jahre zu eigenen Wohnzwecken nutzen oder wenn Sie aus zwingenden Gründen – etwa Pflegebedürftigkeit – an der Selbstnutzung gehindert sind.

Eine weitere Voraussetzung ist, dass der Verstorbene diese Immobilie bis zu seinem Tode auch selbst bewohnt hat oder sie aufgrund seiner Pflegebedürftigkeit nicht selbst bewohnen konnte.

Auch Kinder, die eine solche Immobilie erben, müssen dafür keine Steuern zahlen, wenn Sie das Haus oder die Wohnung nach Eintritt des Erbfalls selbst mindestens zehn Jahre lang für eigene Wohnzwecke nutzen. Hierbei ist es erforderlich, dass der Bezug der Immobilie kurzfristig erfolgt. Es gibt jedoch eine zusätzliche Einschränkung: Die Wohnfläche darf nicht mehr als 200 Quadratmeter betragen. Ist die Immobilie größer, muss der Wert ermittelt werden und die zusätzliche Fläche wird versteuert.

Übrigens: Eine vermietete Wohnimmobilie wird mit 10 Prozent des Verkehrswerts von der Steuer befreit. Auch ein schützenswertes Denkmal kann, wenn es sich bereits seit mehr als 20 Jahren in Familienbesitz befindet, von der Steuer befreit werden. Dazu müssen die Erben sich aber bereit erklären, die Bestimmungen des Denkmalschutzes zu erfüllen und die Immobilie dem Denkmalschutz zu unterstellen. Sollte kein Denkmalschutz möglich sein oder beantragt werden, könnte die Immobilie auch der Allgemeinheit zur Verfügung gestellt werden und dann auch nicht mehr der Erbschaftsteuer unterliegen. Allerdings dürfen dann die Ausgaben für diese Immobilie im Allgemeinwohl nicht durch die Einnahmen ausgeglichen werden, die diese Immobilie erwirtschaftet.

Alle weiteren Immobilien, vorbehaltlich von Immobilien im Betriebsvermögen, werden im vollen Umfang versteuert.

Die Höhe der Erbschaftsteuer

Die Höhe der Erbschaftsteuer kann zwischen 7 und 50 Prozent betragen. Diese 50 Prozent haben viele Leute im Kopf, was mitunter für Panik sorgt. Doch der Höchstsatz greift selten. Er richtet sich ebenfalls nach dem Verwandtschaftsgrad. Welcher Verwandtschaftsgrad gehört zu welcher Erbschaftsteuerklasse?

Verwandtschaftsgrad	Erbschaftsteuerklasse
Ehegatte und Lebenspartner	I
Kinder und Stiefkinder	I
Enkel und Urenkel	I
Eltern und Großeltern	I
Geschwister	II
Nichte oder Neffe	II
Stiefeltern	II
Schwiegerkind	II
Schwiegereltern	II
Geschiedener Ehegatte oder Lebenspartner bei aufgehobener Partnerschaft	II
Alle übrigen Erben (Lebensgefährten, Freunde und andere)	III

Daraus ergeben sich folgende Steuersätze bei der Erbschaftsteuer, gestaffelt nach Wert des steuerpflichtigen Erbes und Steuerklasse:

Wert des steuerpflichtigen Erbes bis	Erbschaftsteuersatz		
	I	II	III
75.000 Euro	7 %	15 %	30 %
300.000 Euro	11 %	20 %	30 %

600.000 Euro	15 %	25 %	30 %
6.000.000 Euro	19 %	30 %	30 %
13.000.000 Euro	23 %	35 %	50 %
26.000.000 Euro	27 %	40 %	50 %
Über 26.000.000 Euro	30 %	43 %	50 %

Als Verwandter der Erbschaftsteuerklasse I fallen also niemals 50 Prozent, sondern maximal 30 Prozent Erbschaftsteuer an. Und bedenken Sie: Bevor überhaupt Erbschaftsteuer anfällt, müssen die oben genannten Freibeträge und Befreiungen ausgeschöpft sein. Gehen Sie dies für sich individuell durch, sprechen Sie mit Ihrem Steuerberater, Fachanwalt und Notar. Danach haben Sie Klarheit, welche Erbschaftsteuer für Sie fällig wird oder auch nicht. Kleiner Hinweis: Wie Sie den Wert der Immobilie ermitteln, erfahren Sie etwas später in diesem Buch.

Gesetzliche Erbfolge, Zugewinngemeinschaft, Gütertrennung

Es gibt viele mögliche Konstellationen, wie die gesetzliche Erbfolge eintreten kann – sie sind im Bürgerlichen Gesetzbuch (BGB) geregelt. Dort gibt es das sogenannte Ordnungssystem, welches Verwandte je nach Abstammung in Ordnungen aufteilt:

- 1. Ordnung: Kinder des Erblassers und Enkelkinder, auch nicht geborene, aber bereits gezeugte Kinder (§ 1924 BGB)
- 2. Ordnung: Eltern des Erblassers, Geschwister und Nichten und Neffen. Wichtig: Auch geschiedene Elternteile des oder der Verstorbenen sind Erben zweiter Ordnung (§ 1925 BGB)
- 3. Ordnung: Großeltern des Erblassers, Onkel und Tanten, Cousins und Cousinen (§ 1926 BGB)

Wichtig ist: Nähere Verwandte schließen grundsätzlich die weiter entfernten Verwandten, also die nachfolgende Ordnung, von der Erbfolge aus. Was ist aber mit dem Ehegatten oder der Ehegattin?

- Ehepartner, Schwiegereltern oder Schwägerin und Schwager sind keine Verwandten. Ehegatten und eingetragenen Lebenspartnern steht ein gesetzliches Ehegattenerbrecht zu.

Bei dem Erbe des Ehegatten gilt es zunächst festzustellen, ob man in einer Zugewinngemeinschaft lebt oder ob Gütertrennung beziehungsweise Gütergemeinschaft vereinbart wurde. Gibt es keinen Ehevertrag, lebt man im gesetzlichen Güterstand der Zugewinngemeinschaft. Dies bedeutet, dass das Vermögen während der Ehe getrennt bleibt. Insbesondere wird auch das Anfangsvermögen jedes Ehegatten lediglich diesem zugerechnet, jedoch im Falle einer Scheidung oder falls ein Partner stirbt, ein Zugewinnausgleich vollzogen. Dabei spielt das Anfangsvermögen grundsätzlich keine Rolle.

Diese Unterscheidung ist wichtig. Grundsätzlich erbt der überlebende Ehepartner neben seinen Kindern ein Viertel des Nachlasses (§ 1931 Abs. 1 BGB). Übrigens: Nichtehelichen Kindern steht das gleiche Erbe zu wie ehelichen Kindern.

Hat das Ehepaar in einer Zugewinngemeinschaft gelebt, so erhöht sich dessen Erbanteil um ein weiteres Viertel, den sogenannten pauschalen Zugewinnausgleich, auf die Hälfte (§§ 1931 Abs. 3, 1371 BGB). Durch diese Regelung sollen langwierige Rechtsstreitigkeiten und umfangreiche Rechenoperationen über die Höhe des Zugewinns vermieden werden.

Praxisbeispiel: Vater Karl und Mutter Anna sind ohne Ehevertrag verheiratet. Beide haben die Kinder Jonas und Pauline. Karl stirbt. Somit erbt Mutter Anna die Hälfte (25 Prozent grundsätzlich plus 25 Prozent Zugewinnausgleich), Jonas erbt ein Viertel und Pauline ebenfalls ein Viertel.

Wenn die Ehe kinderlos geblieben wäre, würde Anna jetzt 75 Prozent des Nachlasses erben, da sich dann der pauschale Zugewinnausgleich um 25 auf 50 Prozent erhöhen würde. Das restliche Erbe von einem Viertel würde nach dem Ordnungssystem an Karls Eltern vererbt werden. Sollten Karls Eltern bereits verstorben sein, würden seine Geschwister erben.

Etwas anders sieht es bei der Gütertrennung und bei der Gütergemeinschaft aus. Hier erbt der überlebende Ehepartner bei vorhandenen Verwandten erster Ordnung, sprich Kinder und Enkel, nur ¼ des Nachlasses, da der pauschale Zugewinnausgleich entfällt. Neben Verwandten zweiter Ordnung, also Eltern, Geschwister, Nichten oder Neffen, erbt er die Hälfte des gesamten Nachlasses (§ 1931 Abs. 1 BGB).

In Sachen Kinder gibt es allerdings einen Sonderfall. Hinterlässt der Verstorbene ein oder zwei Kinder, so erhalten jedes Kind und auch der Ehegatte jeweils den gleichen Teil der Erbschaft (§ 1931 Abs. 4 BGB). Bei drei oder mehr Kindern erhält der Ehegatte ein Viertel des Nachlasses.

Besonderheit »Berliner Testament«

Ehepaare und eingetragene Lebenspartner haben die Möglichkeit, ihren Nachlass unabhängig von der gesetzlichen Erbfolge im Sinne einer letztwilligen Verfügung, auch Testament oder »der letzte Wille« genannt, zu regeln. Das Testament ist eine einseitige, bestenfalls handschriftliche und eigenhändig unterschriebene Verfügung. Der Erbvertrag ist eine zwei- oder mehrseitige verpflichtende Verfügung, die ebenfalls idealerweise handschriftlich und eigenhändig unterschrieben sein sollte. In Verbindung mit Immobilienvermögen empfehle ich Ihnen, Ihren letzten Willen bei einem Notar zu hinterlegen.

Eine Besonderheit stellt das sogenannte Berliner Testament dar. Nach diesem gemeinsamen Testament erbt zunächst der Überlebende der beiden Partner alles und erst dann die Kinder. Korrekt ausgedrückt setzen sich die Partner zunächst gegenseitig als Alleinerben ein. Nach dem Tod des länger lebenden Ehe- oder Lebenspartners geht das gesamte Erbe dann auf den sogenannten Schlusserben über. Meist sind dies dann die Kinder. Ohne jetzt auch hier zu sehr ins Detail zu gehen, sollten Sie folgende Dinge wissen:

- Der Vorteil des »Berliner Testaments« liegt darin, dass der Überlebende ohne Erbauseinandersetzung das gesamte Vermögen erbt. Dies ist insbesondere dann sinnvoll, wenn das Vermögen im Wesentlichen eine Immobilie ist, die man nicht aufteilen kann.
- Nach dem Tod eines Partners kann der Überlebende das gemeinsame Berliner Testament nicht mehr ändern. Sprich: Der eingesetzte Schlusserbe bleibt dies auch.
- Ein einseitiger Widerruf des Berliner Testaments ist nur notariell möglich und nur, wenn beide noch leben.
- Das »Berliner Testament« bindet den Überlebenden. Er kann sich aus den Verpflichtungen nur befreien, indem er das Erbe ausschlägt. Er kann in diesem Fall nur noch seinen Pflichtanteil aus der Zugewinngemeinschaft verlangen. Dies ist aber ein recht komplexer und aufwendiger Vorgang. Zur Berechnung ist unbedingt ein Experte auf diesem Gebiet erforderlich.
- Kinder könnten nach dem Tod des ersten Elternteils dennoch Ihren Pflichtteil geltend machen, sodass der Überlebende in finanzielle Schwierigkeiten kommen könnte, weil er zum Beispiel seine Immobilie beleihen oder gar verkaufen müsste. Hier gibt es Klauseln im »Berliner Testament«, die sich aber ebenfalls aushebeln lassen.

- Es können sich steuerliche Nachteile ergeben. Insbesondere durch fehlende Freibeträge.

Daher an dieser Stelle der unbedingte Rat: Besprechen Sie Ihren letzten Willen mit Experten. Ansprechpartner sind hier Steuerberater, Fachanwälte und Notare.

Der Erbschein

Da Sie dieses Kapitel übers Erben in einem Ratgeber zum Verkauf einer Immobilie lesen, ist anzunehmen, dass Sie Grundbesitz erben oder geerbt haben. In diesem Fall verlangt das Grundbuchamt meist einen Erbschein, wenn Sie den Grundbesitz auf Ihren Namen umschreiben lassen. Diese Umschreibung ist in den ersten beiden Jahren nach dem Erbfall kostenlos möglich. Sind Sie Erbe aufgrund eines privaten Testaments oder der gesetzlichen Erbfolge, dann kommen Sie um den Erbschein nicht herum. Einzige Ausnahme: Sie haben ein notarieles Testament. Dann ist, zumindest sehr oft, kein Erbschein erforderlich.

Den Erbschein können Sie beim Amtsgericht am letzten Wohnsitz des Verstorbenen beantragen (§ 343 FamFG). Wichtig: Der Erbschein darf nur von Erben beantragt werden und nicht etwa von Pflichtteilsberechtigten. Ebenso wichtig zu wissen: Wenn Sie den Erbschein beantragen, nehmen Sie das Erbe unwiderruflich an. Prüfen Sie also vorher genau, ob Sie am Ende nicht mehr Verbindlichkeiten als Vermögenswerte übernehmen.

Der Antrag des Erbscheins erfolgt schriftlich oder mündlich zu Protokoll (§ 25 FamFG). Sie können den Antrag auch durch einen Notar stellen lassen, was aber zusätzliche Gebühren nach sich zieht.

Bei diesem Antrag müssen alle Erben korrekt und vollständig benannt werden, die sich aus der gesetzlichen Erbfolge, einem Testament oder einem Erbvertrag ergeben. Wenn mehrere Personen erben, können sie den Antrag gemeinsam stellen, müssen es jedoch nicht, da jeder Erbe antragsberechtigt ist.

Das Amtsgericht prüft Ihre Angaben und benötigt, sofern kein Testament vorliegt, folgende Dokumente:

- Ihren Personalausweis oder Reisepass
- Sterbeurkunde des Verstorbenen
- falls vorhanden: Testament oder Erbvertrag
- Heiratsurkunde
- Geburts- und Sterbeurkunden aller Erben oder verstorbenen Erben
- Anschriften aller Erben

Seien Sie sich bewusst, dass Sie sehr wahrscheinlich eidesstaatlich versichern müssen, dass Ihnen nichts bekannt ist, was gegen die Richtigkeit Ihrer Angaben spricht (vgl. §§ 352 ff. FamFG).

Die Kosten des Erbscheins richten sich nach der Höhe des Nachlasses. Nach § 46 des Gerichts- und Notarkostengesetzes (GNotKG) sind Sie zu der Angabe des Verkehrswerts verpflichtet. Eventuell übernommene Schulden können davon abgezogen werden. An den Kosten des Erbscheins müssen sich alle Erben beteiligen. Der Gebührentabelle B zum GNotKG können Sie die anfallenden Gebühren entnehmen. Hier ein kleiner Auszug:

Wert bis	**Gebühr Erbschein**	**Gebühr inkl. eidesstattlicher Versicherung**
50.000 Euro	165 Euro	330 Euro
200.000 Euro	435 Euro	870 Euro
500.000 Euro	935 Euro	1.870 Euro
1.000.000 Euro	1.735 Euro	3.470 Euro

Die Erbengemeinschaft

Laut Definition bilden mehrere Erben eine Erbengemeinschaft – nach gesetzlicher Erbfolge oder weil es der letzte Wille des Verstorbenen war.

Die Erbengemeinschaft hat den alleinigen Zweck, den Nachlass so schnell wie möglich zu verteilen, bis dahin das Vermögen aus dem Nachlass gemeinsam zu verwalten sowie Verbindlichkeiten zu begleichen und die Erbschaftsteuererklärung abzugeben. Da die Erbengemeinschaft nicht von Dauer ist, hat sie keine Rechtsfähigkeit. Sie kann also weder klagen noch verklagt werden.

Wichtig zu wissen ist, dass alle Erben die Hand auf dem Vermögen haben und eine sogenannte Gesamthandsgemeinschaft bilden. Dies bedeutet: Jeder Einzelne wird zwar Eigentümer, aber nur mit den anderen Erben zusammen. Niemand der Erben kann einzelne Gegenstände aus dem Nachlass allein verkaufen oder verschenken. Auch nicht seinen Anteil daran.

Um nun möglichst effizient und harmonisch den Zweck der Erbengemeinschaft zu erfüllen, sollten folgende Dinge unternommen beziehungsweise beachtet werden:

- Den Nachlass ermitteln und, wie bereits beschrieben, einen Erbschein beantragen. Prüfen Sie vor Beantragung des Erbscheins aber, ob Sie wirklich Vermögen oder doch eher Schulden erben würden. Sollten Letztere leider höher sein als das zu erbende Vermögen, empfiehlt es sich, das Erbe auszuschlagen.
- Sollte es Nachlassschulden geben, welche aber geringer sind als das geerbte Gesamtvermögen, dann sollten Sie diese aus dem Vermögen begleichen. Dazu müssen möglicherweise einzelne Gegenstände oder auch Immobilien verkauft werden.

- Prüfen Sie, ob Zuwendungen im Rahmen einer vorweggenommenen Erbfolge bestehen. Also hat zum Beispiel die Tochter zu Lebzeiten bereits ein Grundstück als Zuwendung bekommen, dann kann diese sogenannte Schenkung ausgleichspflichtig sein (§§ 2050, 2015 BGB). Außerdem ist jeder Erbe den anderen Erben gegenüber auf Verlangen auskunftspflichtig darüber, ob er zu Lebzeiten vom Verstorbenen Geschenke oder Zuwendungen erhalten hat (§ 2057 BGB).
- Beachten Sie, dass Pflegeleistungen zu berücksichtigen sind. Hat einer der Erben den Verstorbenen unentgeltlich und ohne Gegenleistung gepflegt, kann er nun im Erbfall dafür einen Ausgleich verlangen (§ 2057a BGB).
- Verteilen Sie zunächst die teilbaren Gegenstände. Jeder Erbe nimmt sich also in Abstimmung und Einvernehmen mit den anderen Erben Gegenstände, Geld und Wertpapiere aus dem Vermögen. Die Grundlagen dafür sind im BGB § 2042 und § 752 geregelt.
- Verkauf von unteilbaren Gegenständen. Dies sind in der Regel Immobilien. Aber auch ein Oldtimer oder ein kostbares Gemälde lässt sich nicht teilen. Der Erlös wird dann unter den Erben aufgeteilt. Bei dem Verkauf einer Immobilie müssen die Erben einen realistischen Verkehrswert ermitteln und der Verkauf, auch innerhalb der Erbengemeinschaft, muss notariell beurkundet werden. Kann keine Einigung erzielt werden, ist oftmals nur die Teilungsversteigerung ein Ausweg. Dazu später mehr unter »Sie haben sich getrennt oder geschieden?«.
- Können sich die Beteiligten nicht einigen, kann ein Notar, natürlich gegen entsprechende Gebühren, zu Rate gezogen werden.
- Beachten Sie die bereits erläuterten Dinge in Sachen Erbschaftsteuer.

Soweit zu den Aufgaben und zum Zweck der Erbengemeinschaft. Was aber, wenn diese zerstritten ist? Idealerweise lässt der Erblasser es durch ein geschickt und vor allem rechtzeitig aufgesetztes Testament erst gar nicht dazu kommen. Dies kann er steuern, in dem er rechtzeitig ...

- ein Testament aufsetzt und somit die Bildung einer Erbengemeinschaft durch die gesetzliche Erbfolge verhindert.
- einen Testamentsvollstrecker einsetzt.
- im Testament klar anordnet, wie der Nachlass konkret aufgeteilt werden soll (§ 2048 BGB).

Wenn die Erbengemeinschaft nun trotzdem zerstritten ist, sollte man zumindest versuchen, den kleinsten gemeinsamen Nenner zu finden und eine neutrale Person hinzuziehen. Dies kann, wie schon erläutert, ein Notar sein.

Wenn der Streit sich um den Verkauf einer Immobilie dreht, dann kann hier ein professioneller und seriöser Immobilienmakler Ihr Ansprechpartner sein. Aus meiner Praxis kann ich sagen, dass dies schon oft zu guten und am Ende versöhnlichen Auflösungen von Erbengemeinschaften und deren Streitigkeiten geführt hat. Wichtig ist, dass man bei solch einer zerstrittenen oder doch zumindest untereinander sehr misstrauischen Erbengemeinschaft mit allen gleichermaßen kommuniziert. Dies ist heutzutage dank moderner Kommunikationswege möglich. Alle bekommen immer gleichzeitig dieselben Informationen und werden über Kaufpreisverhandlungen und anderes informiert. Dies schafft Vertrauen und führt am Ende zielsicher zum Verkauf mit notarieller Beurkundung.

Auch wenn dann 20 Erben lieber an zwei Terminen zum Notar gehen, anstatt sich persönlich dort zu begegnen: Am Ende waren alle mit dem Ergebnis und dem Ablauf zufrieden.

Besonderheit: Schenkung

Eine Schenkung ist die Überlassung eines Werts oder Gegenstands ohne Gegenleistung. Dies bezieht sich auch auf die Wertüberlassung, die als Vorschuss auf das Erbe oder als Abfindung auf einen Erbverzicht gedacht ist. Eine Schenkung unterliegt der Schenkungsteuer. Der Beschenkte und der Schenkende haben diese binnen drei Monaten beim Finanzamt zu melden, es sei denn, die Schenkung wurde notariell oder von einem Gericht beurkundet, da in diesem Fall die Meldung automatisch erfolgt. Die Höhe der Schenkungsteuer entspricht den Sätzen der Erbschaftsteuer nach denselben Verwandtschaftsgraden. Allerdings gibt es auch hier Freibeträge. Je nach Verwandtschaftsgrad können alle zehn Jahre die vorher genannten Freibeträge in Anspruch genommen werden.

Verwandtschaftsgrad	Freibetrag alle 10 Jahre bis zu
Ehepartner und eingetragene Lebenspartner	500.000 Euro
Kinder und Kinder von bereits verstorbenen Kindern	400.000 Euro
Enkel, die von noch lebenden Kindern zur Welt gebracht wurden	200.000 Euro
Alle anderen (auch nicht Verwandte)	20.000 Euro

Wird eine selbstgenutzte Immobilie zur Mitbenutzung an den Ehepartner oder eingetragenen Lebenspartner verschenkt, so bleibt diese Schenkung steuerfrei. Voraussetzung dafür ist, dass das Familienheim zu eigenen Wohnzwecken genutzt wurde. Maßgeblich für den Wert einer Immobilie ist der Verkehrswert beim Zeitpunkt der Schenkung. Vermietete Immobilien sind für alle Beschenkten in Höhe von 10 Prozent des Verkehrswerts steuerfrei.

Mit einer durchdachten und langfristigen Schenkungsstrategie können also alle zehn Jahre die persönlichen Freibeträge genutzt werden und bei entsprechend frühem Beginn der Übertragung auf die Nachkommen Steuervorteile entstehen. Allerdings ist zu berücksichtigen, dass nach § 14 Abs. 1 ErbStG alle Erwerbe von derselben Person innerhalb von zehn Jahren zusammengerechnet werden. Wurden also vor 9 Jahren und 11 Monaten an das Kind 400.000 Euro verschenkt und stirbt der Schenkende nun, dann konnte der »zusätzliche« Freibetrag durch die Schenkung nicht oder nur anteilig genutzt werden. Hätte er einen Monat und einen Tag länger gelebt, wären weitere 400.000 Euro Freibetrag nach dem Erbschaftsteuergesetz möglich gewesen, wie weiter oben dargestellt.

Sie haben sich getrennt oder geschieden?

»Mit der Scheidung kommen die Flitterwochen der Rechtsanwälte.«
*Klaus Klages (*1938), Publizist*

Eine Trennung ist immer mit Emotionen verbunden. Und wenn Gefühle im Spiel sind, dann werden die meisten Fehler gemacht. Insbesondere dann, wenn tiefe Enttäuschung in Rachegelüste münden. Allerdings sind Emotionen kein guter Ratgeber. Es sollte Ihnen bei aller Enttäuschung und Wut oder vielleicht sogar bei allem Frohsinn und freudiger Erwartung gelingen, die Dinge rational anzugehen. Bewahren Sie idealerweise mit dem Menschen, mit dem Sie einiges verbunden hat, ein Mindestmaß an vernünftiger Kommunikation. Wenn gemeinsame Kinder aus Ihrer Partnerschaft entstanden sind, dann sowieso.

Da Sie hier aber einen Ratgeber zum Verkauf einer Immobilie lesen, möchte ich mich auf die wesentlichen Folgen der Trennung in Bezug auf eine oder mehrere, gemeinsame Immobilien im Wesentlichen beschränken.

Zunächst einmal ist es wichtig festzustellen, unter welchen Voraussetzungen und Rahmenbedingungen Ihnen die Immobilie gemeinsam gehört. Folgende Konstellationen sind sehr häufig:

- Ehepaare oder eingetragene Lebenspartnerschaften mit einer gemeinsamen Immobilie: Beide sind im Grundbuch zu gleichen Teilen als Eigentümer eingetragen.
- Ehepaare oder eingetragene Lebenspartnerschaften mit einer gemeinsamen Immobilie: Beide sind im Grundbuch zu nicht gleichen Teilen als Eigentümer eingetragen.

- Ehepaare oder eingetragene Lebenspartnerschaften mit einer gemeinsamen Immobilie: Im Grundbuch ist nur einer der beiden Partner als Eigentümer eingetragen.
- Unverheiratete und nicht eingetragene Lebenspartnerschaften mit einer gemeinsamen Immobilie: Beide sind im Grundbuch zu gleichen Teilen als Eigentümer eingetragen.
- Unverheiratete und nicht eingetragene Lebenspartnerschaften mit einer gemeinsamen Immobilie: Beide sind im Grundbuch zu nicht gleichen Teilen als Eigentümer eingetragen.
- Unverheiratete und nicht eingetragene Lebenspartnerschaften mit einer gemeinsamen Immobilie: Im Grundbuch ist nur einer der beiden Partner als Eigentümer eingetragen.

Gehen wir zunächst auf die unverheirateten und nicht eingetragenen Lebenspartnerschaften ein, sprich auf die nichtehelichen Lebensgemeinschaften. Der Erwerb einer Immobilie ist selbstverständlich auch ohne Trauschein möglich, ebenso wie eine gemeinsam unterschriebene Finanzierung bei einer Bank. Allerdings birgt dies folgende Risiken:

- Verstirbt ein Partner, dann sind Freibeträge und Versorgungsfreibeiträge, wie im Kapitel »Sie haben eine Immobilie geerbt?« beschrieben, auf ein Minimum reduziert und es fallen hohe Beiträge zur Erbschaftsteuer an. Ist der Nachlass nicht per Testament geregelt und der Partner dort als Erbe der Immobilie eingesetzt, tritt die gesetzliche Erbfolge ein und der Partner erbt nichts!
- Die Konsequenz aus der Nichtberücksichtigung bei der Erbfolge könnte sein, dass Sie sehr schnell aus der Immobilie ausziehen müssen. Hier greift das »Recht des Dreißigsten«

(§ 1969 BGB). Es besagt, dass der Erbe dem zum Hausstand gehörenden Mitbewohner des Erblassers bis zu 30 Tage ab Eintreten des Erbfalls Unterhalt und die Benutzung der Wohnung und der Hausgegenstände zu gewähren hat, wie der Erblasser dies getan hat.

- Die Bank ist nicht verpflichtet, einen der beiden Partner aus dem Kreditvertrag zu entlassen. Zudem haften beide gesamtschuldnerisch. Dies bedeutet: Wenn einer der Partner seinen Anteil nicht mehr bezahlt, kann die Bank den fehlenden Betrag komplett bei dem anderen einfordern.
- Es gibt keinen Wertausgleich über den Zugewinn.

Es lohnt sich also durchaus, über eine Ehe oder eingetragene Partnerschaft nachzudenken, zumal das gegenseitige Vertrauen bei einer solch großen Investition ja sehr groß zu sein scheint. Wenn man dies nicht möchte, sollte man zumindest in einem Partnervertrag festhalten, wer am Anfang welches Eigenkapital eingebracht hat. Auch sollte man schriftlich fixieren, wer welchen Anteil am Darlehen und an den laufenden Lebenshaltungskosten trägt. Zudem lohnt es sich, darüber nachzudenken, ob derjenige, der mehr zum Erwerb der Immobilie beiträgt, auch mit einer entsprechend höheren Miteigentumsquote im Grundbuch eingetragen wird. Berücksichtigen Sie: Alles, was verbindlich in Bezug auf eine Immobilie geregelt werden soll, unterliegt der notariellen Beurkundungspflicht. Also auch ein solcher Partnerschaftsvertrag. Eine Alternative zum Partnerschaftsvertrag könnte auch die Gründung einer Gesellschaft bürgerlichen Rechts (GbR) sein. Allerdings können damit auch erhebliche steuerliche Nachteile verbunden sein. Daher auch hier die Empfehlung: Holen Sie sich in jedem Fall Rat von Ihrem Steuerberater, Fachanwalt und Notar.

Welche Auswirkungen haben nun also ein gleicher Eigentumsanteil im Grundbuch, ein ungleicher Anteil im Grundbuch und nur ein einseitiger Eigentumseintrag im Grundbuch bei einer Trennung bei nichtehelichen Lebensgemeinschaften?

Zunächst einmal gilt: Wer im Grundbuch steht, dem gehört die Immobilie. Ist ein Partner dort nicht benannt, hat er auch keinerlei Anspruch auf die Immobilie. Egal, welchen Anteil er bei der Finanzierung und Einrichtung der Immobilie auch hatte. Hat man einen der beiden Ex-Partner aufgrund seines höheren Beitrags zur Immobilie mit beispielsweise zwei Dritteln als Eigentümer ins Grundbuch eingetragen und den anderen mit einem Drittel, so haben beide entsprechend dieser Anteile einen Anspruch aus dem Erlös. Das Gleiche gilt analog bei einer Eigentumsquote von 50:50. Diese Anteile werden nach § 47 der Grundbuchordnung in Bruchteilen angegeben.

Ein höherer Anteil am Eigentum bedeutet aber nicht, dass man ohne den anderen Partner bestimmen kann, was mit der Immobilie passiert. Sie können also mit einem Bruchteilseigentum von zwei Dritteln nicht im Sinne einer Stimmenmehrheit beschließen, die Immobilie in deren Gesamtheit zu verkaufen. Allerdings können Sie Ihren Anteil an Dritte veräußern. In der Praxis lässt sich aber wahrscheinlich nur schwer ein Käufer finden, der sich das schöne Einfamilienhaus oder die schicke Wohnung mit einem Fremden teilen muss. Aber vielleicht ist ja der neue Partner an dem Anteil interessiert oder der Ex-Partner möchte ihn kaufen? Dies ist möglich, beachten Sie aber, dass Grunderwerbsteuer anfällt, da Sie ja nicht verheiratet sind. Es würde lediglich keine Grunderwerbsteuer anfallen, wenn Sie an Ihr Kind verkaufen würden oder Großeltern an Ihre Enkel.

Bei Ehepaaren verhält es sich im Prinzip so, wie zuvor beschrieben. Allerdings ist das Verfügungsrecht, also der Verkauf des eigenen Anteils, dadurch eingeschränkt, dass der Ehepartner bei der gemeinsam genutzten Immobilie Rücksicht auf den anderen nehmen muss. Man kann allenfalls verlangen, dass die Bruchteilgemeinschaft aufgehoben wird und die Immobilie komplett veräußert wird (§ 749 BGB). Einigt man sich darauf, dass der neue

Partner oder man selbst den Anteil übernehmen möchte, so ist dies natürlich dennoch möglich.

Sind Sie als Ehepartner nicht im Grundbuch als Eigentümer eingetragen, so gehört Ihnen auch in diesem Fall die Immobilie nicht. Ihr Partner kann also frei über die Immobilie verfügen und diese veräußern – und Sie bekommen aus dem Erlös zunächst einmal nichts. Egal wie viel Sie investiert haben. Das ist hart. Aber nicht so hart wie bei nicht verheirateten Paaren. Denn es wird, sofern Sie keinen Ehevertrag geschlossen haben, der anderes vorsieht, im Zugewinnausgleichsverfahren ermittelt werden, welche finanziellen Ansprüche Ihnen zustehen. Einen Anspruch auf einen Teil des Hauses oder eine Übertragung der Immobilie haben Sie nicht. Eine Ausnahme wäre hier, dass ein Ehepartner die Überlassung der Immobilie wegen unbilliger Härte beantragt. Wird darüber keine Einigung erzielt, entscheidet ein Gericht. Eine unbillige Härte liegt insbesondere vor, wenn das Wohl der im Haushalt lebenden Kinder beeinträchtigt ist. Dies wäre auch ein Grund, das Verfahren einer Teilungsversteigerung einzustellen. Dazu später mehr.

Es gibt allerdings noch eine Besonderheit im Fall der Ehe bei vereinbarter Zugewinngemeinschaft ohne weitere Ergänzungen durch einen Ehevertrag: die Zustimmung des Ehepartners bei der Veräußerung einer Immobilie. Diese ist dann erforderlich, wenn das Haus oder die Wohnung der wesentliche Teil Ihres Vermögens ist. Bei vielen Eigenheimbesitzern ist dies der Fall. Selbst wenn Ihr Partner allein im Grundbuch als Eigentümer genannt ist, müssen Sie den Verkauf beim Notar mit Ihrer Unterschrift genehmigen, da er über wesentliche Teile Ihres Vermögens verfügt, zu dem Sie in der Ehe ja beigetragen haben (§ 1365 BGB). In Bezug auf diesen Paragrafen hat der Notar nach § 17 BeurkG eine Belehrungspflicht. Insofern sollten Sie also spätestens jetzt in mögliche hinter Ihrem Rücken stattfindende Verkaufspläne Ihres Noch-Ehepartners einbezogen werden. Sollten Sie die Zustimmung verweigern, nur um den anderen zu ärgern oder ihm zu schaden, könnten Sie sich schadenersatzpflichtig machen. Wenn Sie wichtige Gründe haben, zum Beispiel drohende Obdachlosigkeit, dann können Sie die Zustimmung verweigern. Im Zweifel klärt dann ein Gericht den Sachverhalt. Auch hier gilt wieder mein Rat: Suchen Sie die Expertise des Fachanwalts, Steuerberaters und Notars.

Die Vorfälligkeitsentschädigung

Sie haben sich nun einvernehmlich darauf geeinigt, die Immobilie zu verkaufen und sind sich auch über die Aufteilung des Erlöses klar. Herzlichen Glückwunsch! Sie haben sich jede Menge Ärger und Kosten im Zuge einer rechtlichen Auseinandersetzung gespart.

Bevor Sie jetzt aber loslegen, sollten Sie sich noch Klarheit über Ansprüche aus dem Darlehen gegenüber der Bank verschaffen. Innerhalb der Zinsbindungsfrist ist es in der Regel nicht vorgesehen, dass der Darlehensnehmer, also Sie, aus dem Vertrag aussteigt. Sollten Sie das aber aufgrund des geplanten Verkaufs tun und das Darlehen aus dem Verkaufspreis sofort ablösen, berechnet Ihnen die Bank die ihr entgangenen Zinsen. Dies ist die sogenannte Vorfälligkeitsentschädigung (§ 490 Abs. 2 BGB). Sprechen Sie mit Ihrer Bank und fordern Sie dort eine Berechnung dieser Entschädigung an – und zwar bitte bevor Sie Ihre Immobilie verkauft haben, denn bei berechtigtem Interesse gibt es Kündigungsfristen, die in § 488 Abs. 3 Satz 2 BGB geregelt sind. Berechtigtes Interesse wäre zum Beispiel, die Immobilie anderweitig zu verwerten. Die Berechnung der Vorfälligkeit hängt vom ursprünglich vereinbarten Zinssatz, vom aktuellen Zinsniveau und von der Restlaufzeit des Vertrages ab. Prüfen Sie die Berechnung der Bank auf folgende Punkte:

- Wurden gesparte Verwaltungskosten zu Ihren Gunsten berücksichtigt? Wenn ja, in welcher Höhe?

- Mit welchem Wiederanlagezins hat die Bank gerechnet? Wie wird dieser begründet?
- Hätten Sie die Möglichkeit von Sondertilgungen gehabt? Wenn ja, wurde dies berücksichtigt?
- Hat die Bank bei der Berechnung die gesparten Risikokosten abgezogen? Wenn ja, in welcher Höhe?
- Welche Bearbeitungsgebühr verlangt die Bank für die Berechnung?

Überprüfen Sie nun die Berechnung der Bank. Dies ist mit Online-Rechnern möglich. Sehr zu empfehlen ist der Rechner von FMH[2], da hier auch die Eingabe von Sondertilgungen möglich ist. Die folgende stark vereinfachte Rechnung finden Sie auch als Excel-Tool in meinem Mitgliederbereich:

Restdarlehenssumme:	100.000 Euro
Restlaufzeit des Darlehens:	3 Jahre
Zinssatz des Darlehens:	4 %
Wiederanlagezins am Markt:	1 %
Daraus ergibt sich eine	
Zinsdifferenz von:	3 %
Jährlicher Zinsverlust der Bank von:	3.000 Euro
Und ein Zinsdivisor von:	1,03
Die Berechnung	
1. Jahr: 3.000 Euro / 1,03 =	2.912,62 Euro
2. Jahr: 3.000 Euro / $1{,}03^2$ =	2.827,79 Euro
3. Jahr: 3.000 Euro / $1{,}03^3$ =	2,745,42 Euro
Daraus resultierende grobe Vorfälligkeit bei 3 Jahren Restlaufzeit:	8.485,83 Euro

[2] https://vorfaelligkeit.fmh.de/fmh/default.aspx

Lassen Sie die Berechnung der Vorfälligkeit unbedingt von einem Experten prüfen. Möglich ist dies unter anderem bei den Verbraucherzentralen. Aber auch bei der bereits genannten FMH. Fragen Sie aber gerne auch Ihren Steuerberater oder Fachanwalt.

Wenn es keine Einigung gibt: Die Teilungsversteigerung

Ist keinerlei Einigung zwischen den Ex-Partnern zu erzielen, so gibt es nur noch den Ausweg der Teilungsversteigerung. Dies ist ein Verfahren, dessen Ablauf im Zwangsversteigerungsgesetz (ZVG) geregelt ist. Ziel ist die Aufhebung eines gemeinschaftlichen Eigentums an einer Immobilie. Beantragen kann die Teilungsversteigerung jeder Miteigentümer beim zuständigen Amtsgericht, also bei dem Amtsgericht, in dessen Bezirk sich die Immobilie befindet. Aufgrund des Ihnen bereits bekannten § 1365 BGB, nach dem kein Ehepartner über das Vermögen des anderen ohne dessen Zustimmung verfügen darf, kann eine Teilungsversteigerung erst nach der vollzogenen Scheidung beantragt werden.

Es reicht in der Regel, wenn Sie beim Amtsgericht einen formlosen, schriftlichen Antrag auf Teilungsversteigerung einreichen. Dazu müssen Sie nachweisen, dass Sie als Miteigentümer dazu berechtigt sind. Ein aktueller Grundbuchauszug, nicht älter als sechs Monate, reicht dem Rechtspfleger dazu meistens aus. Der Rechtspfleger lässt den Antrag dann den anderen Miteigentümern, den Antragsgegnern, zur Stellungnahme zukommen. Sind nun alle Voraussetzungen erfüllt, ordnet der Rechtspfleger die Teilungsversteigerung durch Beschluss an und lässt die anstehende Zwangsversteigerung ins Grundbuch eintragen.

Wichtig ist nun, dass die oder der Antragsgegner die Möglichkeit hat, dem Verfahren beizutreten. Dies kann absolut sinnvoll sein, da er dadurch nun dieselben Gestaltungsrechte hat wie der Antragsteller. Einer der wesentlichen Vorteile ist, dass man nun Einfluss auf das Ergebnis der Teilungsversteigerung nehmen kann. Man kann zum Beispiel den Zuschlag mithilfe einer Einstellungsbewilligung unwirksam werden lassen. Tritt man dem Verfahren bei, muss diese Entscheidung gemeinsam mit dem Antragsteller getroffen werden. Ein Beitritt muss bis spätestens vier Wochen vor dem Teilungsversteigerungstermin beim zuständigen Gericht schriftlich per Antrag erfolgt sein.

Der Wert der Immobilie wird nach dem Wertfestsetzungsverfahren ermittelt und festgesetzt. Das dazu erforderliche Gutachten durch einen geeigneten Sachverständigen kann wie folgt beauftragt werden:

- Der Antragsteller selbst beauftragt das Gutachten. Dies geht aber nur mit Zustimmung des Antragsgegners.
- Das Gericht beauftragt den Gutachter. Dies geschieht in der Regel, wenn der Antragsgegner nicht zustimmt, dass der Antragsteller dies macht.
- Es gibt bereits ein aktuelles Wertgutachten. Dieses sollte nur wenige Monate alt sein und kann verwendet werden, wenn das Amtsgericht diesem zustimmt.

Der in diesem Gutachten ermittelte Verkehrswert hat elementare Bedeutung. Zum einen berechnet sich hieraus die zehnprozentige Sicherheitsleistung, die ein Bieter aufbringen muss, sollte er den Zuschlag erhalten. Zum anderen müssen bei der Versteigerung mindestens 50 Prozent des Verkehrswerts beim ersten Versteigerungstermin geboten werden. Ansonsten muss der Zuschlag vom Gericht untersagt werden. Werden zwischen 50 und 70 Prozent des Verkehrswertes geboten, kann der Gläubiger, sofern im Verfahren per Grundschuld involviert, den Zuschlag verwehren. Allerdings wird im Vorfeld ein Mindestgebot festgelegt. Dieses berücksichtigt die Belastungen und Rechte (beispielsweise Wegerechte, Wohnrecht auf Lebenszeit) sowie aus möglicherweise laufenden Darlehen und einen sogenannten Mindestbarbetrag (grob gesagt eventuelle Forderungen seitens der öffentlichen Hand oder einer Eigentümergemeinschaft). Das Mindestgebot wird zum Schutz der Verfahrensbeteiligten aufgestellt. Sobald dieses festgelegt ist, legt das Gericht den Versteigerungstermin fest.

Kann die Teilungsversteigerung abgewendet werden?

Nein, abwenden kann man diese nicht, wohl aber verzögern. Dazu muss der Antragsgegner innerhalb von zwei Wochen nach Beantragung der Teilungsversteigerung die Einstellung des Verfahrens beantragen. Eine Einstellung ist möglich, wenn der Zeitpunkt nach Abwägung aller Interessen nicht angemessen scheint. Also zum Beispiel, wenn die Verhandlungen zu einer möglichen Übernahme noch nicht abgeschlossen sind oder eine Wertsteigerung der Immobilie zeitnah zu erwarten ist. In der Regel kann aus diesen Gründen die Einstellung – auf sechs Monate befristet – erwirkt werden (§ 180 Abs. 2 ZVG) und nur ein weiteres Mal beantragt werden. Sie könnten also die Teilungsversteigerung maximal um ein Jahr verzögern.

Anders sieht es aus, wenn Kinder vorhanden sind und das Kindeswohl aufgrund eines Umzugs gefährdet erscheint. Darüber entscheidet auch das Gericht. Ist das »Kindeswohl« der Grund für die Einstellung des Verfahrens, können mehrere Einstellungsanträge eingereicht werden (§ 180 Abs. 3 ZVG). Allerdings wird hier nach spätestens fünf Jahren die Teilungsversteigerung erfolgen.

Ohne Ihre individuelle Situation zu kennen und die Gründe der Trennung: Lassen Sie es nicht so weit kommen. Am Ende zögern Sie die Versteigerung nur heraus und es wird über den ganzen Zeitraum eine Belastung für Sie und Ihre Kinder sein. Eine schnelle Klarheit über die neue Lebenssituation kann befreiend wirken und ganz neue Türen öffnen.

Der Versteigerungstermin

Das zuständige Gericht bereitet den Verhandlungstermin vor und gibt diesen Termin auch bekannt. Der Termin ist öffentlich – jeder kann daran teilnehmen. Im Wesentlichen besteht der Termin aus drei Abschnitten:

- **Die Bekanntmachung**: Hier werden viele wichtige Informationen zur Immobilie verlesen. Also Dinge wie Grundbuchstand, Verkehrswert, Informationen zu Mietern und so weiter.
- **Die Bietstunde**: Jetzt werden Interessenten aufgefordert, Gebote abzugeben. Es darf jeder bieten, der voll geschäftsfähig ist. Also auch Miteigentümer, egal ob Antragsteller oder Antragsgegner. Die Bietstunde kann auch nur eine halbe Stunde lang sein oder länger dauern. Der Zeitrahmen wird im Vorfeld festgelegt und darf nicht unterschritten, jedoch überschritten werden. Nach dem letzten Gebot entscheidet das Gericht über den Zuschlag in der Zuschlagsverhandlung.
- **Die Zuschlagsverhandlung:** Die Entscheidung kann noch während des Versteigerungstermins stattfinden oder bei einem zeitnahe angesetzten Zuschlagsverkündungstermin. Es gibt nur zwei Möglichkeiten: Entweder das Gericht erteilt den Zuschlag oder aber nicht.

Sollte das Gebot die Kosten des Verfahrens nicht decken (§ 44 Abs. 1 ZVG), ist dieses nicht gültig und es kann entsprechend kein Zuschlag erteilt werden. Wenn es kein oder kein zulässiges Gebot gibt, wird das Verfahren eingestellt und einmalig neu angesetzt. War es bereits die zweite Ansetzung, wird das Verfahren aufgehoben und die Eigentümer müssen sich anderweitig einigen. Oder ein anderer Miteigentümer beantragt eine neue Teilungsversteigerung mit nochmals allen anfallenden Schritten und Kosten.

Wurde ein Zuschlag erteilt, dann kommt es nun zur Erlösverteilung. Diese findet in der Regel an einem gesonderten Termin statt, dem Verteilungstermin. Das Gericht erstellt dafür einen Teilungsplan und verteilt zunächst den Erlös entsprechend der Rangfolge. Das heißt, die Verfahrenskosten werden gedeckt und die Gläubiger, sofern vorhanden, nach der Rangfolge im Grundbuch bedient. Der restliche Erlös wird nun unter den ehemaligen Miteigentümern aufgeteilt. Aber auch hier gilt: Wer was bekommt, müssen die Eigentümer im Vorfeld klären und sich entsprechend einigen. Nur wenn sich alle einig sind, kann das Gericht entsprechend auszahlen. Konnte man sich erneut nicht einigen, verbleibt der restliche Erlös beim Amtsgericht, bis eine Einigung erzielt ist. Schafft man es nicht, sich zu einigen, dann bleibt der Weg der zivilen Klage offen. Die Eigentümergemeinschaft, jetzt nicht mehr an einer Immobilie, sondern am Erlös, bleibt so lange bestehen, bis der Versteigerungserlös unter allen Beteiligten aufgeteilt ist.

Lassen Sie es nicht so weit kommen!

Sie sehen: Letztlich müssen Sie immer eine Einigung mit Ihrem Ex-Partner erwirken. Daher mein eindringlicher Rat: Vermeiden Sie die Teilungsversteigerung auf jeden Fall. Denn sie ist mit Kosten in Höhe von mehreren tausend Euro verbunden, die allein für das Gericht und das Wertgutachten fällig werden. Darüber hinaus erzielen Sie sehr wahrscheinlich in einem solchen Verfahren nicht den bestmöglichen Verkaufspreis. Häufig wird der Zuschlag sogar weit unter Verkehrswert erteilt. Bedenken Sie zudem, dass ein Dritter die Immobilie ersteigern könnte und keiner von Ihnen das Haus am Ende übernehmen kann.

Einigen Sie sich gemeinsam mit Ihren Anwälten, wie eine sinnvolle Lösung erzielt werden kann, wenn einer von Ihnen die Immobilie behalten möchte. Soll in jedem Fall verkauft werden, dann einigen Sie sich auf einen professionellen Immobilienmakler. Ein guter Makler wird beide Parteien offen und transparent über seine Schritte und Kaufangebote unterrichten. Er wird neutral und ohne Emotionen versuchen, für Sie den bestmöglichen Preis zu erzielen. Sehr wahrscheinlich ist dieser Weg trotz der Provision – oder, wie ich es nenne, des Erfolgshonorars – für Sie wesentlich günstiger als die Teilungsversteigerung. Natürlich können Sie auch gemeinsam den Verkauf mit der Anleitung aus diesem Buch angehen.

Sie sind von Ihrer Immobilie überfordert?

»Habe keine Angst, das Gute aufzugeben,
um das Großartige zu erreichen.«
John D. Rockefeller (1839–1937), Industrieller

Es gibt immer was zu tun. So lautet nicht umsonst der Werbeslogan eines großen Baumarkts. Denn er trifft es ziemlich genau: Die Immobilie muss in Ordnung gehalten werden! Bei technischen Anlagen wie der Heizung ist eine regelmäßige Wartung selbstverständlich und Ihr Auto meldet sich wahrscheinlich auch bei Ihnen, wenn die nächste Inspektion ansteht. Aber ansonsten wird in der Regel erst renoviert und saniert, wenn es nicht mehr gefällt oder etwas kaputt ist und ein Schaden sichtbar wird.

Bei einer Wohnungseigentümergemeinschaft wird aus diesem Grund die sogenannte Instandhaltungsrücklage gebildet. Geht etwas kaputt oder wird eine Modernisierung am gemeinschaftlichen Eigentum notwendig, dann wird diese aus der Rücklage bezahlt. Diese muss laut Gesetz angemessen sein (§ 19 Abs. 2 Nr. 4 WEG), darf also nicht zu hoch oder zu niedrig angesetzt werden. Keine Sorge, ich gehe an dieser Stelle nicht auf das komplexe Thema »Wohnungseigentum« ein, möchte aber die Berechnung der angemessenen Instandhaltungsrücklage nutzen, um ein Gefühl zu geben, welche finanzielle Verantwortung der Kauf einer Immobilie nach sich zieht.

Laufende Instandhaltungskosten

Die Höhe der angemessenen Rücklage kann man mit der sogenannten Petersschen Formel berechnen. Diese lautet:

- Herstellungskosten pro Quadratmeter
- multipliziert mit dem Faktor 1,5
- geteilt durch 80 Jahre (= unterstellte Lebensdauer des Gebäudes)
- und bei Gemeinschaftseigentum dieses Ergebnis multipliziert mit 0,7.

Nehmen wir ein Beispiel. Die Herstellungskosten bei einem Einfamilienhaus sind mit 2.000 Euro pro Quadratmeter derzeit sicherlich nicht zu hoch angesetzt. Der Faktor 1,5 besagt: Im Laufe des Lebens der Immobilie, im Schnitt 80 Jahre, investiert man das Anderthalbfache der ursprünglichen Herstellungskosten nochmals in die Instandhaltung. Ja, Sie haben richtig gelesen. Und wahrscheinlich war Ihnen dieser Punkt nicht bewusst, oder? Die 0,7 (oder 70 Prozent) multipliziert man bei gemeinschaftlichem Eigentum, da man unterstellt, dass die restlichen 30 Prozent durch die einzelnen Eigentümer der Wohnung selbst aufgewendet werden und nicht Aufgabe der Allgemeinheit sind. Für Sie als Besitzer eines Einfamilienhauses gilt aber: Sie tragen 100 Prozent. Insofern lautet die Formel für Sie:

$$\frac{(2.000\ €/m^2 \times 1{,}5)}{80\ \text{Jahre}} = 37{,}50\ €/m^2$$

37,50 Euro pro Quadratmeter im Jahr als angemessene Rücklage ergeben bei einem 120 Quadratmeter großen Haus 4.500 Euro pro Jahr – immerhin.

Das kann ein Punkt sein, warum Sie als Besitzer eines Einfamilienhauses sich in Ihrer Freiheit und Unabhängigkeit vielleicht eingeengt fühlen. Vielleicht haben Sie ein Haus gekauft oder gebaut, weil das jeder so macht. Jetzt merken Sie aber, dass Sie lieber dreimal im Jahr verreisen würden, anstatt das Geld in Ihre Immobilie fließen zu lassen. Sie können sich das Haus leisten, aber Sie merken, es passt nicht so richtig zu Ihrer Art zu leben. Seien Sie sich sicher: Es geht nicht nur Ihnen so, sondern vielen Menschen. Allerdings haben die wenigstens an dieser Stelle den Mut, es zu ändern.

Vielleicht sind es aber auch nicht nur die finanziellen Aspekte, die Sie an Ihrem Eigenheim überfordern oder zumindest einschränken. Der Garten sieht nach drei Wochen Urlaub wahrscheinlich auch sehr pflegebedürftig aus und kostet Sie einige Arbeitszeit neben Ihren ohnehin schon umfangreichen beruflichen und familiären Verpflichtungen. Auch stellen Sie fest, dass Handwerker gar nicht immer einfach terminlich zu koordinieren sind, wenn Reparaturen anstehen, was wiederum Ihre Zeit in Anspruch nimmt. Kurzum: Eine Mietwohnung, bei der sich der Vermieter um die Handwerker und die Instandhaltung kümmern muss, mit Ausnahme Ihres Gartens, wäre für Ihren Lebensstil besser. Zumal Sie so auch räumlich flexibler reagieren können, sofern ein Arbeitsplatzwechsel ansteht.

Also zögern Sie nicht! Denken Sie an das eingangs erwähnte Zitat des legendären Unternehmers John D. Rockefeller. Oder wie Apple-Gründer Steve Jobs (1955–2011) es einmal sagte: »Deine Zeit ist begrenzt und kostbar, verschwende sie nicht damit, das Leben eines anderen zu leben.«

Das notwendige Rüstzeug für den Verkauf Ihrer Immobilie haben Sie vor sich. Sollten Ihr Einfamilienhaus aber »Ihr Ding« sein, dann interessiert Sie vielleicht der »Wartungspilot«, den Sie in meinem Mitgliederbereich finden.

Sie pflegen einen Angehörigen?

»Leben ist das, was passiert,
während Du beschäftigt bist,
andere Pläne zu machen.«
John Lennon (1940–1980), Musiker

Morgens: Kurze Besprechung mit meinem Vater und Geschäftspartner. Kurz vor Mittag: Ich hole meine Tochter aus dem Kindergarten ab, es geht zum gemeinsamen Mittagessen. Der Tag ist durchgeplant. Jeder startet mit seinen Aufgaben und seinen Terminen.

Und dann klingelt das Smartphone. Die Worte meiner Mitarbeiterin werden mir für immer in Erinnerung bleiben: »Du musst kommen. Mit deinem Vater stimmt was nicht. Der Krankenwagen ist bestellt.« Man reagiert, funktioniert wie in Trance. Man kann zusehen, wie es meinem Vater immer schlechter geht. Minuten werden zu Stunden. Endlich ist der Notarzt da. Zwei Fragen dringen zu mir durch: »Wir brauchen die Versichertenkarte. Und haben Sie eine Patientenverfügung oder Vorsorgevollmacht?« Es ist also ernst.

Es war sogar todernst, aber die Ärzte haben das Leben meines Vaters gerettet. Trotz schwerster Gehirnblutungen, die er damals hatte, kann ich heute mit ihm reden und bin dankbar dafür. Dennoch benötigt er umfangreiche Pflege. Und diese ist teuer und kann an die finanzielle Substanz gehen. Und ja, es kann sogar sein, dass man für die finanziellen Aufwendungen eine Immobilie verkaufen muss, wenn keine entsprechende finanzielle Rücklage gebildet werden konnte. Bevor ich aber jetzt über die in Bezug zu einer Immobilie wichtigen Dinge in einem solchen Fall schreibe, möchte einer Bitte eines Rettungssanitäters nachkommen.

Rund ein Jahr später kaufte einer der Rettungssanitäter, die meinen Vater versorgt hatten, mit seiner Frau über unser Immobilienbüro ein Haus. Da ich in der damaligen Situation nicht hatte nachvollziehen können, warum jemand in einer solchen Situation nach einer Versicherungskarte fragt, sprach ich ihn darauf an. Die Antwort verblüffte mich. Er sagte, man wolle die Patientendaten schneller zur Verfügung haben, auf der Karte möglicherweise gespeicherte wichtige Informationen bekommen und somit den Patienten letztlich viel effektiver und besser behandeln können. Es geht bei der Frage nach der Versichertenkarte nicht um die Bezahlung, sondern um das schnelle Abfragen wichtiger Informationen, die am Ende vielleicht über Leben und Tod entscheiden können. Er bat mich darum, dies offen zu kommunizieren, da man oft an diesem Punkt auf Unverständnis stößt. Das habe ich hiermit getan und Sie wissen nun, dass Sie für den Notfall die Versichertenkarte immer griffbereit bei sich führen sollten. Wobei ich Ihnen wünsche, eine solche Situation nie erleben zu müssen.

Die Patientenverfügung

Eine Patientenverfügung ist nichts anderes als eine Willenserklärung. In dieser Erklärung formuliert eine Person Ihren Willen, wenn sie diesen nicht mehr selbst gegenüber Ärzten, Pflegepersonal oder Einrichtungsträgern anbringen kann. Wie der Name sagt, bezieht sie sich auf medizinische Maßnahmen und häufig auch auf das Vorgehen bei notwendigen lebensverlängernden Maßnahmen.

Obwohl eine mündliche Patientenverfügung nicht automatisch ungültig ist (§ 1901b Abs. 2 BGB), empfiehlt es sich unbedingt, diese schriftlich zu verfassen und eigenhändig zu unterschreiben. Sollte man keine klar nachvollziehbare Unterschrift mehr leisten können, so ist diese von einem Notar zu beglaubigen (§ 126 BGB). Sollte man schriftlich selbst gar nichts mehr verfassen können, sollte die Patientenverfügung vom Notar beurkundet werden (§ 129 BGB; § 25 BeurkG).

Die Patientenverfügung ist also hilfreich, wenn es um medizinische Fragen geht und wenn Sie Ihren Angehörigen eine schwierige Entscheidung ersparen möchten. Informieren Sie Ihre engen Angehörigen über diese Verfügung, händigen Sie ihnen eine Abschrift der Verfügung aus und kommunizieren Sie klar, wo Sie Ihre Originalurkunde hinterlegt haben. Wenn diese Patientenverfügung benötigt wird, muss es schnell gehen und entsprechend einfach sollte der Zugang zu der Verfügung auch in Ihrem Sinne sein. Eines sei klar gesagt: Die Patientenverfügung regelt nichts in Bezug auf Ihr Vermögen und reicht daher allein nicht aus.

Die Vorsorgevollmacht – notariell oder nicht?

Die Vorsorgevollmacht nach deutschem Recht bevollmächtigt eine Person im Namen des Vollmachtgebers, alle oder bestimmte Aufgaben in einer definierten Situation erledigen zu dürfen. Diese definierte Situation kann zum Beispiel die Erledigung sämtlicher Aufgaben und Rechtsgeschäfte in einem Wachkoma sein, oder wenn Sie geistig – Stichwort »Demenz« – nicht mehr eigenständig entscheiden können. Zum Zeitpunkt der Erteilung der Vollmacht sollten Sie nach einem Urteil des Bundesgerichtshofes noch erfassen können, welche Auswirkungen die Vollmacht hat. Sie sollten Ihrem Bevollmächtigten unbedingt und absolut vertrauen, denn er entscheidet dann für Sie. Für das Handeln des Bevollmächtigten sind in Deutschland die Paragrafen 164 und folgende im BGB maßgeblich. Das Verhältnis zwischen Vollmachgeber und Bevollmächtigten regeln die §§ 662 ff. des BGB.

Definieren Sie also klar und präzise, wer Sie in welcher Situation in welchen Umfang vertreten darf. Sie können auch mehrere Personen bestimmten. Ein Klassiker ist, den Ehegatten und die Kinder mit einer Vollmacht auszustatten. Allerdings sollten Sie trotzdem jedem eine Alleinvertretungsvollmacht geben. Denn was wäre, wenn Sie und Ihr Partner nach einem Verkehrsunfall beide im Koma liegen? Dann wäre laut Vollmacht auch der mit Ihnen verunglückte Partner für eine Vertretung notwendig und Ihre Kinder könnten trotz Vollmacht nicht entscheiden. Daher hier wieder der dringende Rat: Holen Sie sich den Rat eines Juristen, der Sie in dieser Angelegenheit optimal begleitet.

Eines steht jedoch fest: Wenn per Vollmacht über Grundbesitz und Immobilien verfügt werden soll, ist die Vollmacht grundsätzlich von einem Notar zu beurkunden. Das ist allein in der Tatsache begründet, dass wie erwähnt jedes Grundstücksgeschäft in Deutschland notariell beurkundet werden muss (§ 311b Abs. 1 BGB in Verbindung mit § 128 BGB). Außerdem können die erforderlichen Eintragungen ins Grundbuch nur erfolgen, wenn erforderliche Urkunden öffentlich oder öffentlich beglaubigt vorliegen. Die Vollmacht ist ein solches erforderliches Dokument und sollte entsprechend öffentlich beglaubigt sein, was durch den Notar kraft seines Amtes erfolgt.

Wie gesagt: Lassen Sie sich von einem Juristen, in Verbindung mit Immobilien idealerweise von einem Notar, umfangreich beraten, wie Sie Ihre Vollmacht rechtssicher formulieren und Ihren Willen optimal gewahrt sehen. Der Notar wird in diesem Zusammenhang zudem dafür sorgen, dass die Vollmacht auch gegenüber Kreditinstituten gültig ist und deren Anforderungen genügt. Die Kosten für den Notar sind dabei überschaubar, vor allem wenn man den enormen Nutzen sieht für den Fall eines Falles. Hätte mein Vater keine Vollmacht für uns hinterlegt, wäre es in Sachen Verwaltung seiner Immobilien, Verwaltung seines Vermögens und auch Fortführung der gemeinsamen GbR von einem auf den anderen Tag zum Stillstand gekommen. Wir wären nicht handlungsfähig gewesen und es hätte ein Betreuer vom Gericht eingesetzt werden müssen. Dies ist ein langwieriger Prozess und am Ende entscheidet eine vollkommen fremde Person mit. Verhindern Sie dies unbedingt und sprechen Sie im Zweifel aktiv Ihre Angehörigen auf das Thema an, auch wenn es unangenehm ist, sich mit solchen Szenarien zu beschäftigen. Für die meisten Menschen ist die unangenehmste Vorstellung, das Fremde über ihr Lebenswerk und Vermögen entscheiden.

Doch zurück zu den Kosten. In der Regel berechnen sich die Kosten auf der Basis der Hälfte des Geschäftswertes der Vollmacht. Auf dem Informationsportal der Bundesnotarkammer finden Sie einen entsprechenden Gebührenrechner. Nach diesem Rechner würde Stand heute (5. November 2020) eine Beurkundung eines Geschäftswertes von 1.000.000 Euro eine Gebühr von 868 Euro zuzüglich Mehrwertsteuer kosten. Zudem können noch Gebühren von 20 bis 70 Euro für die Unterschriftenbeglaubigung anfallen. Verbindlich gibt Ihnen aber auch hier der Notar Ihres Vertrauens Auskunft.

Wenn die notarielle Vorsorgevollmacht fehlt

Liegt keine Vorsorgevollmacht in geeigneter Form und insbesondere in Verbindung mit Grundbesitz notariell beurkundet vor, dann bestellt das Gericht einen Betreuer. Die einzige Ausnahme wäre hier, wenn zumindest eine sogenannte Betreuungsverfügung ausgestellt wäre. In dieser kann man alle Wünsche darlegen, die vom Gericht und einem Betreuer berücksichtigt werden müssen. Das gilt auch für die Person, die für Sie als Betreuer eingesetzt werden soll. Auch hier gilt: Sie müssen zum Zeitpunkt der Erstellung voll geschäftsfähig sein. Der Nachteil: Das Gericht muss sich nicht an die Betreuungsverfügung halten. Diese wird als eine Art Empfehlung gesehen, der man aber in der Regel versucht, Rechnung zu tragen.

Es ist auch möglich, eine Patientenverfügung, eine Betreuungsverfügung und eine Vorsorgevollmacht zu hinterlegen. Wichtig ist: Informieren Sie Ihre Angehörigen, wo Sie diese Dokumente aufbewahren, damit diese im Notfall schnell zur Hand sind. Als Praxistipp empfiehlt sich auch ein Zettel in der Geldbörse, der auf den Aufbewahrungsort hinweist. Zudem ist eine Eintragung in das zentrale Versorgungsregister der Bundesnotarkammer zu empfehlen. Dort prüft das Betreuungsgericht grundsätzlich, ob eine Eintragung vorhanden ist. Die Kosten für die Registrierung sind mit rund 20 Euro nicht der Rede wert.

Was passiert aber, wenn nichts vorliegt? Da es hier um Immobilien geht, blende ich an dieser Stelle tiefgehende moralische und ethische Fragen zu Entscheidungen über Leben und Tod aus. Gehen wir davon aus, Sie überleben den Schicksalsschlag und sind in hohem Maße pflegebedürftig. Die Pflege ist teuer und die Pflegeversicherung wird sehr wahrscheinlich nicht ausreichen, um die Kosten zu decken. Aus diesem Grund muss Kapital beschafft werden. Dieses steckt sehr oft in der als Altersvorsorge gedachten Immobilie. Also muss Liquidität durch den Verkauf der Immobilie entstehen.

Da Sie selbst sich um den Verkauf nicht mehr kümmern können, unabhängig davon, ob Sie noch geschäftsfähig sind oder nicht, wird nun das Vormundschaftsgericht einen Betreuer bestellen und prüfen, ob die Voraussetzungen für eine Betreuung vorliegen. Im sogenannten Betreuungsverfahren hat das Gericht folgende Rangfolge zu beachten:

- Wunsch des Betroffenen (Betreuungsverfügung)
- Ehegatte, Lebenspartner, Eltern oder Kinder
- Weitere Verwandte oder Bekannte
- Ehrenamtliche Betreuer
- Vereinsbetreuer, Behördenbetreuer oder Berufsbetreuer
- Betreuungsverein oder Betreuungsbehörde

Für eine Abweichung von dieser Reihenfolge müssen triftige Gründe vorliegen. Wird die Betreuung ausschließlich aufgrund einer körperlichen Behinderung gewünscht, so muss der Betreuungsbedürftige einen entsprechenden Antrag einreichen. Bei der Antragstellung ist grundsätzlich das Betreuungsgericht zuständig, in dessen Bezirk der Bedürftige seinen Hauptwohnsitz hat (§ 64 Abs. 1 FamFG). In diesem Fall ist er voll verfahrensfähig und kann eigenständig Anträge stellen oder Rechtsmittel geltend machen.

Ist er jedoch nicht in der Lage, seine Interessen hinreichend wahrzunehmen, zum Beispiel durch die Folgen eines Schlaganfalls oder bei Demenz, dann ist nach § 276 FamFG zusätzlich ein Verfahrenspfleger zu bestellen, der die Rechte des Betroffenen objektiv wahrnehmen soll und im gleichen Maße am Verfahren zu beteiligen ist wie der Betreute – das heißt, er ist anzuhören und kann Rechtsmittel einlegen. Er hat die Wünsche des Betreuten dem Gericht mitzuteilen und darauf zu achten, dass sie seinen Interessen entsprechen. Er ist jedoch nicht an Weisungen des Betreuten gebunden. Seine Funktion ist mit der eines Rechtsanwaltes zu vergleichen, der einen Mandanten vertritt. Jedoch ist es hier nicht erforderlich, Jurist zu sein.

Stark vereinfacht könnte man es auch so ausdrücken: Der Verfahrenspfleger kontrolliert im Sinne des Bedürftigen den für diesen bestellten Betreuer. Deshalb hat er auch bei jedem offiziellen Termin anwesend zu sein. Juristisch mag dies wesentlich differenzierter zu sehen sein, allerdings beschreibt es den Umstand aus meiner subjektiven Sicht sehr treffend.

Sie merken, selbst bis wir hier zu der Bestellung des Betreuers kommen, vergeht schon einige Zeit und es ist einiges zu berücksichtigen. In der Realität dauern diese Dinge sehr viel länger. Unter anderem auch, weil grundsätzlich vor der Betreuerbestellung ein Sachverständigengutachten einzuholen ist. Ausnahme: Wenn der Betroffene den Antrag auf Betreuung selbst gestellt hat, reicht ein ärztliches Attest. Der Sachverständige muss den Betroffenen persönlich befragen und nötigenfalls untersuchen, um ein Gutachten erstellen zu können (§ 280 FamFG).

Bevor jetzt endlich der Betreuer bestellt werden kann, muss das Gericht – wenige Ausnahmen bestätigen die Regel – den Betroffenen persönlich anhören (§ 278 FamFG). Dieses Gespräch mit dem Richter und dem Betroffenen soll in der üblichen persönlichen Umgebung des zu Betreuenden stattfinden. Hintergrund ist, dass für den Richter Lebensumstände sichtbar werden könnten, die für seine Entscheidung in Sachen Betreuung wichtig sind. Wenn der Betroffene dem Besuch widerspricht, findet die Anhörung im Gericht statt.

Jetzt endlich wird der Betreuer bestellt? Nein, noch nicht ganz. Um es aber zumindest hier im Buch etwas zu beschleunigen, verzichte ich noch auf die Möglichkeit des Gerichts oder des zu Betreuenden, weitere Personen zu einem weiteren Schlussgespräch hinzuzuziehen. Was aber definitiv noch eingeräumt werden muss, ist die nach § 279 FamFG gegebene Möglichkeit der Stellungnahme Dritter. Dies können Ehe- oder Lebenspartner, Eltern, Kinder oder auch nahestehende Personen sein sowie die Betreuungsbehörde.

Jetzt endlich hat der Richter den Betreuer und dessen Aufgabenkreis bestimmt und teilt diesen Beschluss dem Betreuer mit, wodurch die Entscheidung auch endlich Wirksamkeit erlangt. Zusätzlich ist der Beschluss des Richters auch dem Betroffenen, dem Verfahrenspfleger und der Betreuungsbehörde mitzuteilen. Damit der Betreuer seine Funktion auch gegenüber Dritten nachweisen kann, erhält er einen sogenannten Betreuerausweis. Wenn die Betreuung beendet ist, muss er diesen ans Gericht zurückgeben.

Rechnen Sie vom ersten Schritt des Betreuungsverfahrens bis zu dem Zeitpunkt, an dem der Betreuer bestimmt wurde, mit einer Dauer von mindestens drei Monaten. Bei einer zunehmend überlasteten Justiz kann es aber auch sechs Monate und länger dauern. Daher hier nochmal die Empfehlung: Erstellen Sie eine ordentliche Vorsorgevollmacht und ersparen Sie sich und Ihren Angehörigen eine solch langwierige Prozedur. Denn wir haben bisher nur den bestellten Betreuer. Damit können Sie die Immobilie immer noch nicht sofort verkaufen.

Immobilienverkauf mit Betreuer

Da auf den Verkaufsprozess später im Buch genauer eingegangen wird, möchte ich an dieser Stelle nur die wesentlichen Unterschiede und rechtlichen Besonderheiten beim Verkauf einer Immobilie mit einem Betreuer so kurz und einfach wie möglich erläutern:

- Zunächst ist mit dem Betreuungsgericht zu klären, ob und zu welchem Preis es dem Verkauf der Immobilie zustimmen würde.
- Für die Bestimmung des Kaufpreises wird das Gericht in der Regel eine Wertermittlung als Grundlage haben wollen. Manchen Gerichten reicht hier die Expertise eines Immobilienmaklers. Häufig aber muss ein neutraler Sachverständiger ein Gutachten erstellen.
- Sofern noch reale Schulden im Grundbuch zur Immobilie eingetragen sind, ist zu prüfen, ob diese durch den Kaufpreis abgelöst werden können. Sollte dies nicht der Fall sein, sind weitere Schritte notwendig, was später noch erläutert wird.
- Die Immobilie kann durch den Betreuer zum mit dem Gericht festgelegten Preis verkauft werden. Der Preis im Gutachten darf dabei nicht unterschritten werden. Es steht dem Betreuer frei, die Immobilie selbst zu verkaufen oder einen professionellen Immobilienmakler damit zu beauftragen.
- Ist der Käufer gefunden und der Kaufpreis gesichert, dann wird dies entsprechend beim Notar von Käufer und Betreuer beurkundet. Allerdings wird der Entwurf des Notarvertrages in der Regel vor der Unterzeichnung vom Betreuungsgericht geprüft und freigegeben.

So weit, so gut. Allerdings ist noch die Genehmigung des Verkaufs durch das Gericht für die Rechtswirksamkeit des Vertrages notwendig. Die Erteilung dieser Genehmigung kann mehrere Monate dauern – ein Zeitraum von bis zu einem Vierteljahr ist nicht selten. Nach der Bekanntgabe der Genehmigung gibt es noch eine 14-tägige Widerspruchsfrist. Erst danach kann die weitere Vertragsabwicklung durch den Notar in die Wege geleitet werden, was nochmals mehrere Wochen dauern kann.

Wenn Sie also dringend finanzielle Mittel für die Pflege eines Angehörigen aus dem Immobilienverkauf brauchen und keine Vollmacht vorliegt, kann es locker ein Jahr und länger dauern, bis endlich der Kaufpreis auf Ihrem Konto eingeht. Und da ist vorausgesetzt, dass Sie sehr schnell einen Käufer finden. Nehmen Sie sich also ungleich weniger Zeit und sprechen Sie mit einem Juristen, Notar und Steuerberater über eine anständige und ordentliche Vorsorgevollmacht. Und empfehlen Sie dies unbedingt auch Ihren Verwandten, Freunden und Bekannten. Danke!

Sie wollen altengerecht wohnen?

»Ein neues Haus, ein neuer Mensch.«
Johann Wolfgang von Goethe (1749–1832), Dichter und Dramatiker

Altengerecht wohnen und der demografische Wandel – das sind nahezu Alltagsthemen geworden. Und natürlich birgt das Ganze auch ein lukratives Geschäftsmodell. Sogenannte altengerechte Wohnungen verkaufen und vermieten sich quasi von allein. Entsprechend ist die preisliche Gestaltung. Häufig verkaufen Menschen ihre Einfamilienhäuser in schöner Lage und mit Garten, um sich eine altengerechte Wohnung leisten zu können. Nicht selten müssen sie dafür sogar noch ein zusätzliches Darlehen aufnehmen. Spätestens an diesem Punkt sollten Sie ganz genau überlegen, ob es wirklich sinnvoll und notwendig ist, Ihr Eigenheim zu verkaufen.

Schauen wir uns zunächst einmal an, was »altengerecht« überhaupt bedeutet und was es nicht bedeutet. Zunächst ist festzustellen, dass Wörter wie »altengerecht«, »seniorengerecht«, »barrierearm«, »schwellenarm« oder »barrierereduziert« nicht gesetzlich definiert sind. Häufig werden normale Wohnungen, die eine bodengleiche Dusche und einen Aufzug haben, schon als »altengerecht« angepriesen. Sie sollten sich aber überlegen, ob eine solche Wohnung Ihnen dienlich ist, wenn Sie eines Tages einen Rollator oder gar Rollstuhl benötigen. Daher hier an dieser Stelle meine klare Empfehlung an Sie: Achten Sie bei der Suche ausschließlich auf die Begriffe »barrierefrei« und »rollstuhlgerecht«. Diese Begriffe verpflichten bereits in der Werbung zur Einhaltung der Standards nach DIN 18040-2. Nehmen Sie im Zweifel einen Experten mit zur Wohnungsbesichtigung, welcher prüfen kann, ob die DIN 18040-2 eingehalten wurde.

Für einen ersten groben Überblick können Sie die von mir nach bestem Wissen und Gewissen erstellte Checkliste nutzen. Diese deckt jedoch keine Prüfung der DIN 18040-2 ab. Allerdings sollten Sie mit dieser Prüfung zumindest mit einem Rollator in der Wohnung klarkommen und, falls irgendwann erforderlich, nur geringfügige Anpassungen und Umbauten für einen Rollstuhl vornehmen müssen. Aber auch hier die eindringliche Empfehlung: Ziehen Sie vor Abschluss eines Kauf- oder Mietvertrages einen Experten hinzu, der diese Dinge für Sie verbindlich prüft, denn Vorsicht ist besser als Nachsicht.

Allgemeines zur Wohnung	Ja	Nein
Können Sie die Wohnung ohne Stufen und Schwellen erreichen?		
Gibt es nötigenfalls einen Aufzug, einen Lift oder eine Rampe, um Höhenunterschiede zu überwinden?		
Ist auch der Balkon oder die Terrasse ohne Höhenunterschied zu erreichen?		
Gibt es auf Freisitzen (Terrassen, Balkons, ...) eine Bewegungszone von 1,50 m x 1,50 m?		
Ist der Wohnungsflur mindestens 1,20 m breit?		
Haben die Türen eine lichte Mindestbreite von 90 cm?		
Haben Sie in jedem Raum der Wohnung eine Wendemöglichkeit mit einem Rollstuhl (mind. 1,50 m x 1,50 m)? Gilt dies auch für den gemeinschaftlichen Hausflur?		
Sind auch Stellplatz, Müllsammelplatz, Waschraum und andere gemeinschaftlich genutzte Flächen barrierefrei zugänglich?		

Sind die Bodenbeläge fest und rutschhemmend angebracht?		
Sind Schalter, Fenster- und Türgriffe auch aus einem Rollstuhl erreichbar (85 cm Höhe)?		
Sind die Türen inklusive Haus- und Wohnungstüre leicht zu bedienen und leichtgängig?		
Gibt es Abstellflächen für Rollator und/oder Rollstuhl?		
Besonderheiten im Bad		
Öffnet die Badezimmertüre nach außen?		
Gibt es eine Fläche von 1,50 m x 1,50 m, von der aus alle Sanitäreinrichtungen und die Türe zu erreichen sind?		
Haben Sie zum Umsetzen aus dem Rollstuhl auf die Toilette neben dem WC eine Fläche von 90 cm x 70 cm?		
Ist die Dusche ebenerdig?		
Ist der Bodenbelag auch bei Nässe rutschhemmend?		
Sind beidseitige Haltegriffe am WC vorhanden oder nachrüstbar?		
Ist das Waschbecken unterfahrbar, bzw. wäre dies mit geringem Aufwand nachträglich möglich?		
Gibt es einen Sitz oder einen Hocker in der Dusche, bzw. ist dies auch leicht nachrüstbar?		
Besonderheiten Küche		
Hat die Küche eine Sitzgelegenheit?		
Gibt es auch hier eine ausreichende Bewegungszone? (1,50 x 1,50 m)		
Sind Elektrogeräte und Schränke gut erreichbar?		

Gibt es eine Herdüberwachung und Abschaltautomatik?		
Kann bei Bedarf eines Rollstuhls auch die Arbeitsplatte unterfahrbar gestaltet werden?		

Achten Sie neben den auf der Checkliste genannten Dingen unbedingt auch auf Ihre Umgebung. Sind die Dinge des täglichen Bedarfs für Sie bequem, einfach und idealerweise auch barrierefrei zugänglich? Es nutzt die beste barrierefreie Wohnung nichts, wenn der Weg zum Arzt oder für den Einkauf beschwerlich und lang ist. Greifen Sie hier bitte auch auf die Erläuterungen des Kapitels »Sie wollen sich räumlich verändern?« zurück.

Altengerecht umbauen

Bevor Sie sich von Ihrer gewohnten häuslichen und nachbarschaftlichen Umgebung trennen, sollten Sie möglicherweise einen »altengerechten« Umbau Ihres Hauses in Betracht ziehen. Häufig sind ein Umbau des Bades und der Einbau eines Aufzugs oder Treppenlifts schon ausreichend. Zudem wird der Umbau staatlich gefördert: Die Kreditanstalt für Wiederaufbau (KfW) hat hier einige Programme aufgelegt. Es gibt Förderkredite bis zu 50.000 Euro oder einen Investitionszuschuss bis zu 6.250 Euro. Hier eine Information am Rande: Auch für die Erhöhung des Einbruchschutzes gibt es einen Zuschuss in Höhe von bis zu 1.600 Euro. Die KfW passt ihre Programme regelmäßig an. Von daher bitte ich Sie, sich aktuell auf der Seite der KfW zu informieren[3] oder bei Ihrer Hausbank oder Ihrem Finanzberater. Haben Sie aber hier bitte im Hinterkopf: Die Angebote der KfW Bank sind für die Hausbank nicht unbedingt attraktiv. Daher versucht man gerne, eigene Produkte anzubieten.

---

[3] https://www.kfw.de

Sollten Sie eine Pflegestufe haben, so sind seitens der Krankenkasse Zuschüsse bis zu 4.000 Euro pro Person beim Umbau des Bads möglich. Sollten Sie zu zweit wohnen und beide eine Pflegestufe haben, stehen entsprechend zweimal bis zu 4.000 Euro bereit. Prüfen Sie auch, ob es regionale Förderangebote gibt. Insbesondere sollten Sie die Angebote der entsprechenden Landesbanken prüfen.

Sie sehen also: Es gibt viele Hilfen und auch wirklich gute technische Möglichkeiten, Ihre Immobilie altengerecht umzubauen. Treppenlifts sind mittlerweile jedem bekannt. Aber auch spezielle Aufzüge für Einfamilienhäuser sind nachrüstbar. Der finanzielle Aufwand liegt hier bei 15.000 bis 30.000 Euro. Ein Bad bekommen Sie in einem guten Standard für 7.500 bis 20.000 Euro umgebaut.

Vielleicht ist der Umbau am Ende für Ihr Wohlbefinden, aber auch finanziell für Sie die bessere Lösung als ein Umzug in eine entsprechende Wohnung und in ein neues Umfeld? Diese Frage müssen Sie sich selbst ehrlich beantworten. Ich kenne Menschen, die den Umzug bereuen und sich in ihrer neuen Umgebung nicht wohlfühlen. Wenn Sie sich eher schwer an eine neue Umgebung und fremde Menschen gewöhnen und vielleicht sogar die Distanz zum nächsten Haus als Abstand brauchen, dann sollten Sie sich gut überlegen, ob der Schritt in eine Eigentümergemeinschaft oder ein Mehrfamilienhaus mit direkter Nähe zu anderen Mitbewohnern klug ist.

Auf der anderen Seite habe ich aber auch schon häufig von Kunden die Bestätigung bekommen, dass der Verkauf des Hauses und der Umzug in eine altengerechte Wohnung sinnvoll waren. Häufig auch, weil man nun in einer Wohnungseigentümergemeinschaft lebt, in der man unter seinesgleichen ist. Ein netter Plausch im Flur, mal schnell einen gemeinsamen Kaffee oder zusammen das Spiel des Lieblingsvereins im Fernsehen anschauen. Sprich: Man hat durch das Wohnen mit anderen Leuten »unter einem Dach« alleine durch die räumliche Nähe wieder mehr soziale Kontakte.

Der Kaufpreis

Recherchieren Sie auf dem Markt!

»Wo Informationen fehlen, wachsen die Gerüchte.«
Alberto Moravia (1907–1990), Autor und Politiker

Es ist eine Weisheit, die jeder Gründer zu hören bekommt: »Kenne deinen Markt!« Nicht selten ist eine vermeintlich noch so gute Geschäftsidee gescheitert, weil es dafür keinen Markt gab – oder die Dienstleistung oder das Produkt waren schlecht platziert und haben nicht die richtige Zielgruppe angesprochen. Oder das Angebot war einfach zu teuer. Was noch schlimmer ist: Man verkauft zu günstig und geht daher trotz Fleiß in die Insolvenz.

Gleiches kann Ihnen als Hausverkäufer passieren, wenn Sie Ihren regionalen Immobilienmarkt nicht kennen. Von daher ist die erste und eindeutige Empfehlung: Beobachten Sie die Immobilienangebote mindestens sechs Monate, besser ein Jahr lang sehr genau, bevor Sie Ihre Immobilie mit einem Preis an den Markt bringen. Zunächst einmal würde ich Ihnen empfehlen, eine Tabelle in Excel oder vergleichbar anzulegen, welche folgende Spalten hat:

- Art
- Lage
- Baujahr
- Wohnfläche
- Grundstück
- Zustand
- Kaufpreis
- Quadratmeterpreis

In diese Tabelle tragen Sie alle Angebote ein, die mit Ihrer Immobilie vergleichbar sind und sich im gleichen Ort oder Ortsteil befinden. Wenn Sie also ein freistehendes Einfamilienhaus haben, dann sollten Sie alle freistehenden Einfamilienhäuser (EFH) aufnehmen. Zusätzlich empfiehlt es sich, auch Doppelhaushälften (DHH) aufzunehmen. Setzen Sie das entsprechende Kürzel bei »Art« ein. Die Lage kann die Adresse sein. Je genauer Sie hier recherchieren können, desto besser. Die Wohnfläche und die Grundstücksgröße sollten in jedem Fall notiert werden. Mit »Zustand« ist gemeint: Ist die Immobilie laufend modernisiert worden oder möglicherweise in den 1950er Jahren »stehen geblieben«? Ziehen Sie hier den Vergleich zu Ihrer Immobilie und unterscheiden Sie mit »vergleichbar«, »besser« und »schlechter«. Der Kaufpreis sollte genannt sein. Mit »Quadratmeterpreis« ist der Kaufpreis dividiert durch die Wohnfläche gemeint.

In meinem Mitgliederbereich finden Sie eine Vorlage für diese Tabelle – diese ist noch um den Bodenwert erweitert und zeigt Ihnen einen zusätzlichen Wert pro Quadratmeter Wohnfläche an, der um den Grundstückswert bereinigt ist. Allerdings müssen Sie dazu den Bodenrichtwert für die entsprechende Lage ermitteln. Diesen können Sie beim zuständigen Gutachterausschuss in Ihrer Region erfragen, aber meistens geht der Weg über das Internet schneller: Nutzen Sie einfach den dafür vorgesehenen Link in der Tabelle.

Haben Sie die Tabelle ausgefüllt, können Sie sie zum Beispiel nach »Lage« oder nach »vergleichbar« sortieren und sehen, wie sich die Preise für Ihre Immobilie auf dem regionalen Markt entwickeln – insbesondere wenn Sie in meiner Tabellenvorlage auch das Datum des Angebots eintragen. Aber selbst wenn Sie die vielen Sortierfunktionen von Excel nicht nutzen wollen oder können, haben Sie durch die farblichen Hervorhebungen in der Kategorie »Zustand« immer einen schnellen Überblick.

Wie beobachten Sie den Markt effektiv?

Eine sehr gute Möglichkeit der Marktanalyse sind die entsprechenden Immobilienportale im Internet. Also immowelt.de, is24.de, ivd24.de und ebay-kleinanzeigen.de. Alle Portale informieren Sie bei Bedarf per Newsletter über neue Angebote, die Ihren Suchkriterien entsprechen. Da Sie hier immer automatisch informiert werden, empfehle ich diesen Schritt in jedem Fall. Geben Sie die Suchkriterien nicht zu eng an, sondern lieber etwas breiter. Sie können immer noch entscheiden, welche Immobilie Sie in Ihre Tabelle aufnehmen und welche nicht. Ein großer Vorteil bei der Recherche ist die Möglichkeit, den Zustand anhand der Fotos und einer umfangreicheren Beschreibung sehr gut beurteilen zu können.

Belassen Sie es aber nicht bei den großen Portalen: Gibt es in Ihrer Region Immobilienmakler, die einen Angebotsnewsletter haben? Dann tragen Sie sich auch dort ein, denn nicht jede Immobilie schafft es bis in die großen Portale. Bei uns finden rund 60 Prozent aller Immobilienangebote einen Käufer über unseren Newsletter.

Eine weitere Option für die Recherche sind die Zwangsversteigerungsportale der Amtsgerichte und – wenn auch stark nachlassend – Anzeigen in der Zeitung. Bei den Zwangsversteigerungsangeboten ist sehr häufig ein Verkehrswertgutachten mit einer Beschreibung hinterlegt und auch die Adresse ist benannt. Warum also nicht auch diese Daten aufnehmen? Und was die Zeitung angeht: Schauen Sie ruhig in Ihre Tageszeitung oder in die Wochenblätter, die häufig kostenlos in Ihrem Briefkasten landen. Vielleicht ist noch eine Immobilie dabei, die Sie online nicht erfasst haben? Kleiner Tipp, um einen Rückschluss auf den Zustand von Immobilien ziehen zu können: Schauen Sie auf die Energie-Effizienz-Klasse. »A+« dürfte besser modernisiert sein als »H«. Wobei Sie die Angaben aus dem Energieausweis auch nicht zu hoch bewerten sollten. Doch dazu später mehr.

Jetzt kommt ein Tipp, den ich bewusst nicht durch eine zusätzliche Überschrift kennzeichne. Denn was ich hier beschreibe, mögen wir Immobilienmakler gar nicht. Wir mögen es nicht, wenn Leute ohne Kaufabsicht Häuser und Wohnungen besichtigen. Dennoch empfehle ich Ihnen, sich Häuser anzuschauen, die Ihrer Immobilie ähneln. Aber bitte: Dies sollte für maximal eine bis drei Immobilien gelten. Gleichzeitig können Sie bei dieser Gelegenheit bereits einen Einblick bekommen, wie Immobilienmakler vorab ihr Telefonat mit Ihnen führen und was sie fragen. Sollten Sie ohne viele Fragen schnell einen Besichtigungstermin bekommen, spricht dies nicht für die Professionalität des Maklers. Aber auch dazu später mehr. Und bei der Besichtigung selbst schauen Sie sich den Zustand des Hauses genau an. Gibt es Mängel? Ist es besser modernisiert als Ihr Haus? Fragen Sie gezielt nach dem Bodenrichtwert – und ob und zu welchem Preis der Makler in der näheren Umgebung vielleicht ähnliche Häuser bereits verkauft oder im Angebot hat. Fragen Sie auch nach der Nachfrage zu der Immobilie und ob es bereits Angebote gibt. Hören Sie raus, ob es wahrscheinlich ist, dass man einen Preisnachlass gibt oder ob aufgrund der Nachfrage höhere Gebote erwartet werden. Dies alles sind Informationen, die Ihnen helfen, den Immobilienmarkt in Ihrer Region besser kennenzulernen.

Nutzen Sie eine kostenlose Immobilienbewertung!

Dann: Nutzen Sie eine kostenlose Immobilienbewertung – aber messen Sie dieser auch nicht zu viel Bedeutung zu. Die kostenlose Wertermittlung hat immer ein Problem: Sie geht von Vergleichswerten in Bezug auf die Wohnfläche in Kombination mit der Lage und dem Baujahr aus. Bei Eigentumswohnungen funktioniert dieses System zugegebenermaßen ganz gut. Allerdings werden Sie bei Häusern feststellen, dass es große Schwankungen und Ungenauigkeiten gibt. Schauen Sie dazu einfach einmal in Ihre Tabelle. Das

Grundstück bei den Vergleichswerten richtig zu erfassen, ist schwierig. Auch der Grad der Modernisierung ist nicht leicht zu quantifizieren. Ein 1965 gebautes und 2020 komplett saniertes Haus ist wahrscheinlich mehr wert als ein seit seinem Bau 1990 gar nicht mehr modernisiertes Haus. Dennoch wird bei den Vergleichswerten häufig nur das Baujahr abgefragt und nicht der Grad der Modernisierung. Somit würde das Haus von 1990 besser bewertet werden als das 2020 sanierte Haus von 1965. Ebenso kann ein solches System Besonderheiten der Mikrolage nicht differenzieren. So kann es sein, dass ein Haus direkt an einer Hauptverkehrsstraße liegt, aber von der Lage genauso gut bewertet wird wie ein Haus im Villenviertel rund einen Kilometer weiter am Ende der Sackgasse am Waldrand.

Warum empfehle ich trotzdem diese Bewertungen? Es gibt eigentlich nur einen Grund dahinter: Meistens ist bei diesen Bewertungen angegeben, woher die Vergleichswerte stammen. Es wird also auf einer Karte gezeigt, wo welcher Kaufpreis in der Nähe erzielt wurde und in welchem Jahr. Dies wiederum sind für Sie wichtige Erkenntnisse aus zweierlei Gründen:

- Sie können die Tendenz der Kaufpreise erkennen. Steigen oder fallen sie derzeit?
- Sie haben weitere Informationen über Kaufpreise in Ihrer Region von Immobilien, die derzeit nicht mehr am Markt sind.

Seien Sie sich aber bei allen kostenlosen Bewertungen darüber im Klaren, dass tatsächlich nichts kostenlos ist. Diese Bewertungen sind nichts anderes als Leadgeneratoren. Man möchte also Ihre Kontaktdaten haben, um mit Ihnen in Kontakt zu treten, um Ihre Immobilie zu verkaufen.

Dennoch: Lassen Sie sich den Wert von mindestens zwei Immobilienmaklern kostenlos bestimmen. Man baut hier auf das »Gesetz der Reziprozität« (Gegenseitigkeit): Man gibt Ihnen etwas, die kostenlose Wertermittlung, und Sie fühlen sich innerlich verpflichtet, etwas zurückzugeben. Ein menschliches Prinzip nach dem Motto: »Wie du mir, so ich dir.« Die Vorgehensweise ist legitim, auch wir bieten dies hin und wieder an, allerdings mit einem gewissen Qualitätsanspruch. Zugleich gibt es Mitbewerber, die tatsächlich Angebote von großen Internetportalen nutzen und eine kostenlose Immobilienbewertung, die Sie als Kunde dort beziehen könnten, an Sie weitergeben. Durch das Logo und die Kontaktdaten des Maklers entsteht der Anschein einer umfassenden Expertise. Arbeitsaufwand: maximal drei Minuten. Da Sie jetzt diese Art von Bewertung aus dem Internet kennen, können Sie für sich entscheiden, welchen Mehrwert dieser Makler Ihnen bringen könnte.

Was bei einer solchen Immobilienbewertung auch sein kann: Man verkauft Ihre Daten an Immobilienmakler und diese nehmen dann Kontakt mit Ihnen auf. Es kann also sein, dass Ihr Telefon nicht mehr stillsteht und Ihr E-Mail-Postfach überläuft. Vor diesem Hintergrund sollten Sie sich gut überlegen, welche E-Mail-Adresse Sie angeben und welche Rufnummer Sie hinterlassen. Grundsätzlich können Sie sich natürlich anhören, was man von Ihnen möchte und wie man Ihr Haus einschätzt. Die Frage ist nur: Lassen Sie sich lieber wahllos ansprechen oder suchen Sie gleich gezielt Kontakt zu einem professionellen Immobilienmakler?

Sprechen Sie mit Immobilienmaklern!

»Experten wissen alle Antworten,
sofern man Ihnen die richtigen Fragen stellt.«
Willy Meurer (1934–2018), Kaufmann und Publizist

Auch wenn die im vorigen Kapitel erwähnten kostenlosen Wertermittlungen möglicherweise Nachteile haben: Mit Maklern sprechen ist nie ein Fehler. Und es spricht nichts dagegen, den Kontakt über eine Bewertung herzustellen, die dann kostenpflichtig ist. Je nach Region und Art der Immobilie sind hier Preise von 250 bis 600 Euro durchaus legitim. Bei uns ist es so, dass wir Ihnen den Betrag bei einem späteren Vermarktungsauftrag verrechnen. Sprechen Sie eine solche Möglichkeit aktiv an! Erwarten Sie für den Preis aber auch kein komplexes, 70-seitiges Gutachten mit aufwendiger Fotodokumentation. Erwarten Sie eine klar strukturierte Berechnung, die Ihnen schrittweise und nachvollziehbar erläutert wird. Erwarten Sie auch nicht ein Ergebnis bereits beim ersten Termin, also der Immobilienbegehung. Eine professionelle Wertermittlung kann nur beim zweiten Termin vorgestellt und erläutert werden, schließlich müssen Flächen berechnet werden und so weiter. Idealerweise stellt man Ihnen beim zweiten Termin eine Berechnung des Bodenwerts, eine Berechnung nach dem Sachwertverfahren, eine Berechnung nach dem Ertragswertverfahren und einen oder mehrere Vergleichswerte vor. Letztere können auch aus den Vermarktungserfolgen des Maklers resultieren.

Was die einzelnen Werte bedeuten, erfahren Sie etwas später. Wichtig ist, dass der Makler Ihnen aus diesen Werten schlüssig und nachvollziehbar erläutert, mit welchem Angebotspreis und mit welcher Strategie er an den Markt gehen würde.

Idealerweise haben Sie am Ende der Maklergespräche drei mehr oder weniger schlüssige und in der Summe zueinander passende Angebotspreise und jeweils eine Aussage darüber, welche Verkaufsstrategie man jeweils wählen würde. Gibt es starke Abweichungen, sollten Sie – auch mit Hilfe dessen, was Sie in diesem Buch noch in Erfahrung bringen – entscheiden, welcher Makler die beste Expertise vorgelegt hat.

Neben dem Angebotspreis sollten Sie aber auch die Termine mit den Maklern nutzen, um die richtigen Fragen zu stellen. Fragen, die Ihnen helfen, den Markt, die Nachfrage und professionelle Vorgehensweise kennenzulernen. Auch wenn Sie sich mit diesem Buch sehr viel Wissen zum Thema aneignen: Es gibt regional immer Besonderheiten, die Sie auf diesem Wege erfahren können. Fragen Sie also bitte unbedingt Folgendes:

- Gibt es eine Nachfrage nach vergleichbaren Immobilien?
- Welche Käuferklientel schwebt dem Makler für Ihr Haus vor?
- Hat der Makler in der Nähe schon ein vergleichbares Haus verkauft? Wie lange hat der Vermarktungsprozess gedauert und welchen Kaufpreis konnte er erzielen?
- Gibt es nach Ansicht des Maklers Gründe, mit dem Verkauf zu warten (zum Beispiel weil sich ein Konzern in der Nähe ansiedelt und eine erhöhte Nachfrage nach Immobilien zu erwarten ist)?
- Gibt es Gründe, den Verkauf zu beschleunigen (zum Beispiel aufgrund sinkender Kaufkraft durch steigende Arbeitslosigkeit)?
- Wie vermeidet der Makler Besichtigungstourismus?
- Wie stellt der Makler sicher, dass ein potenzieller Käufer den Kaufpreis auch wirklich bezahlen kann?
- Welchen Verhandlungspuffer empfiehlt er?

- Wie geht der Makler, falls vorhanden, mit Schäden an der Immobilie um und wie lässt sich das Problem lösen (beispielsweise feuchte Stellen im Keller)?
- Wo am Markt wird der Makler die Immobilie platzieren?
- Welchen Vorteil hat ein Vermarktungsauftrag an den Makler für Sie?

Stellen Sie diese Fragen gerne unterschwellig aus dem Gespräch heraus. Halten Sie die Antworten in einem Gedächtnisprotokoll fest und nutzen Sie daraus resultierende Mehrwerte für sich. Im weiteren Verlauf werden Sie die Antworten sehr gut bewerten können. Sie werden ein klares Bild haben, welcher Makler Ihnen einen echten Mehrwert bieten kann und wer sich vielleicht schon durch eine Antwort ins Abseits gestellt hat. Aber auch dazu später mehr.

Lassen Sie ein Gutachten anfertigen!

»Tu recht und scheue den Teufel nicht.«
Deutsches Sprichwort

Oft genug kommt es mir vor, dass Menschen beim Thema Immobilien Gutachter scheuen wie der Teufel das Weihwasser. Egal, ob ein Verkehrswert bestimmt werden soll, oder ob ein Schaden zu klären ist: Ein Gutachten gilt als teuer und damit um jeden Preis zu vermeiden. Viele Menschen, auch Kaufinteressenten, vertrauen lieber einer kostenlosen Internetbewertung und bei komplexen Bauschäden einem Heimwerker, der im Internet einmal gelesen hat, was wichtig und richtig ist. Warum das so ist, kann ich mir nicht erklären. Geht es um eine kleine Beule am Pkw, ist der Gutachter meist schon am nächsten Tag da. Wahrscheinlich liegt es daran, dass die Versicherung es so will und letztlich bezahlt. Wenn auch über unsere Prämien.

Ja, ein Gutachter kostet Geld. Er hat ein spezielles Wissen, das er Ihnen zur Verfügung stellt – und dieses Wissen lässt er sich zu Recht bezahlen. Ein guter Sachverständiger oder Gutachter sollte unbedingt nach der DIN EN ISO/IEC 17024 oder dem Vorgänger DIN EN 45013 zertifiziert sein – oder entsprechend öffentlich bestellt und vereidigt. Eine neutrale Instanz ist der Gutachterausschuss Ihrer Region. Ich selbst gehöre einem solchen Ausschuss an. Da dort die Arbeit auf mehreren Schultern verteilt ist, ist eine gewissenhafte Betrachtung der Immobilie garantiert. Mehrere Sachverständige schauen sich Ihre Immobilie an und bewerten diese abschließend mit der gemeinsamen Unterzeichnung des Gutachtens.

Oft kommt man dabei sehr deutlich auf einen gemeinsamen Nenner. Es passiert aber auch, dass man bestimmte Dinge kontrovers sieht und es einer differenzierteren Betrachtung bedarf, um den gemeinsamen Nenner erzielen zu können. Die Kosten für ein solches Wertgutachten fangen bei einem Einfamilienhaus bei rund 1.500 Euro an. Je nach Umfang des Gutachtens kann auch das Doppelte oder mehr anfallen. Meine Empfehlung: Klären Sie den Preis vorab.

Und wann brauchen Sie ein Wertgutachten? In jedem Fall, wenn es für ein Gerichtsverfahren verwendet werden muss. Also beispielsweise bei einer Teilungsversteigerung. Auch kann ein neutrales Gutachten Klarheit über den Wert bei einer Scheidung und innerhalb einer Erbengemeinschaft bringen. Auch bei komplexen Immobilien, also Immobilien unter Denkmalschutz oder Gewerbeimmobilien, ist dieser Schritt unbedingt zu empfehlen. Bei einem »normalen« Einfamilienhaus, Doppelhaus und Reihenhaus oder bei einer Eigentumswohnung sollten die Expertise eines sehr guten Immobilienmaklers und das Wissen, das Sie sich in diesem Kapitel aneignen, schon eine sehr gute Grundlage sein.

Schadengutachten

Neben einem Wertgutachten kann auch ein Schadengutachten hilfreich sein. Zum Beispiel, wenn der Keller feucht ist. Gehen Sie mit einem solchen Mangel offen um und vertuschen Sie nichts. Dies wäre eine arglistige Täuschung. Sorgen Sie stattdessen für Klarheit über die Schadensursache und darüber, wie man den Schaden beseitigt. Sie können, wie es viele machen, einen auf Bauwerksabdichtung spezialisierter Handwerker bitten, ein Angebot zur Beseitigung des Schadens zu unterbreiten. Da ich selbst gelernter Handwerker bin, gehe ich davon aus, dass dieser nach bestem Wissen und Gewissen das Angebot erstellen wird. Das kann bei Handwerkern dauern. Und natürlich wird er das Verfahren und die Produkte verwenden, die ihm vertraut sind. Das ist auch verständlich, vor allem wenn er damit gute Erfahrungen gemacht hat. Aber beseitigt er wirklich die Ursache und die Symptome? Oder nur die Symptome?

Beim Keller wird gerne der Sanierputz auf der Innenseite des Kellers angeboten. Dieser verdeckt das Schadensbild, nicht jedoch die Ursache. Unter bestimmten Voraussetzungen kann dies die einzige richtige Lösung sein. Oft aber eben auch nicht. Vielleicht ist die Ursache banal und nur das Fallrohr der Dachentwässerung an der Kelleraußenwand ist defekt und somit die Ursache. Wenn ein Handwerker aber nur sein Gewerk im Blick hat, kommt ihm diese Möglichkeit vielleicht gar nicht in den Sinn.

Ein Gutachter geht hier differenzierter an das Schadensbild heran. Er hat in seiner Berufserfahrung wahrscheinlich schon vergleichbare Dinge gesehen und kann daraus gezielte Rückschlüsse auf die Ursache ziehen. Auch hat er in der Regel wesentlich umfangreichere technische Mittel, um einen Schaden zu betrachten. Es kann also lohnend sein, ein solches Gutachten zu beauftragen. Ist es nur der defekte Kanal, den Sie mit einem kleinen Erdaushub im Vorgarten beheben können, dann ist dies wahrscheinlich wesentlich günstiger als ein Sanierputz auf den Innenwänden bei immer noch vorhandener Ursache des Schadens.

Scheuen Sie sich also nicht und holen Sie sich bei größeren Mängeln den Rat und die Expertise eines Profis. Zudem wissen Sie dann, welche Größenordnung für die Beseitigung des Schadens beim Kaufpreis zu berücksichtigen ist. Oder Sie beheben den Schaden, was für die Verkaufsverhandlungen sicherlich von Vorteil ist. Aber bitte: Lassen Sie den Schaden von einem Fachunternehmer mit entsprechender Gewährleistung erledigen. Diese geht dann auf den Käufer über.

Abschließend noch kurz ein Beispiel aus meiner Erfahrung: Die Heizungsanlage in einem Mietshaus machte immer wieder kleine Probleme. Immer wieder kam der Heizungsbauer und reparierte etwas. Hier eine Rechnung von 100 Euro, dort 200 Euro und so weiter. Über zwei Jahre verteilt kamen rund 1.500 Euro zusammen. Ich bestellte einen anderen Heizungsbauer, der auch offiziell Partner der Marke der Heizung war, die dort eingebaut war. Er schaute sich die Heizung an und empfahl uns, den Kundendienst des Herstellers zu bestellen, da diese spezielle Diagnosegeräte einsetzen können und irrtümlich verbaute Ersatzteile zurücknehmen. Wermutstropfen: Der Einsatz kostete pauschal 500 Euro plus ein Ersatzteil (27 Euro) und Arbeitszeit (75 Euro). Insgesamt waren es also 602 Euro. Teuer? Die Heizung läuft seitdem – seit drei Jahren – ohne Störung. Auch hier war ein genauerer Blick am Anfang nur vermeintlich teuer. Hätten wir ihn sofort beauftragt, hätten wir 1.500 Euro gespart. Manchmal ist der vermeintlich teure »Teufel« dann doch der Engel.

Lassen Sie sich Angebote unterbreiten!

»Wer nicht neugierig ist, erfährt nichts.«
Johann Wolfgang von Goethe

Zugegeben: Die Methode, um die es jetzt geht, betrachte ich als etwas zwiespältig. Als gewerblicher Immobilienanbieter käme sie für mich nicht in Frage – ich bin mir nicht einmal sicher, ob ich das überhaupt dürfte. Aber wenn Sie privat unterwegs sind – warum nicht? Sie könnten einfach einmal ausprobieren, welche Angebote Sie für Ihr Haus bekommen, ohne dass Sie von sich aus einen Preis nennen. Wie wäre das? Folgende Wege sind denkbar:

- Streuen Sie gezielt, aber dezent in Ihrer Nachbarschaft und im Bekanntenkreis, dass Sie es in Betracht ziehen, Ihre Immobilie zu verkaufen. Sicherlich werden Interessenten Sie ansprechen. Zeigen Sie wenigen ausgewählten Personen Ihr Haus.
- Schalten Sie ein Inserat in einem Immobilienportal. Sparen Sie allerdings mit Fotos und großen Beschreibungen und geben Sie nur wenige Informationen. Setzen Sie keinen Preis an. Auch hier: Zeigen Sie wenigen ausgewählten Personen Ihr Haus. Fragen Sie in jedem Fall, welches Budget dem Interessenten seitens der Bank zur Verfügung steht. Wählen Sie nur Leute aus, die Ihre bisher noch grobe Preisvorstellung vermutlich auch bezahlen können. Diese Methode hat für mich ein gewisses »Geschmäckle« und wird sicherlich auch manche Interessenten abschrecken, weil sie nicht seriös wirkt – aber vielleicht finden Sie so zu einer guten Einschätzung?
- Schalten Sie anonym eine Chiffre-Anzeige in der Zeitung. Allerdings befürchte ich, dass sich hier sehr wenige Leute bei Ihnen melden. Ich würde diese Methode nicht wählen.

Wenn nun drei bis fünf potenzielle Interessenten Ihr Haus besichtigt haben, wird die Frage kommen: »Was ist Ihre Preisvorstellung?« Stellen Sie sich ahnungslos und argumentieren Sie, dass Sie ja noch ganz am Anfang stehen und sich dazu noch gar keine Gedanken gemacht haben. Drehen Sie die Frage freundlich um: »Was wäre Ihnen das Haus wert?« Erfahrungsgemäß tun sich Menschen damit schwer, ohne Rahmen ein Angebot abzugeben. Aber letztlich werden Sie Zahlen hören. Und sehr wahrscheinlich mit einer ganzen Reihe von Argumenten, die das Angebot rechtfertigen sollen. Man wird Ihnen also Nachteile/Mängel auflisten, aber auch, was man besonders gut an Ihrer Immobilie findet.

Hören Sie hier genau zu! Vielleicht sind Aspekte, die Sie für nicht wichtig halten, in den Augen Ihrer Interessenten die wesentlichen Pluspunkte oder auch Nachteile. Notieren Sie sich alle Argumente und berücksichtigen Sie diese, wenn Sie mit Ihrer Immobilie in die Vermarktung gehen. Wenn die Interessenten die tropfende Dachrinne bemängeln und Ihnen dafür 5.000 Euro beim Kaufpreis abziehen wollten, dann lassen Sie die Dachrinne noch schnell reparieren. Wenn der Kaminofen für alle Interessenten der große Pluspunkt war, dann erwähnen Sie diesen im Text und mit einem schönen Foto (auch zu solchen Fotos später mehr).

Neben diesen Argumenten haben Sie nun auch Angebotspreise vorliegen. Passen diese zu Ihren Recherchen? Wenn sie weit darunter liegen, dann hatten Sie wahrscheinlich Schnäppchenjäger im Haus. Liegen sie weit über den bisher ermittelten Preisen, dann besteht wahrscheinlich eine große Nachfrage am Markt. Wie auch immer: Prüfen Sie starke Abweichungen kritisch. Und berücksichtigen Sie: Sehr wahrscheinlich haben Laien die Angebote unterbreitet, keine Immobilienprofis. Messen Sie diesen Angeboten also auch keine allzu große Bedeutung zu. Die Argumente, die man Ihnen liefert, sind hier höher zu bewerten.

Ermitteln Sie den Wert selbst!

»Werte, die in jeder Gesellschaft gelten:
der Marktwert und der Unterhaltungswert.«
Ernst Reinhardt (*1932), Verleger

Ja, Sie haben richtig gelesen. Ermitteln Sie doch den Wert Ihrer Immobilie selbst! Natürlich sind Sie kein Profi und selbstverständlich rate ich davon ab, komplexe Immobilien mit komplizierten Wohnrechten und anderen Dinge eigenständig zu bewerten. Was aber mit etwas Fleiß und Hingabe möglich ist, ist ein relativ normales Einfamilienhaus, Doppelhaus, Reihenhaus und bedingt auch ein kleines Mehrfamilienhaus zu bewerten.

Die Immobilienwertermittlung ist komplex. Man braucht dazu schon einiges an Wissen. Aber mit der richtigen Anleitung sowie einfachen, verständlichen Erklärungen kann man sich schnell in die Materie einarbeiten. Stellen Sie sich vor, ich nehme mir rund drei Stunden Zeit und erkläre Ihnen die einzelnen Schritte. Ich erkläre Ihnen, wo Sie welche Informationen bekommen und wofür Sie diese in der Berechnung verwenden. Klingt das gut? Darüber hinaus bekommen Sie noch ein Tool, das für Sie rechnet, wenn Sie die richtigen Eingaben machen. Und Sie erhalten ein Workbook, in dem Sie alle Schritte bei der Bewertung jederzeit nachvollziehen können. Zusätzlich gebe ich Ihnen mit diesem Tool auch die Möglichkeit einer Plausibilitätskontrolle. Wie wäre das? Ich verspreche Ihnen: Sie werden Ihre Immobilie noch einmal aus einem ganz anderen Blickwinkel kennenlernen und sind für den anstehenden Verkauf Ihres Hauses noch besser aufgestellt.

Sie finden den Link zu meinem Online-Kurs »Immobilien Wertermittlung selbst gemacht« in meinem Mitgliederbereich. Und da Sie bereits dieses Buch von mir gekauft haben, bekommen Sie sogar

10 Prozent Rabatt. Steigen Sie ein! Sie werden überrascht sein, wie gut Sie Ihre Immobilie eigenständig bewerten können. Zudem können Sie Gutachten und von Immobilienmaklern erstellte Wertermittlungen in Zukunft besser verstehen und auch kontrollieren.

Sollte Ihnen die eigenständige Bewertung Ihres Hauses zu aufwendig sein, kann ich das auch verstehen. Daher erläutere ich Ihnen hier kurz, welche Verfahren es gibt, um den Immobilienwert zu ermitteln. Die einzelnen Methoden sind in der Immobilienwertermittlungsverordnung (ImmoWertV) geregelt.

Sachwertverfahren

Dieses Verfahren wird sehr häufig im Bereich von Ein- und Zweifamilienhäusern eingesetzt. Hier wird, wie der Name sagt, die Sache bewertet. Also: Wie wurde das Haus hergestellt und in welchem Zustand befindet es sich? Dazu wird der Bodenwert ermittelt und zu dem Wert des Gebäudes, der »Sache«, addiert.

Ein Kritikpunkt bei dieser Methode ist es, dass häufig das aktuelle Marktgeschehen bei diesem Verfahren nicht berücksichtigt wird. Diese Kritik teile ich nur bedingt. Da hier die Marktkorrekturfaktoren (Sachwertfaktoren) aus den Grundstückmarktberichten der regionalen Gutachterausschüsse einfließen, ist das Marktgeschehen sehr wohl berücksichtigt. Dennoch empfiehlt es sich, wie eingangs empfohlen, sich auch aktuelle Vergleichsangebote anzuschauen.

Vergleichswertverfahren

Im Prinzip habe ich Ihnen diese Methode bereits erläutert, als ich Ihnen zu Beginn die kostenlose Wertermittlung empfohlen habe. Zudem betreiben Sie auch schon fleißig Recherche am Markt und dürften daher schon ein ganz gutes Gefühl dafür haben, wie Ihre

Immobilie preislich dastehen könnte. In der Regel erläutern die Gutachterausschüsse in Ihren Grundstücksmarktberichten auch eine Vergleichswertberechnung. Besorgen Sie sich den jeweiligen Bericht für Ihre Region und blättern Sie mal rein. Oft, leider nicht immer, sind die Berechnungsmethoden für Einfamilienhäuser dort anschaulich und verständlich hinterlegt.

Ertragswertverfahren

Dieses Verfahren verwendet man schwerpunktmäßig bei vermieteten Immobilien, also vor allem bei Eigentumswohnungen und Mehrfamilienhäusern. Dennoch nutze ich es auch bei selbst genutzten Einfamilienhäusern. Es wird idealerweise die Ist-Grundmiete zugrunde gelegt, also die Miete ohne Nebenkosten und dann der Wert anhand einer bestimmten Berechnung ermittelt – unter Berücksichtigung von Bewirtschaftungskosten, Bodenanteil und Liegenschaftszins. Da Ihr Einfamilienhaus wahrscheinlich nicht vermietet ist, sollten Sie sich erkundigen, welche Miete ortsüblich möglich ist und mit dieser fiktiven Miete rechnen.

Überschlägig kann man auch mit dem Rohertragsfaktor rechnen. Dieser steht in der Regel, wie der Liegenschaftszins, auch im Grundstücksmarktbericht. Ein Rohertragsfaktor von 20 bedeutet, dass die Jahresmiete multipliziert mit 20 den möglichen Verkaufswert wiedergibt. Aber dies ist wirklich eine sehr grobe Methode und das Ganze funktioniert wiederum bei Eigentumswohnungen oder Mehrfamilienhäusern besser.

Gebäudeversicherungswert 1914

Nach dieser Methode berechnen die Versicherer den Gebäudeneubauwert und entsprechend die Prämien für die Wohngebäudeversicherung. Warum wird dazu als Basis das Jahr 1914 gewählt? Die

Gründe sind nachvollziehbar und stimmen nachdenklich in Zeiten, in denen die Gelddruckmaschinen aufgrund der Corona-Krise auf Hochtouren laufen. 1914, direkt vor dem Ersten Weltkrieg, war das letzte Jahr in Deutschland, in dem ...

- es stabile Baupreise gab,
- keine außergewöhnlichen Baupreissteigerungen vorlagen und
- die Währung noch goldgedeckt war, also einen realen Gegenwert hatte.

Warum ist es wichtig, dass die Versicherung den Wiederherstellungswert, also den Gebäudeneubauwert ermittelt? Ganz einfach: Der Verkehrswert, also der Wert, denn Sie durch Recherche, Expertisen und Berechnungen derzeit versuchen zu ermitteln, kann niedriger sein. Der Verkehrswert ist der derzeit am Markt erzielbare Wert. Dieser kann unter dem Wert liegen, der nötig wäre, um Ihr Haus im Falle eines Falles komplett wieder neu zu bauen. Daher bezieht man sich auf den Wert Ihres Hauses im Jahr 1914, selbst wenn es da noch nicht stand. Es wäre fatal, wenn die Versicherung Ihnen nicht den Neubauwert zur Verfügung stellen würde, wenn Sie Ihr Haus nach einem Brand neu bauen müssten.

In meinem Onlinekurs spreche ich übrigens auch den Wert von 1913 an. Dieser ist von der Berechnung her identisch, legt jedoch andere Wiederherstellungswerte zugrunde. Beide Werte stehen Ihnen im Rahmen des Kurses zur Verfügung.

Übrigens können Sie anhand dieser Wiederherstellungswerte jederzeit und in jedem Jahr berechnen, wie der aktuelle Gebäudeneubauwert aussieht. Wenn Sie also in Ihrer Versicherungspolice den Gebäudeneubauwert von 2006 mit 300.000 Euro angegeben haben, können Sie ermitteln, wie dieser im Jahr 2020 sein müsste. Die Quelle der Wiederherstellungswerte im Folgenden ist die Tabelle der »Wiederherstellungswerte für 1913/14 erstellte Wohngebäude« auf destatis.de. Die Wiederherstellungswerte selbst sind Faktoren. Beispiel:

Wiederherstellungswert im August 2006:	10,787
Ermittelter Gebäudeneuwert 2006:	300.000 Euro
Gebäudewert 1914 = 300.000 Euro / 10,787 =	27.811 Euro
Wiederherstellungswert im August 2020:	15,336
Gebäudeneubauwert = 27.811 Euro x 15,336 =	426.513 Euro

Anhand dieser Rechnung sehen Sie, wie wichtig es ist, den Gebäudeneubauwert jährlich anzupassen, was Versicherungen in der Regel auch tun.

Wie Sie den Gebäudeneuwert eigenständig berechnen, ist im Onlinekurs beschrieben – neben allen anderen Wertermittlungsverfahren. Nutzen Sie dort das Berechnungs-Tool, um Ihre Bewertungen nachvollziehbar zu berechnen.

Fazit: Die beste Strategie

»Viele Wege führen nach Rom.
Entscheidend ist es, dort hinzukommen.
Auf welchem Weg, das spielt keine Rolle.«
Herb Kelleher (1931–2019), Milliardär

Dieses Zitat des US-amerikanischen Milliardärs Herb Kelleher habe ich bewusst gewählt, auch wenn es auf den ersten Blick vielleicht nicht strategisch wirkt. »Rom« ist in unserem Fall die Ermittlung des optimalen Kaufpreises, der am Ende tatsächlich auf Ihr Konto fließt. Die vielseitigen Wege dorthin habe ich Ihnen in diesem Kapitel vorgestellt. Meine Empfehlung ist – auch in der dargestellten Reihenfolge:

- Betreiben Sie umfangreiche Marktrecherche – mindestens sechs Monate lang.
- Nach drei bis vier Monaten sollten Sie Angebote einholen: In einem bewusst gewählten Umfeld platzieren Sie Ihre vage Verkaufsabsicht und sehen, wie potenzielle Kaufinteressenten Ihr Haus einschätzen.
- Holen Sie ein bis zwei »kostenlose« Immobilienbewertungen aus dem Internet ein. Laden Sie zudem zwei bis drei Immobilienmakler zur Wertermittlung ein. Achten Sie dabei auf die Qualität der Bewertung und stellen Sie die richtigen Fragen.
- Bewerten Sie Ihre Immobilie selbst. Investieren Sie diese Zeit in zusätzliches, wertvolles Wissen. Außerdem wird Ihnen das hier erlangte Wissen auch einen Mehrwert im weiteren Verkaufsprozess und bei der Kaufpreisverhandlung bringen. Zudem sind Sie nun in der Lage, die Aussagen und Expertisen der Immobilienmakler, die Angebote von Kaufinteressenten

und Ihre eigene Marktrecherche fundiert und sicher richtig einzuschätzen. Nicht zuletzt dürfte es auch interessant sein zu erfahren, wie weit Sie unter Wert verkauft hätten, wenn Sie der kostenlosen Internetbewertung vertraut hätten.

- Wenn Sie immer noch unsicher sind oder Ihre Immobilie zu komplex ist, dann geben Sie ein Gutachten in Auftrag.

Der berühmte Verhandlungspuffer

Oft führen Kaufinteressenten in der Verhandlung das Argument an, 10 Prozent Abschlag seien ja ohnehin als Verhandlungspuffer kalkuliert. Es mag sein, dass dies in manchen Fällen praktiziert wird, ich rate aber davon ab. Sie haben sehr viel Fleiß und Zeit investiert, um den Wert Ihres Hauses auf dem aktuellen Markt in Ihrer Region zu bestimmen. Und natürlich platzieren Sie Ihre Immobilie im Rahmen dieses Marktes am realistischen, oberen Rand. Aber wichtig ist hier das Wort »realistisch«! Wenn Sie anhand Ihrer Recherche und Ihrer Berechnungen eine Bandbreite von 300.000 Euro bis 320.000 Euro ermittelt haben, dann kann bei einem weiterhin florierenden Markt ein angesetzter Verkaufspreis von 335.000 Euro noch für eine gute Nachfrage sorgen. Ein Mondpreis von 450.000 Euro aber wird nicht funktionieren. Aber auch 365.000 Euro können schon schleppend sein in Sachen Nachfrage und Vermarktungszeitraum. Am Ende werden Sie wahrscheinlich dem einzig verbliebenen Kaufinteressenten viele Zugeständnisse machen.

Bei 335.000 Euro oder auch nur 325.000 Euro kann es aber sein, dass Sie zwei, drei oder vielleicht sogar mehrere ernsthafte Bewerber für Ihre Immobilie haben. Nun können Sie entscheiden, ob Sie diesen Bewerbern die Frage »Wer bietet mehr?« stellen, anstatt gefragt zu werden: »Wie weit gehen Sie noch runter?« Auch das ist nicht jedermanns Sache, aber es ist legitim.

Die Wahl des Preises, mit dem Sie an den Markt gehen, sollte also eingebettet sein in die gesamte Vermarktungsstrategie. Dazu kommen wir noch im weiteren Verlauf. Wichtig an dieser Stelle ist erst einmal: Legen Sie für sich fest, welchen Preis Sie mindestens erzielen möchten.

Um das Kapitel abzuschließen, möchte ich auf eine Studie der Kreissparkasse Köln verweisen. Dort hat man den Zusammenhang von Marktwert, Angebotspreis und Vermarktungsdauer überprüft. Das Ergebnis: Ein zu hoher Preis verlängert die Vermarktungsdauer und verringert am Ende den Erlös. Konkret: Wenn Sie eine Immobilie mit einem Marktwert von 100.000 Euro für 120.000 Euro anbieten (120 Prozent des Marktwertes), machen Sie nur 85 Prozent Erlös, weil es der Studie zufolge durchschnittlich 13 Monate dauert, einen Käufer zu finden. Diese Hürde verringern Sie schon bei einem Verkaufspreis von 105.000 Euro (105 Prozent des Marktwertes), wodurch Sie nur zwei Monate Vermarktungsdauer haben. Hier dargestellt in einer Tabelle:

Angebotspreis 120 % des Marktwertes	Erlös: 85 %
	d. h. 15 % Verlust
Vermarktungsdauer:	13 Monate
Angebotspreis 105 % des Marktwertes	Erlös 99 %
	d. h. 1 % Verlust
Vermarktungsdauer:	2 Monate

Die Verkaufsvorbereitung

Welche Steuern fallen an?

»Nach Ansicht der Finanzminister ist alles,
was für Geld erworben werden kann, Luxus.«
Ephraim Kishon (1924–2005), Schriftsteller

Die Frage nach der »Spekulationssteuer« stellt nahezu jeder, der sich mit dem Verkauf seiner Immobilie befasst. Dabei ist zunächst einmal festzustellen, dass es keine »Spekulationssteuer« gibt. Gemeint ist mit diesem umgangssprachlichen Begriff die Einkommensteuer auf den Gewinn bei privaten Veräußerungsgeschäften.

Betrachten wir zunächst die Fälle, in denen bei der Veräußerung Ihrer Immobilie keine Steuer anfällt:

- Wenn Sie die Immobilie selbst nutzen oder mindestens im Jahr des Verkaufs und in den beiden Jahren davor selbst genutzt haben. Selbst genutzt war die Immobilie auch, wenn Ihre Kinder, solange Sie Kindergeld beziehen, dort gewohnt haben. Achtung: Ein angebrochenes Kalenderjahr gilt als ganzes Kalenderjahr. Wenn Sie im Dezember 2019 eingezogen sind und im Januar 2021 verkaufen, ist die Frist erfüllt.
- Wenn die Immobilie zehn Jahre in Ihrem Besitz ist, auch wenn Sie diese nicht selbst genutzt haben, sondern sie zum Beispiel vermietet war. Maßgeblich für die Einhaltung der Frist ist das jeweilige Datum des Kaufvertrags. Ausnahmen bestätigen aber die Regel, so dass Sie dies durch einen Steuerberater

prüfen lassen sollten und sicherheitshalber das Datum der Eintragung als Eigentümer im Grundbuch zugrunde legen.

- Wenn Sie bei der Veräußerung keinen Gewinn machen. Verluste, die Sie bei einem Verkauf machen, können Sie allerdings nicht geltend machen.

Der dritte Punkt wirft die Frage auf: Wie wird der Gewinn aus dem Verkauf ermittelt? Es geht nicht nur um die Differenz des damaligen Kaufpreises und des heutigen Verkaufspreises, sondern es werden auch noch weitere Faktoren berücksichtigt. Nämlich:

(Veräußerungserlös + AfA – Veräußerungskosten)

subtrahiert mit

(Kaufpreis + Kaufnebenkosten + Aufwendungen)

ergibt den
Gewinn

Lassen Sie uns diese Formel anhand eines Beispiels veranschaulichen. Betrachten wir zunächst den oberen Teil der Formel, also den Teil »Veräußerungserlös + AfA - Veräußerungskosten«:

Verkaufspreis (Veräußerungserlös)	500.000 Euro
zzgl. in Anspruch genommene Absetzung für Abnutzung (AfA)	+ 32.000 Euro
abzgl. Kosten für die Veräußerung (Inserate, Notar, Makler, Grundbuchamt etc.)	- 25.000 Euro
abzgl. Vorfälligkeitsentschädigung für das Darlehen bei der Bank	- 18.000 Euro
Renovierungskosten für die Vorbereitung des Verkaufs	- 10.000 Euro
anzusetzender Verkaufserlös	**479.000 Euro**

Schauen wir uns in der folgenden Tabelle den vom ermittelten Verkaufserlös abzuziehenden Teil an, nämlich den (damaligen) »Kaufpreis + Kaufnebenkosten + Aufwendungen«:

Damaliger Kaufpreis:	300.000 Euro
zzgl. Renovierungskosten innerhalb von 3 Jahren nach der Anschaffung	+ 18.000 Euro
zzgl. Kaufnebenkosten (Notar, Grunderwerbsteuer, Makler)	+ 36.000 Euro
anzusetzende Kauf- und Kaufnebenkosten:	**354.000 Euro**

Ermitteln wir nun den Gewinn:

anzusetzender Verkaufserlös	479.000 Euro
abzgl. anzusetzenden Kauf- und Kaufnebenkosten	- 354.000 Euro
zu versteuernder Gewinn:	**125.000 Euro**

Wie hoch der Gewinn zu versteuern ist, richtet sich nach Ihrem individuellen, persönlichen Steuersatz. Liegt dieser zum Beispiel bei 30 Prozent, müssten Sie in diesem Beispiel 37.500 Euro ans Finanzamt überweisen. Das ist aber nur ein Teil der Wahrheit, denn natürlich würde sich Ihr gesamtes zu versteuerndes Einkommen für das Jahr der Veräußerung erhöhen und die Steuerprogression käme hier ins Spiel. Darum auch hier der dringende Rat: Ziehen Sie einen Steuerberater hinzu.

Verkaufen Sie selbst oder über Makler?

»Der Fluch des Laien:
Er weiß nicht Bescheid!
Der Fluch des Experten:
Er weiß Bescheid!«
Martin Gerhards Reisenberg (*1949), Philologe

Selbst verkaufen oder über Makler? Die Antwort auf diese Frage können Sie sich nur selbst geben. Spätestens wenn Sie dieses Buch bis zu Ende gelesen haben und auch damit gearbeitet haben, sind Sie sehr gut aufgestellt und sicherlich kein absoluter Laie mehr. Allerdings sind Sie auch nicht auf dem Niveau eines professionellen Immobilienmaklers, der sein Handwerk seit Jahrzehnten beherrscht. Laut dem Immobilienverband Deutschland (IVD) gibt es die höchste Auftragsquoten für Immobilienmakler im Investmentbereich mit nahezu 100 Prozent. Bei Gewerbeimmobilien, also Büros, Hallen und anderen, sowie bei Mehrfamilienhäusern liegt demnach der Auftragsanteil bei rund 85 Prozent. Bei privaten Eigenheimen liegt der Anteil geringer, bei etwa 60 Prozent. Ich finde diese Zahlen interessant, vor allem weil eines der Hauptargumente eines privaten Verkäufers ja ist, sich die Kosten für den Makler zu sparen. Bei auf Gewinn ausgelegten Investments, also beispielsweise einem Immobilienfonds oder auch bei dem maximal auf Rendite angelegten Mehrfamilienhaus, scheinen die Kosten für den Makler eine untergeordnete Rolle zu spielen. Offenbar ist hier also der Mehrwert durch den Immobilienmakler höher als sein Honorar.

Der größte Mehrwert des Maklers besteht sicherlich in seiner exzellenten Marktkenntnis. Zum einen hat er täglich einen aktuellen Marktüberblick und kann somit immer den optimalen Preis ermitteln. Zum anderen hat er auch beste Beziehungen zu Marktteilnehmern. Er weiß, wer gerade etwas sucht oder wie interessante Kettenreaktionen ausgelöst werden können, wenn er gewisse Interessen und Bestrebungen miteinander verknüpft. Zudem ist im eher professionellen Marktsektor auch der Service eines Maklers sehr geschätzt: Es wird Wert auf klare und belegbare Fakten gelegt, die übersichtlich und strukturiert zusammengestellt vom Makler erwartet werden. Und zwar ungefragt und ohne lange Wartezeiten, damit beide Seiten ihre kostbare Zeit nicht vergeuden und auch gezielt zu einer Entscheidung kommen können. Blumige Worte und Emotionen sind hier eher selten ein Kaufargument. Es zählen Zahlen, Daten und Fakten mit glasklaren Belegen.

Übrigens auch Fakten, die für die Immobilie oder den Standort nachteilig sind, sollten offengelegt werden, damit die Käuferseite im Sinne eines fairen Deals auch diese Faktoren in die Entscheidung »Kauf oder nicht Kauf« einfließen lassen kann. Ist es in der Diskussion, dass neben dem Mehrfamilienhaus eine Biogasanlage gebaut wird, so seinen Sie sich sicher, dass professionelle Immobilienkäufer dies wissen oder in Erfahrung bringen werden. Wurde dies im Vorfeld nicht erwähnt, so wird das das Vertrauensverhältnis zumindest in Mitleidenschaft ziehen, die Position in den Verhandlungen schwächen, den Kaufpreis drücken und vielleicht sogar auch den Deal zum Scheitern bringen. Hat man aber als Immobilienmakler alle Fakten sachlich dargelegt, wird der Deal in der Regel sehr zügig und auf hohem Niveau abgewickelt. Der Deal soll für beide Seiten fair sein, wobei beiden Seiten natürlich auch klar ist, dass beide Parteien ausreichend Profit aus dem Deal ziehen müssen.

Dieser Gedanke der Ausgewogenheit und der Interessenwahrung beider Parteien kommt bei vielen privaten Verkäufern zu kurz. Aus meinen beruflichen Erfahrungen in zwei Richtungen: Zum einen sieht man nur seinen Vorteil und auf der anderen Seite macht man zu viele Zugeständnisse, weil man ja im Nachgang keinen Ärger oder gar einen Rechtstreit haben möchte. Verstehen Sie mich richtig: Natürlich sollen Sie als Verkäufer den maximalen Gegenwert für Ihre Immobilie erhalten. Aber wenn jemand einen Mondpreis durchsetzen will, den feuchten Keller vertuscht und verschweigt, dass die Heizung permanent ausfällt, dann hat das nichts mehr mit einer optimalen Präsentation der Immobilie zu tun. Dies ist dann eine arglistige Täuschung. Möchten Sie so etwas erleben?

Das andere Extrem ist, dass manche privaten Verkäufer Ihre eigene Immobilie schlechtreden. Es wird jeder Sturmschaden aufgelistet und jede Schraube, die einmal nachgezogen werden musste. Auch habe ich es schon erlebt, dass eine Einigkeit in Sachen Kaufpreis in einem gemeinsamen Gespräch mit dem Kaufinteressenten, dem Verkäufer und mir an einem Samstag erzielt wurde. Am Montag rief mich der Käufer an und sagte, man sei am Sonntag »zufällig« noch mal in der Immobilie bei den Verkäufern gewesen. Dieser habe von sich aus den Preis nochmals um 5.000 Euro reduziert. Reichlich verwundert rief ich den Verkäufer an und dieser bestätigte mir die Aussage des Käufers. Auf die Frage, warum er es getan habe, kam die Antwort: »Ja, die sind ja so nett und es ist ja alles so teuer geworden.« Was man verspricht, wird eingehalten – und entsprechend waren diese 5.000 Euro für den Verkäufer verloren. Unnötig und ohne Not.

Häufig gibt es aber auch im Nachgang rechtliche Auseinandersetzungen, weil bestimmte Dinge wie Schwarzbauten, Baulasten und andere nicht geprüft wurden. Ohne böse Absicht des Verkäufers. Sie glauben nicht, wie oft mir Verkäufer aus voller Überzeugung sagen, der Anbau oder Wintergarten sei genehmigt. In 80 Prozent der Fälle ergibt unsere Recherche das Gegenteil. Entsprechend wird eine Nachtragsgenehmigung beantragt oder der Kaufinteressent transparent aufgeklärt.

Ein Hauptbeweggrund für dieses Buch war, auch den Privatverkauf des Eigenheims zu professionalisieren und vermeidbare Risiken für Sie als Verkäufer und natürlich auch für Ihren Käufer zu vermeiden. Der Kauf und auch der Verkauf eines Eigenheims sind für viele die größte Investition oder Einnahme ihres Lebens. Nicht selten hat dieser Schritt auch Auswirkungen auf die nachfolgenden Generationen. Ihnen ist diese Verantwortung und Wichtigkeit Ihrer anstehenden Verkaufsentscheidung offensichtlich bewusst, denn Sie halten dieses Buch in den Händen. Dafür bin ich Ihnen dankbar.

Woran Sie einen professionellen Makler erkennen

Machen wir uns nichts vor: Der Ruf des Immobilienmaklers ist, vorsichtig formuliert, nicht der beste. Leider gab und gibt es viele schwarze Schafe, die nur auf die vermeintlich schnelle und einfach zu verdienende Provision aus sind und denen leider häufig nicht einmal ein Drittel dieses Buches geläufig ist. Vor gar nicht allzu langer Zeit habe ich mir eine Immobilie angesehen, die bereits seit einigen Jahren bei einem nicht in der Region ansässigen Makler im Portfolio war. Der Preis war mittlerweile um gut die Hälfte vom ursprünglichen Mondpreis gesunken und kam so langsam in realistische Dimensionen. Also rief ich den Makler an und bekam ohne weitere Fragen einen Termin rund zwei Stunden später. Der Mann war freundlich, keine Frage. Am Ende der Besichtigung kannte ich seinen Lebenslauf und wie viele Häuser er so verkauft hat. Alle meine Fragen zur Immobilie hat er gezielt und punktgenau mit »Das weiß ich nicht« beantwortet und auf das Exposé verwiesen, das er mir im Nachgang schicken würde. Auch nannte er mir vermeintliche Vorteile der Immobilie, die nicht mehr der Realität entsprachen, was ich durch eine Recherche im Vorfeld belegen konnte. Darauf reagierte er nicht. Im Gegenteil: Im Exposé stand diese nachweislich falsche Angabe sogar schriftlich. Immerhin kam das Exposé tags darauf wie zugesagt.

Ich wiederum hielt meine Zusage ein, mich am folgenden Mittwoch zwecks Unterbreitung eines Angebots oder einer Absage zu melden. Das Angebot lag ein Drittel unter dem Angebotspreis, aber es war gut begründet. Natürlich habe ich als Reaktion darauf keine Begeisterungsstürme erwartet und ich halte es für legitim, wenn man ein solches Angebot freundlich, aber bestimmt ablehnt. Allerdings passierte – Sie ahnen es – gar nichts. Nach einer Woche versuchte ich den von mir ironischerweise zu meinem persönlichen »Makler des Jahres« gekürten Mann zu erreichen. Nach einigen Versuchen funktionierte dies auch. Seine Aussagen waren fadenscheinig: Man habe bessere Angebote, man sei noch mit zwei anderen Interessenten in Verhandlungen, der Eigentümer wäre nicht gesprächsbereit. Der Makler könne da nichts machen. Den Hinweis, dass eine entsprechende Information seinerseits nett gewesen wäre, ignorierte er. Da ich die Kontaktdaten des Eigentümers hatte, rief ich ihn an. Er wusste nichts von meinem Angebot. Nach einem fünfminütigen Gespräch war er zur Hälfte allerdings schon auf mein Angebot eingegangen. Entsprechend erbat ich mir neue Bedenkzeit. Letztlich kam es zu keiner Einigung, weil ein anderes Projekt für mich passender war. Allerdings zeigt Ihnen dieses Beispiel, welchen Typ Makler Sie meiden sollten. Ein professioneller Makler sollte ...

- Ihre Immobilie, die Bauakte, das Baulastenverzeichnis, die Anliegerbescheinigung und, sofern es eine Verdachtsfläche ist, auch das Altlastenkataster kennen und einsehen sowie Interessenten diese Informationen auch bei konkretem Interesse zugänglich machen.
- erreichbar sein und Fragen zur Immobilie beantworten können.
- vor der Vereinbarung einer Besichtigung die Interessenten qualifizieren und wissen, wer da in Ihr Haus kommt.
- vor einer Besichtigung die Bonität der Interessenten geprüft haben.
- Kaufangebote an Sie weitergeben und besprechen.

- transparent in Handlungen und Verträgen agieren.
- auch Mängel oder Nachteile einer Immobilie benennen und möglicherweise Lösungen vorschlagen.
- Ihre Immobilie den heutigen Standards entsprechend hochwertig und mit Onlinepräsentation anbieten.
- Sie umfassend beraten und auch schwierige und spezielle Fragen beantworten können – oder diese Dinge durch sein Netzwerk von Steuerberatern, Anwälten und Notaren verbindlich klären lassen.

Holen Sie außerdem Maklerempfehlungen bei Leuten ein, von denen Sie wissen, dass Sie mit einem Makler verkauft haben und fragen Sie nach deren Erfahrungen.

Es ist schwer, diese Punkte im Vorfeld zu erörtern. Aber wenn Sie ohnehin in der Region im Rahmen Ihrer Marktrecherche vergleichbare Immobilien anschauen, finden Sie auch einiges über die örtlichen Makler heraus. Wie professionell gehen die Makler mit Ihnen um? Wie qualifiziert man Sie vor einem Termin? Wie gut und informativ ist die Besichtigung? Wie sind die Unterlagen aufbereitet, die Sie erhalten? Und so weiter. Nutzen Sie Ihre Marktrecherche und die Möglichkeit kostenloser Bewertungen durch Immobilienmakler und lernen Sie diese Makler dabei kennen. Prüfen Sie dabei doch auch einmal die Seriosität eines Maklers und sein Verhandlungsgeschick. Wie konsequent kann er seine Interessen durchsetzen?

Stellen wir uns folgende Situation vor. Der Immobilienmakler hat Ihnen voller Überzeugung seine Wertermittlung für Ihre Immobilie vorgestellt und Ihnen dargelegt, mit welcher Strategie er Ihre Immobilie zu welchem Angebotspreis am Markt platzieren würde. Sagen wir, er würde die Immobilie für 375.000 Euro anbieten und dabei eine Verkäufer- und Käuferprovision von jeweils 3 Prozent zuzüglich Mehrwertsteuer in Rechnung stellen (also 11.250 Euro netto). Dabei erläutert er Ihnen auch seinen umfangreichen Leistungskatalog.

Soweit klingt alles sehr gut und plausibel. Jetzt ist der Moment, den Makler zu prüfen. Sagen Sie, dass Sie einen Angebotspreis von 425.000 Euro bevorzugen würden und nur 2 Prozent Provision zuzüglich Mehrwertsteuer zu zahlen bereit sind (also 8.500 Euro netto). Wie ist nun die Reaktion?

Gibt der Makler sofort nach und geht komplett auf Ihre Forderung ein? Oder besteht er auf seiner Provision, geht aber auf Ihren gewünschten Angebotspreis ein? Dann ist die Frage, ob dieser Makler Ihre Interessen bei der Vermarktung und bei Verhandlungen ausreichend und mit Überzeugung vertreten kann. Übrigens: Nach einer gesetzlichen Regelung, die seit dem 23. Dezember 2020 für Einfamilienhäuser, Einfamilienhäuser mit Einliegerwohnung und Wohnungen gilt, muss der Besteller, also Sie als Verkäufer, mindestens 50 Prozent der Provision bezahlen. Würde der Makler Ihnen bei der Provision um ein Prozent entgegenkommen, würde er auch ein Prozent weniger Provision vom Käufer bekommen.

Oder erläutert der Makler Ihnen ausführlich die Gefahren eines überhöhten Kaufpreises? Erläutert er Ihnen auch, dass er Ihnen in Sachen Provision nur entgegenkommen wird, wenn er auch entsprechende Leistungen streicht? Letzteres ist schwierig und schadet einem Vermarktungserfolg womöglich entscheidend. Aber immerhin hat er Argumente für seinen ursprünglichen Vorschlag. Jetzt gibt es in meinen Augen auf unser Beispiel bezogen drei Möglichkeiten:

- Entweder der Makler ist von dem von ihm vorgestellten Preis und seiner Strategie überzeugt, bleibt konsequent und lehnt möglicherweise den Auftrag ab.
- Oder er bietet als Kompromiss eine moderate Erhöhung des Kaufpreises um rund drei Prozent an. Damit wäre der Angebotspreis immer noch im realistischen Rahmen und Sie

könnten im Idealfall fast die komplette Provision aus dem Mehrerlös erzielen.

- Oder er wird Ihnen vorschlagen, den Kaufpreis um rund sechs Prozent zu erhöhen und Ihnen eine entsprechende reine Innenprovision, also Verkäuferprovision, vorschlagen. Der Käufer hätte dann keine Provision zu zahlen. Entsprechend müsste der von Ihnen beauftragte Makler aber auch nicht mehr die Interessen des Käufers berücksichtigen.

Das dritte Modell hat für den Verkäufer Vorteile. Auch der Makler hat damit mehr Rechtssicherheit als bei einer Provisionsteilung. Aber in allen drei Fällen versucht der Makler, im Rahmen des Realistischen zu bleiben und ein gutes Ergebnis für beide Parteien zu erzielen. Auch eine Absage erfordert Mut und zeigt, dass der Makler zu seinen Überzeugungen steht. Mit wem wollen Sie arbeiten?

Was für einen professionellen Immobilienmakler spricht

Wählen Sie also unbedingt einen professionellen Makler. Dafür sprechen jede Menge Punkte:

- Ein professioneller Makler gibt Ihnen vor allem eins: mehr Zeit und Freizeit. Unterschätzen Sie diesen Punkt nicht. Es kommt noch einiges auf Sie zu, wie Sie im weiteren Verlauf dieses Buchs feststellen werden.
- Ein professioneller Makler hat das Know-how und die technischen Möglichkeiten, Ihr Haus brillant in Szene zu setzen. Drohnenflug, virtuelle Besichtigungen und vieles mehr ist möglich, sofern es bei Ihrer Immobilie einen Mehrwert gibt.
- So sehr Sie sich anstrengen und bemühen: Ein professioneller Makler hat die bessere Marktkenntnis und vor allem das bessere Netzwerk. Zudem kann er bei speziellen Herausforde-

rungen auf sein Netzwerk aus Notaren, Juristen, Steuerberatern und Handwerkern zurückgreifen.

- Ein professioneller Makler funktioniert wie eine Firewall. Sie und Ihre Immobilie bleiben weitestgehend anonym. Es wird Sie keiner nachts und sonntags anrufen oder bei Ihnen klingeln. Auch Besichtigungstouristen wird Ihr Makler herausfiltern und nur mit qualifizierten Interessenten nach rechtzeitiger Terminabsprache Ihr Haus besichtigen. Ihre Privatsphäre wird maximal geschützt.
- Ein professioneller Makler führt ohne Emotionen Verhandlungen über Ihr Haus und erzielt so bessere Ergebnisse.
- Ein professioneller Makler fungiert als Moderator. Insbesondere bei Scheidungen und Erbengemeinschaften kann dies ein entscheidender Faktor sein, um eine Immobilie überhaupt verkaufen zu können.
- Ein professioneller Makler wird Sie hochwertig beraten, denn er haftet bei Beratungsfehlern entsprechend.
- Ein professioneller Makler schreibt erst dann eine Rechnung, wenn er erfolgreich war.

Alle Punkte sind wichtig. In meinen Augen ist aber entscheidend, wie sehr Sie Emotionen bei Gesprächen, Verhandlungen und bei der finalen Einigung auf den Notarvertrag ausblenden können und es verstehen, mit Menschen zu kommunizieren. Aus meiner beruflichen Erfahrung ist dies bei jeder dritten erfolgreichen Vermittlung der entscheidende Faktor. Hätten wir hier als Moderator gefehlt, wäre der Deal gescheitert. Meist an Kleinigkeiten, die große Emotionen ausgelöst haben. Also ist die Frage: Wie gut können Sie Emotionen ausblenden? Wie gut können Sie kommunizieren?

Gründe, die für den privaten Verkauf sprechen

Es gibt auch Gründe für den privaten Verkauf:

- Sie haben dieses Buch in der Hand und informieren sich umfangreich, dann gehen auch Sie als Laie optimal vorbereitet in den Vermarktungsprozess.
- Sie handeln eigenverantwortlich und lernen die potenziellen Interessenten direkt kennen.
- Sie müssen keine Provision bezahlen. Beachten Sie allerdings, dass Sie alle Vermarktungskosten selbst tragen.
- Sie können Ihr Haus provisionsfrei anbieten (was aber bei einer reinen Innenprovision auch möglich wäre).
- Sie können Besichtigungstermine frei bestimmen und, sofern Sie Zeit haben, spontan durchführen.
- Sie haben jederzeit das Heft des Handelns in der Hand und einen entsprechenden Überblick über die Nachfragesituation und den Stand der Verhandlungen.
- Sie haben den Marktpreis optimal ermittelt. Idealerweise auch mit dem von mir angebotenen Onlinekurs und dem Berechnungs-Tool.

Sie haben damit in meinen Augen zwei Vorteile: Sie haben jederzeit, sozusagen in Echtzeit, den kompletten Überblick, aber auch die Verantwortung bei Ihrem Hausverkauf. Sie sparen, wenn Sie wirklich optimal vorbereitet sind, das Erfolgshonorar des Maklers. Unterschätzen Sie allerdings den Faktor Zeit nicht.

Bevor Sie sich endgültig entscheiden: Lesen Sie dieses Buch in Ruhe zu Ende. Dann haben Sie eine genaue Vorstellung, was Sie privat leisten müssen und können Ihre Entscheidung bewusst treffen.

Was, wenn Ihre Finanzierung noch läuft?

»Eine Investition in Wissen bringt noch immer die besten Zinsen.«
Benjamin Franklin (1706–1790), Politiker und Wissenschaftler

Ein Haus zu verkaufen, obwohl das Darlehen noch nicht abbezahlt ist, ist ein ganz normaler Vorgang. Die meisten Immobilien werden mit geliehenem Geld gekauft und die Rückzahlung meist auf 20 Jahre und mehr ausgelegt. Allerdings kommt das Leben häufig anders als gedacht und aus vielen Gründen – die meisten haben Sie zu Beginn des Buches kennengelernt – kann ein Verkauf des Eigenheims vorzeitig nötig werden. Welche Möglichkeiten haben Sie nun also mit Blick auf die laufende Finanzierung?

Die Vorfälligkeitsentschädigung

Dazu haben Sie schon einiges im Kapitel »Sie haben sich getrennt oder geschieden?« erfahren. In meinem Mitgliederbereich steht ein Tool zur Verfügung, mit dem Sie eine erste Größenordnung ermitteln können. Wichtig zu wissen an dieser Stelle ist, dass die Vorfälligkeit immer für die Zeit der vereinbarten Zinsbindungsfrist fällig wird. Egal für wie lange Sie diese vereinbart haben, also meinetwegen auch auf 20 Jahre, haben Sie gesetzlich immer ein Sonderkündigungsrecht nach zehn Jahren (§ 489 Abs. 1 Nr. 2 BGB).

Wichtig ist dabei, dass Sie den richtigen Zeitpunkt für die frühestmögliche Kündigung ermitteln. In der Regel ist es dafür erforderlich, dass Sie das Datum der Vollauszahlung des Darlehens an Sie kennen. Dieser Tag ist maßgeblich und nicht der Tag, an dem Sie den Darlehensvertrag unterschrieben haben. Dazu sollten Sie seinerzeit ein Schreiben der Bank erhalten haben. Liegt Ihnen dieses nicht mehr vor, fordern Sie es erneut bei der Bank an. Auch wichtig ist es zu prüfen, ob Sie den Vertrag zwischenzeitlich vielleicht schon einmal inhaltlich geändert oder neu unterschrieben haben. Beispielsweise könnten Sie den Vertrag nach der ersten Zinsbindungsfrist bereits einmal verlängert haben. In diesem Fall zählt die 10-Jahres-Frist ab Datum der Änderungsvereinbarung – nicht mehr das Datum der Vollauszahlung.

Wie ermitteln Sie nun das Datum der frühestmöglichen Kündigung? Gehen wir von folgendem Beispiel aus: Auszahlungsdatum des Darlehens ist der 1. Januar 2015. Zu diesem Datum müssen Sie nun einen Tag hinzuzählen, was den 2. Januar 2015 ergibt. Nun addieren Sie genau zehn Jahre hinzu, womit Sie beim 2. Januar 2025 wären. Das ist das früheste Datum, zu dem Sie das Darlehen kündigen können. Achtung: Gemeint ist dabei nicht das Datum der Wirksamkeit Ihrer Kündigung. Sondern es geht tatsächlich um den Zeitpunkt der Kündigung selbst. Die Kündigungsfrist beträgt sechs Monate und diese sechs Monate beginnen erst ab Ihrer Kündigung zu zählen. Natürlich können Sie die Kündigung früher abschicken. Aber wenn das Kündigungsschreiben Ihrer Bank spätestens am 2. Januar 2025 vorliegt, dann ist der Tag, zu dem die Kündigung rechtswirksam ist, der 2. Juli 2025.

Geben Sie in Ihrem Kündigungsschreiben unbedingt Ihre Darlehensnummer aus dem entsprechenden Vertrag an und achten Sie darauf, dass auch alle Darlehensnehmer die Kündigung unterschreiben. Versenden Sie den Brief per Einschreiben mit Rückschein und schicken Sie ihn rechtzeitig ab, sodass er sicher am errechneten Datum der frühestmöglichen Kündigung – in unserem Beispiel der 2. Januar 2025 – der Bank vorliegt. Die Bank wird den rechtzeitigen Eingang der Kündigung entsprechend bestätigen.

Jetzt kennen Sie also das Datum, bis zu dem die Bank Ihnen die Entschädigung für den Zinsausfall, den Vorfälligkeitszins, berechnen kann. Um bei den oben genannten Daten zu bleiben: Zahlen Sie den noch nicht getilgten Teil Ihres Darlehens bereits am 2. Juli 2021 an die Bank zurück, beträgt der Zeitraum für die Entschädigung exakt vier Jahre, nämlich den Zeitraum zwischen dem 2. Juli 2021 und dem 2. Juli 2025.

Sollten Sie geplant oder durch puren Zufall den Verkauf so gestalten können, dass Sie exakt in die Kündigungsfrist fallen (das sind die sechs Monate vom 2. Januar 2025 bis 2. Juli 2025), haben Sie nun sechs Monate Zeit, um Ihr Haus zu verkaufen, und können dann mit dem Erlös die Restschuld des Darlehens begleichen.

Beachten Sie dabei aber, dass die Restschuld binnen 14 Tagen bei der Bank beglichen sein muss! Auf unser Beispiel bezogen bedeutet dies, dass das Geld bis zum 15. Juli 2025 bei der Bank eingegangen sein muss. Um exakt zu sein: bis um 23.59 Uhr. Ist dies nicht der Fall, verlängert sich der Vertrag und Sie müssten mit einer Frist von sechs Monaten nochmals kündigen. Zudem können zusätzlich Bearbeitungsgebühren anfallen und Sie bezahlen weiterhin Zinsen.

Wenn Sie noch keinen Käufer haben und entsprechend die Restschuld nicht begleichen können, mag die Verlängerung des Darlehens noch ganz vorteilhaft sein, meistens jedoch wäre es ärgerlich. Auch würde ich an Ihrer Stelle nicht so ein »Lottospiel« spielen. Für den Fall, dass Sie zum Rückzahlungstermin noch keinen Käufer haben, sollten Sie mit der Bank ein sogenanntes variables, endfälliges Darlehen vereinbaren. Das ist im Prinzip eine Zwischenfinanzierung, die Sie sofort ablösen können, ohne dass eine feste Laufzeit vereinbart wurde. Der Zinssatz ist jedoch im Gegenzug variabel und kann entsprechend dem Marktgeschehen steigen oder fallen. Die genauen Bedingungen werden exakt festgehalten.

In der derzeitigen Niedrigzinsphase sind die Kosten für die Zinsen übrigens überschaubar: Bei 100.000 Euro Darlehen wären bei einem Zinssatz von rund 0,5 Prozent gerade einmal knapp 42 Euro Zinsen im Monat fällig. Also kein Grund, am Tag X nicht die Restschuld ablösen zu können.

Darlehen auf eine neue Immobilie umschreiben

Oder aber Sie schreiben Ihr Darlehen auf eine neue Immobilie um. Dies ist eine Möglichkeit, wenn Sie im Zuge Ihres Verkaufs eine andere Immobilie kaufen. Sie können, sofern die Bank zustimmt, in Ihrem Darlehensvertrag die bisherige Immobilie gegen Ihr neues Eigenheim tauschen. Allerdings wird die Bank nur zustimmen, wenn der Wert nahezu identisch ist und Ihre neue Immobilie entsprechend eine ausreichende Sicherheit für die Bank darstellt. Zudem sollten Sie prüfen und rechnen, ob sich dies für Sie wirklich lohnt. Wenn Sie in Ihrem bestehenden Darlehensvertrag zwei Prozent Zinsen haben und einen neuen Vertrag mit einem Zinssatz von einem Prozent abschließen können, sollten Sie sehr genau rechnen. Es kann sein, dass unterm Strich der Abschluss eines neuen Vertrages trotz Vorfälligkeitsentschädigung günstiger ist. Lassen Sie sich hier umfangreich beraten und das Vorhaben zusätzlich durch einen unabhängigen Experten prüfen.

Darlehen auf den Käufer Ihrer Immobilie umschreiben

Oder Sie übertragen Ihr Darlehen auf den Käufer Ihrer Immobilie. Auch das ist theoretisch möglich. Ihr Käufer kann, wenn er über eine ebenbürtige oder bessere Bonität wie Sie verfügt, Ihr Darlehen übernehmen. Natürlich ebenfalls nur, wenn die Bank zustimmt. Zudem muss der Käufer alle Bedingungen und Konditionen des Darlehens übernehmen und akzeptieren. Dies wird er aber verständlicherweise nur tun, wenn die Konditionen gegenüber einem neuen am Markt verfügbaren Darlehen besser oder zumindest nicht schlechter sind. In der Praxis spielt dieser Weg aufgrund der Niedrigzinsphase derzeit kaum eine Rolle.

Abwarten und vermieten

Sollte Sie eine sehr hohe Vorfälligkeitsentschädigung erwarten, dann sollten Sie abwägen, ob nicht eine Vermietung eine Lösung sein kann. Insbesondere dann, wenn eine zu erwartende Grundmiete die monatlichen Darlehensraten decken oder sogar übersteigen würde. Es würde alles normal weiterlaufen und Sie verkaufen dann, wenn Sie ohne Vorfälligkeit aussteigen können. Sollten Sie eine neue Immobilie finanzieren, ist dies weiterhin möglich, da Ihre Bonität ja weiterhin gut ist und die neue Immobilie der Bank als Sicherheit ausreichen sollte. Da Sie nach zehn Jahren ein Sonderkündigungsrecht für das Darlehen haben, sollten Sie auch keine Probleme in Sachen »Spekulationssteuer« erwarten, von der oben schon die Rede war.

Tipp Vorfälligkeit und »Spekulationssteuer« bei der Vermietung

Sollten Sie, warum auch immer, die vermietete Immobilie während der Mindestlaufzeit des Darlehens verkaufen und eine Vorfälligkeitsentschädigung zu erwarten haben, dann können Sie damit Ihren Gewinn aus dem Verkauf minimieren. Das funktioniert so: Kündigen Sie Ihr Darlehen und wandeln Sie es wie oben beschrieben in eine Zwischenfinanzierung um. Bezahlen Sie die Vorfälligkeitsentschädigung und warten Sie gute sechs Monate. Verkaufen Sie nun Ihre Immobilie und ziehen Sie die Vorfälligkeitsentschädigung vom Verkaufserlös ab. Nur so können Sie die Vorfälligkeit geltend machen. Als Werbungskosten aus Vermietung und Verpachtung können Sie diese im Rahmen des Verkaufs nach einer Entscheidung des Bundesfinanzhofs nicht geltend machen (IX R 42/12).

Wenn die Restschuld höher als der Verkaufspreis ist

Wenn die Restschuld aus dem Darlehen höher ist als der erzielte Kaufpreis, dann wird die Bank der Löschung der Grundschuld nicht zustimmen. Damit könnte der Notar den Kaufpreis auch nicht fällig stellen, da der Käufer die Immobilie lastenfrei übernehmen soll. Dazu muss die in Abteilung III des Grundbuchs (siehe im folgenden Kapitel) eingetragene Grundschuld raus. Die Bank stimmt dem aber nur zu, wenn sie ihr ganzes Geld bekommen hat.

Beispiel: Der Kaufpreis für Ihre Immobilie beträgt 300.000 Euro. Im entsprechenden Grundbuch ist eine Grundschuld in Höhe von 400.000 Euro eingetragen. Sie haben schon etwas zurückbezahlt, allerdings sind real noch 320.000 Euro an die Bank zu zahlen. Es fehlen also 20.000 Euro, die nicht durch den Kaufpreis zurückgezahlt werden können. Klären Sie also unbedingt, woher Sie die fehlenden 20.000 Euro bekommen. Vielleicht ist die Bank bereit, Ihnen diesen Betrag in Form eines anderen Darlehens bereitzustellen? Oder Sie haben anderweitig Eigenkapital und können den Betrag daraus ablösen?

Wie auch immer: Klären Sie diesen Punkt am besten bevor Sie zum Notar gehen. Denn wenn Sie die fehlenden 20.000 Euro nicht auftreiben können, wird der Verkauf Ihrer Immobilie auch nicht abgewickelt werden können.

Was ist beim Thema Grundbuch wichtig?

»Es gibt wichtigen und unwichtigen Aktenstaub.«
Erhard Horst Bellermann (*1973), Bauingenieur und Dichter

Das Grundbuch ist das wichtigste Dokument rund um die Immobilie. Hier finden sich nahezu alle relevanten Informationen, nämlich Eigentümer, Grundstücksrechte und Grundpfandrechte. In Deutschland sind die Eigentumsverhältnisse dank des Grundbuchs klar geregelt und immer nachvollziehbar. Ich persönlich bin kein Freund der Bürokratie, aber in diesem Fall ist sie sinnvoll und sorgt für klare Verhältnisse. Um das Grundbuch im Wesentlichen zu beschreiben, greife ich auf die Grundbuchordnung zurück. Dort heißt es in § 1 Satz 1:

- Die Grundbücher, die auch als Loseblattgrundbuch geführt werden können, werden von den Amtsgerichten geführt (Grundbuchämter). Diese sind für die in ihrem Bezirk liegenden Grundstücke zuständig.

In § 3 Satz 1 der Grundbuchordnung steht:

- Jedes Grundstück erhält im Grundbuch eine besondere Stelle (Grundbuchblatt). Das Grundbuchblatt ist für das Grundstück als das Grundbuch im Sinne des Bürgerlichen Gesetzbuchs anzusehen.

Und in § 4 Satz 1 heißt es:

- Über mehrere Grundstücke desselben Eigentümers, deren Grundbücher von demselben Grundbuchamt

> geführt werden, kann ein gemeinschaftliches Grundbuchblatt geführt werden, solange hiervon Verwirrung nicht zu besorgen ist.

Zusammengefasst kann man also sagen, dass das Grundbuch ein öffentliches Register ist, welches vom Grundbuchamt geführt wird. Über jedes Grundstück wird ein gesondertes Blatt innerhalb des Grundbuchs geführt. Mehrere Grundstücke eines Eigentümers können dabei auf einem Grundbuchblatt geführt werden. Wenn wir, und ich nehme mich da nicht aus, vom Grundbuch reden, dann meinen wir also das Grundbuchblatt eines bestimmten Grundstücks. Und an dieser Stelle sei es nochmals betont: Wer Eigentümer im Grundbuch ist, dem gehört auch das Haus auf dem Grundstück.

Das Grundbuchblatt hat einen bestimmten Aufbau. Es ist unterteilt in das sogenannte Bestandsverzeichnis, Abteilung I, Abteilung II und Abteilung III.

Bestandsverzeichnis des Grundbuchs

Im Bestandsverzeichnis werden die Grundstücke oder grundstücksgleichen Rechte aus dem Liegenschaftskataster eingetragen. Dabei werden alle genannten Informationen übertragen. Es handelt sich um folgende Angaben:

- Gemarkung des Grundstücks
- Flur und Flurstück
- Liegenschaftsbuch
- Wirtschaftsart und Lage
- Größe des Grundstücks in Quadratmetern

Zudem wird jedem Grundstück eine laufende Nummer zugeordnet. Anhand dieser Nummer kann man die später genannten Eigentümer sowie eingetragene Rechte und Lasten zuordnen.

Abteilung I des Grundbuchs

In Abteilung I sind die aktuellen Eigentumsverhältnisse dokumentiert. Es ist vermerkt, wer seit wann Eigentümer oder Erbbauberechtigter ist. Außerdem wird vermerkt, was der Grund für die Übertragung des Eigentums war. Also zum Beispiel Schenkung, Erbschaft oder Erwerb.

Abteilung II des Grundbuchs

In Abteilung II sind die Beschränkungen und Lasten eingetragen. Also zum Beispiel Wegerechte für den Nachbarn, was ein Beispiel für eine Grunddienstbarkeit ist. Es gibt aber auch persönliche Dienstbarkeiten wie zum Beispiel ein lebenslanges Wohnrecht für eine bestimmte Person. Beschränkungen können eingetragene Vorkaufsrechte sein. Die Auflassungsvormerkung, zu der wir noch genauer kommen werden, ist ebenfalls eine Beschränkung.

Abteilung III des Grundbuchs

In der Abteilung III des Grundbuchs werden Grundschulden und Grundpfandrechte eingetragen. Diese dienen dem Gläubiger, also im Allgemeinen den Banken, als Sicherheit für Kredite. Zahlt ein Schuldner das gewährte Darlehen nicht zu den vereinbarten Bedingungen zurück, also in der Regel den monatlich vereinbarten Raten, hat der Gläubiger das Recht, die Zwangsversteigerung einzuleiten. Die Grundschuld wird in der Höhe des ursprünglichen Darlehens eingetragen und ist ein Grundpfandrecht.

Wer darf das Grundbuch einsehen?

Um das Grundbuch einsehen zu können, muss man entweder ein Notar oder ein Gericht sein oder ein berechtigtes Interesse haben. Als Eigentümer haben Sie selbstverständlich ein berechtigtes Interesse. Auch ein Kaufinteressent hat ein berechtigtes Interesse. Dieses muss er jedoch gegenüber dem Grundbuchamt nachweisen. Damit der Weg zum Grundbuchamt nicht umsonst ist, empfiehlt sich eine schriftliche Vollmacht des Eigentümers zur Einsicht des Grundbuchs. Dies ist der sicherste Weg, sein berechtigtes Interesse nachzuweisen.

Grundbuch und der Verkauf: Das ist wichtig

Es gibt noch viele Dinge, die der Notar im Rahmen des Kaufvertrages regelt und ordnungsgemäß für Sie durchführt. Manche Dinge können aber den Verkauf endlos in die Länge ziehen und sollten daher unbedingt möglichst schnell geprüft werden. Daher die unbedingte Empfehlung: Besorgen Sie sich einen aktuellen Auszug Ihres Grundbuchs beim Grundbuchamt. Wichtig: Er muss aktuell am Tage der Beantragung gezogen werden. In meiner täglichen Arbeit passiert es häufig, dass mir Kunden Grundbücher vorlegen, die 5, 10, 15 Jahre oder noch älter sind. Damit kann kein Makler etwas anfangen, denn es zählt nur, was aktuell eingetragen ist. Also investieren Sie hier bitte entsprechend Zeit und nehmen Sie die Gebühren von rund 25 bis 50 Euro je nach Region in Kauf.

Online kann man mittlerweile auch Grundbücher beantragen. Achten Sie hier aber darauf, dass es wirklich die Website des Amtsgerichts ist. Es gibt auch private Anbieter und Onlinedienste und bei diesen empfehle ich, sehr genau ins Impressum zu schauen: Welcher GmbH, UG oder Firma im Ausland vertrauen Sie hier Ihre Daten und die Gebühr an? Im Zweifel gehen Sie lieber klassisch und altmodisch ins Amt.

Wenn Sie nun das Grundbuch haben, schauen Sie bitte in Abteilung II. Sind dort Grunddienstbarkeiten oder persönliche Dienstbarkeiten eingetragen? Falls ja: Ist zum Beispiel das Wegerecht für das Nachbargrundstück mittlerweile überflüssig, weil der Nachbar sein Grundstück mittlerweile auch im rückwärtigen Teil über einen öffentlichen Weg erreichen kann? Falls ja, dann suchen Sie das Gespräch, ob er bereit ist, dieses Recht löschen zu lassen. Verfahren Sie auch bei anderen Grunddienstbarkeiten so. Lassen Sie sich im Zweifel bei einem Notar oder einen professionellen Immobilienmakler beraten, wie Sie sich in der Sache am besten verhalten und welche Möglichkeiten Sie haben.

Oder finden Sie in Abteilung II eine persönliche Dienstbarkeit, also vielleicht das lebenslange Wohnrecht eines Menschen, der inzwischen verstorben ist? Dann reicht zur Löschung die Vorlage der Sterbeurkunde. Da in diesem Fall die Sache offensichtlich ist und das Recht für den Käufer de facto keinen Nachteil darstellt, würde ich dieses Recht im Rahmen des Kaufvertrages löschen lassen.

In beiden Fällen, bei der Grunddienstbarkeit und bei der persönlichen Dienstbarkeit, ist eine einfache Löschung meistens dann möglich, wenn das Recht in der Praxis ohnehin keine Rolle mehr spielt. In allen anderen Fällen muss es wahrscheinlich übernommen werden. Die Wertminderung wird Ihnen ein professioneller Immobilienmakler oder Gutachter berechnen können.

Wichtig: Der Blick in Abteilung III

Wichtiger ist da schon der Blick in Abteilung III bei den Sicherheiten für Kredite. Im Folgenden rede ich hier allgemein von Grundschulden, obwohl es formal nicht ganz korrekt ist. Aber ich denke, es vereinfacht den Text und Sie wissen, was gemeint ist.

Wenn Sie Ihre Immobilie verkaufen, die Sie irgendwann selbst gebaut oder gekauft haben, gehe ich davon aus, dass Sie wissen, ob eine noch eingetragene Grundschuld bereits bezahlt ist und Sie diese somit einfach löschen lassen können.

Seien Sie aber wachsam, wenn Sie in Abteilung III etwas von einer »Briefgrundschuld« oder einem »Grundschuldbrief« lesen. Wenn eine Grundschuld gelöscht werden soll, muss zwingend der Originalgrundschuldbrief vorhanden sein. Denn der Grundschuldbrief ist gleichzeitig auch ein Wertpapier. Wer diesen Grundschuldbrief besitzt, der hat auch exakt den Wert in den Händen, den der Grundschuldbrief benennt. Gerät der Grundschuldbrief also einem Unbefugten in die Hände, so ist derjenige Ihr neuer Gläubiger und kann die volle Auszahlung des auf dem Grundschuldbrief genannten Betrages plus Zinsen verlangen. Weil diese Tatsache den Wenigsten bewusst ist, passiert es immer wieder, dass der Grundschuldbrief verloren geht. Daher ist in Verbindung mit einem Grundschuldbrief die sofortige Löschung der Grundschuld ratsam, sobald die Bank Ihnen den Grundschuldbrief zugestellt hat. Die Bank stellt ihn Ihnen zu, sobald das Darlehen abbezahlt wurde. Häufig wird der Grundschuldbrief aber mehr oder weniger achtsam abgelegt und ist irgendwann nicht mehr zu finden.

Ist der Grundschuldbrief verloren, muss er vom Amtsgericht für ungültig erklärt werden. Dies geht nur durch ein sogenanntes Aufgebotsverfahren. Mit diesem Verfahren ruft das Amtsgericht dazu auf, dass jemand Anspruch erhebt. Dies kann nur derjenige, der den Grundschuldbrief besitzt. Erhebt binnen sechs Monaten niemand einen Anspruch, erklärt das Amtsgericht den Grundschuldbrief für ungültig.

Das sind sechs Monate, in denen der Kaufpreis nicht fällig gestellt werden kann, da die entsprechende Grundschuld nicht vorher gelöscht werden kann. Sind es Beträge, die weit unter dem Kaufpreis liegen, kann man vereinbaren, dass die entsprechende Summe –

eventuell plus Zinsen – auf ein Anderkonto treuhänderisch beim Notar hinterlegt wird und die Abwicklung des Verkaufsprozesses fortgeführt wird. Bei großen Summen könnte dies den gesamten Verkaufsprozess verzögern.

Ihnen wird das nicht passieren, denn Sie klären diese Dinge ja bereits jetzt und damit rechtzeitig. Sollten Sie ein Aufgebotsverfahren einleiten müssen, können Sie dies selbst tun oder einen Notar damit beauftragen.

Besonderheiten bei Wohneigentum

Beim Wohnungseigentum ist im Bestandsverzeichnis eingetragen, welchen Miteigentumsanteil mit welchem Sondereigentum und welchen Sondernutzungsrechten Sie erwerben. Also erwerben Sie zum Beispiel 10 Hundertstel Miteigentum an einem Grundstück X mit dem Sondereigentum an der Wohnung im 1. Obergeschoss links und dem Sondereigentum am Stellplatz Nummer 5 im Außenbereich. So weit, so gut. Allerdings ist es in meiner Praxis schon vorgekommen, dass das Nutzungsrecht des Stellplatzes in einer anderen Urkunde an eine andere Person abgetreten wurde. In diesem Fall haben Sie zwar im Grundbuch einen Stellplatz, dürfen diesen aber nicht nutzen. Hier gilt es also auch ergänzende Dokumente wie die Teilungserklärung und alte Kaufverträge zu prüfen.

Umgekehrt hatten wir den Fall, dass in der Teilungserklärung Sondernutzungsrechte für eine Wohnung an einem Stellplatz eingeräumt wurden. Diese waren aber im Grundbuch nicht genannt. Hier hat das Gericht entschieden: Maßgeblich ist das Grundbuch. Also gab es in diesem Fall kein Sondernutzungsrecht am Stellplatz.

Diese Fälle sind sicherlich Exoten. Aber ich will Sie damit sensibilisieren, bei Eigentumswohnungen auch die ergänzenden Dokumente zu prüfen und nötigenfalls die Eigentümergemeinschaft und Hausverwaltung bei Unklarheiten zu fragen.

Welche Informationen von welchen Behörden?

»Es gibt schon heute die Ämter der kurzen Wege.
Dort stören nur noch die langen Leitungen mancher Beamter.«
*Thomas Häntsch (*1958), Fotograf und Autor*

An dieser Stelle ganz klar: Die meisten Mitarbeiter bei Behörden sind freundlich und hilfsbereit. Dennoch ist es so, dass die Digitalisierung noch nicht wirklich vorangekommen ist. Es ist mir schon passiert, dass ich positiv überrascht war und einen Antrag online stellen konnte. Bis dann die Aufforderung kam, das Dokument doch bitte auszudrucken und per Post oder Fax einzureichen. Aber immerhin konnte man das Antragsformular herunterladen.

Oft ist bei Behörden Geduld gefragt und manchmal auch etwas Hartnäckigkeit. Trotzdem bekommt man am Ende die Auskünfte, die man benötigt. Wenn auch gegen entsprechende Gebühren. Und wenn es manchmal doch holprig wird: Freundlichkeit und ein Lächeln wirken sehr oft Wunder.

Übrigens, die folgende Aufzählung können Sie überspringen, wenn Sie meinen Kurs »Wertermittlung selbst gemacht« gebucht haben. Dann sollten Sie diese Informationen schon haben. Ansonsten benötigen Sie die folgenden Unterlagen:

Einsicht in die Bauakte

Die Einsicht in die Bauakte erhalten Sie bei der unteren und oberen Baubehörde. Fragen Sie zunächst beim Bauamt Ihrer zuständigen Verwaltung nach. Gibt es dort eine Bauakte, dann sehen Sie diese dort ein. Gibt es dort keine, wird man Sie an die übergeordnete Behörde verweisen, zum Beispiel zum Landratsamt. Und gibt es überhaupt keine Bauakte – das ist selten, aber zum Beispiel können im Krieg Archive verbrannt sein –, sollten Sie eine eigene Recherche betreiben. Welche Unterlagen finden Sie noch? Welche Unterlagen hat vielleicht der damalige Architekt noch?

Wenn Sie die Bauakte einsehen, machen Sie sich Kopien von …

- sämtlichen Baugenehmigungen und Fertigstellungsbescheinigungen.
- allen Grundrissen und Schnitten. Achten Sie drauf, dass Sie auch den Architektenstempel und den Behördenstempel kopieren.
- sämtlichen Flächenberechnungen.
- der Statik.
- Nachtragsgenehmigungen, abgelehnten Bauanträgen und Duldungen – sofern vorhanden.

Vergleichen Sie die vorhandenen Baugenehmigungen mit den tatsächlich vorhandenen Gebäuden. Sind alle Bauten dokumentiert? Gibt es vielleicht eine Terrassenüberdachung, die nicht genehmigt ist? Wenn Sie schon einmal beim Amt sind, dann stellen Sie einfach einmal eine Frage im Konjunktiv: »Mal angenommen, ich würde hier eine Terrassenüberdachung machen wollen, müsste ich diese genehmigen lassen?« Sie werden eine Antwort erhalten und können dann entscheiden, wie Sie verfahren. Ist es »nur« eine nicht genehmigte Terrassenüberdachung, dann weisen Sie den Käufer auf die fehlende Genehmigung hin. Entweder er nimmt es so hin oder Sie beantragen eine Nachtragsgenehmigung. Es empfiehlt sich, hier mit einem Architekten zu arbeiten, der gute Verbindungen zum Bauamt hat und alles entsprechend für Sie regelt.

Sind es größere Bauteile oder gar ganze Anbauten, sollten Sie vor einem Verkaufsstart die notwendigen Genehmigungen einholen. Alles andere würde zu Verzögerungen in der Abwicklung führen. Eines steht fest: Verheimlichen Sie einen Schwarzbau niemals. Es würde nämlich eine arglistige Täuschung darstellen und wäre somit ein Anfechtungsgrund gemäß § 123 BGB.

Achten Sie darauf, dass die Kopien ansehnlich und leserlich sind. Der erste Eindruck zählt auch bei den Unterlagen zu Ihrer Immobilie. Bearbeiten Sie diese nötigenfalls am Computer nach und hinterlegen Sie diese in die Unterlagen Kategorie »A«. Dies gilt auch für alle folgenden Dokumente. Was es damit auf sich hat, erfahren Sie im weiteren Verlauf.

Anliegerbescheinigung oder Auskunft zu Erschließungsbeiträgen

Auch eine Anliegerbescheinigung bekommen Sie bei Ihrer Verwaltung. Sie sollten Ihren Ansprechpartner auf der Homepage der Verwaltung über die Stichwortsuche ausfindig machen können.

Die Anliegerbescheinigung gibt Ihnen eine Auskunft über den Erschließungszustand. Genauer gesagt darüber, ob die Straße als vollkommen fertiggestellt gilt und komplett abgerechnet wurde. Das ist die Regel. Es kann aber auch sein, dass noch Beiträge zu zahlen sind oder Maßnahmen noch anstehen. Dies ist eine wichtige Information, die Sie auch im Vorfeld klären sollten. Und Sie sollten den Käufer darüber informieren. Der Notar nimmt in seinem Vertrag sowieso eine Klausel dazu auf. Spätestens dann werden Fragen kommen. Unangenehm, wenn man diese nicht beantworten kann.

Die Regelungen zur Beteiligung der Anlieger an den Straßenbaubeiträgen sind allerdings von Bundesland zu Bundesland unterschiedlich. Es gibt sogenannte »Soll-Regelungen«, wonach Anlieger beteiligt werden. Dann gibt es »Kann-Regelungen«, wonach es im Ermessen der Kommune liegt, ob sie Beiträge erhebt oder nicht. Informieren Sie sich also, was in Ihrem Bundesland aktuell gilt. In Bayern, Hamburg, Berlin und Baden-Württemberg werden Stand 11/2020 keine Straßenbaubeiträge erhoben.

Ein Hinweis noch zum Wort Erschließungsbeiträge. Damit sind in diesem Kontext die Straßenbaubeiträge gemeint. Diese sind nicht zu verwechseln mit den erforderlichen Hausanschlüssen an das öffentliche Netz, also für Kanal, Wasser, Strom, Telekommunikation und anderes. Auch diese Kosten werden gerne als Erschließungskosten bezeichnet, sind hier aber nicht gemeint. Wo wir aber gerade beim Thema Kanal sind: Sollte Ihr Haus nicht an das öffentliche Kanalnetz angeschlossen sein, sondern an ein Dreikammersystem oder gibt es eine Kleinkläranlage auf dem Grundstück, so sollten Sie auch dies dem Käufer mitteilen.

Auskunft aus dem Baulastenverzeichnis

Das Baulastenverzeichnis wird meist bei der oberen Baubehörde geführt. Also auf Kreisebene oder eben bei großen Städten. Auch hier sollten Sie auf der Homepage der Behörde mit dem Suchbegriff »Baulastenverzeichnis« einen Ansprechpartner finden.

»Baulast« – das hört sich zunächst einmal schlimm an, ist es aber nicht zwangsläufig. Eine Baulast ist nichts anderes als die Übernahme öffentlichen Baurechts zugunsten Dritter. Was kann das sein? Zum Beispiel könnten Sie per Baulast bei einem Baugrundstück für eine Doppelhaushälfte dazu verpflichtet werden, an das Nachbargebäude anzubauen. Ist dies bei einem Doppelhaus ein Nachteil? Nein, denn so ist es ja gewünscht. Zudem haben Sie durch diese Regelung mehr bebaubare Fläche auf Ihrem Grundstück. Anders aussehen könnte es, wenn Sie beispielsweise Ihrem guten Nachbarn Meier vor 20 Jahren erlaubt haben, fehlende Stellplätze für sein Mehrfamilienhaus auf Ihrem Grundstück per Baulast nachzuweisen. 20 Jahre lang hat dort nie ein Auto gestanden und Sie haben das Grundstück ohne jede spürbare Einschränkung genutzt. Jetzt möchte eines Ihrer Kinder dort ein Haus bauen und bekommt dafür keine Genehmigung. Der Grund: die Stellplätze per Baulast von Herrn Meier. Es gibt vielleicht Mittel und Wege, eine Lösung zu finden – wenn es ganz schlecht läuft, aber vielleicht auch nicht. Von daher: Überlegen Sie sich gut, ob Sie ohne Weiteres einem Nachbarn mit einer Baulast einen Gefallen tun und prüfen Sie zunächst mögliche Konsequenzen.

Stellen Sie sich jetzt vor, Sie verkaufen den bisherigen Garten an eine dritte Person als Baugrundstück. Die Baulast haben Sie vergessen. Können Sie sich diesen Ärger vorstellen? Übrigens wird auch hier der Notar mit einer entsprechenden Klausel auf eine mögliche Baulastenauskunft hinweisen. Seien Sie also auch hier vorbereitet.

Auskunft aus dem Altlastenkataster

Zugegeben: Diesen Punkt prüfe auch ich nicht regelmäßig. Zumindest dann nicht, wenn ich die Gegend und die Geschichte der entsprechenden Straßenzüge kenne. Ist mir bekannt, dass dort einmal eine Tankstelle war oder dass auf einem früheren Fabrikgelände gebaut wurde oder vielleicht eine Textilreinigung betrieben wurde, dann hole ich die entsprechende Auskunft ein. Den zuständigen Ansprechpartner sollten Sie auch hier auf der Website der Verwaltung finden. Sind Sie sich nicht sicher, was früher einmal bei Ihnen auf dem Grundstück war, dann stellen Sie einfach die Anfrage, ob sich Ihr Haus in einer Altlastenverdachtsfläche befindet. Wenn nicht, ist alles gut. Sollte es eine Verdachtsfläche sein, so sollten Sie die weitere Vorgehensweise mit der Behörde und entsprechenden Experten vor Ort besprechen.

Messprotokoll und Feuerstättenbescheid des Schornsteinfegers

Sollte Ihre Immobilie über eine Gas-, Öl- oder Pelletheizung verfügen und/oder betreiben Sie einen Kaminofen, so sind das aktuelle Messprotokoll und der aktuelle Feuerstättenbescheid zu besorgen und dem Käufer zugänglich zu machen. Eigentlich sollten Sie diese Dokumente von Ihrem Schornsteinfeger erhalten haben. Falls nicht, fordern Sie diese nochmals an. Denn Sie brauchen diese auch für die Erstellung eines Energieausweises.

Der Energieausweis und das neue Gebäudeenergiegesetz

Im Entwurf des Gebäudeenergiegesetzes stand noch der Passus, dass Verkäufer dem potenziellen Käufer eine kostenfreie Energieberatung eines unabhängigen Experten zur Verfügung stellen sollen. Dies wurde vernünftigerweise gekippt. Was Sie für die Werteinschätzung Ihres Hauses aus diesem Gesetz aber wissen sollten: Ab 2026 gilt ein Einbauverbot für Ölheizungen, es sei denn, sie werden zusätzlich von einer regenerativen Energiequelle gespeist. Zudem dürfen Öl- und Gasheizungen, die 1991 oder später eingebaut wurden, nur 30 Jahre lang betrieben werden, sofern es sich um Standard- oder Konstanttemperaturkessel handelt. Vor 1991 eingebaute Anlagen (Öl/Gas) dürfen ab 2026 nicht mehr betrieben werden. Ausnahmen für Ölheizungen nach 2026 bestätigen auch hier die Regel, wenn zum Beispiel die Umstellung auf Gas, Fernwärme oder andere alternative Energien nicht möglich ist. Weitere Ausnahme: Wenn man als Eigentümer eines Ein- oder Zweifamilienhauses bereits am 1.2.2002 selbst in dem Haus gewohnt hat, ist man von der Austauschpflicht ausgenommen. Im Falle eines Eigentümerwechsels danach muss man binnen zwei Jahren der Pflicht zum Austausch nachkommen. Beachten Sie, dass auch hier häufig Änderungen vorgenommen werden und informieren Sie sich über den aktuellen Stand der Anforderungen.

Beim Energieausweis wird mir häufig die Frage gestellt: »Brauchen wir den denn?«. Ja, brauchen wir! Seit 2014 die Energieeinsparverordnung (EnEV) verschärft wurde, müssen im Exposé und im Inserat zum Verkauf und zur Vermietung eines Gebäudes folgende Pflichtangaben aus dem Energieausweis vorliegen:

- Art des Energieausweises (nach Bedarf oder Verbrauch)
- Baujahr des Gebäudes
- Energieeffizienzklasse (bei Ausweisen ab Mai 2014)
- Angaben zum Energiebedarf oder Verbrauch in kWh/m^2 im Jahr
- Energiequelle

Wann Sie welchen Ausweis benötigen, beziehungsweise welcher Ausweis zulässig ist, können Sie der folgenden Tabelle entnehmen:

Art, Anzahl und Baujahr des Gebäudes	**Bedarfs-ausweis**	**Verbrauchs-ausweis**
• 1-4 Wohneinheiten • Bauantrag vor dem 1.11.1977 und die dann in Kraft getretene 1. Wärmeschutzverordnung ist nicht erfüllt	√	
• 1-4 Wohneinheiten - Bauantrag vor 1977 und die Anforderungen der 1. Wärme-schutzverordnung sind erfüllt und können nachgewiesen werden	√	√
• 1-4 Wohneinheiten • Bauantrag nach November 1977	√	√
• 5 und mehr Wohneinheiten	√	√

Lassen Sie mich kurz noch verraten, was ein Bedarfs- und was ein Verbrauchsausweis ist: Beim Bedarfsausweis wird die energetische Qualität der Bausubstanz und der Heizanlage bewertet. Es wird also geschaut, wie gut Fenster, Wände, Dach und Keller oder Bodenplatte gedämmt sind. Diese ermittelte Qualität und die Effizienz der Heizung bestimmen den Energiebedarf. Beim Verbrauchsausweis werden indes nur die Verbrauchswerte und ein möglicher Leerstand des Gebäudes berücksichtigt. Entsprechend ist die Berechnung nicht so aufwendig. Bei beiden Ausweisen ist auch die benötigte Energie für die Warmwasserbereitung zu berücksichtigen und, sofern vorhanden, die Energie für die Kühlung eines Hauses.

Aussteller für einen Energieausweis sind Energieberater und Schornsteinfeger. Die Preise schwanken und reichen von 75 Euro (Verbrauchsausweis) bis zu 500 und mehr Euro für einen Bedarfsausweis. Auch online gibt es Anbieter, welche aber nicht immer seriös sind. Seriöse Anbieter habe ich in meinem Mitgliederbreich für Sie aufgelistet.

Jetzt haben Sie schon einige Dokumente der Kategorie »A« gesammelt. Steigen wir nun in die Kategorie »B« ein.

Wie Sie ansprechende Verkaufsunterlagen erstellen

»Details sind wichtig.
Es ist es wert, zu warten, bis sie richtig sind.«
Steve Jobs (1955–2011), Gründer von Apple

Nun kommen wir zu der Kategorie »B« der Verkaufsunterlagen. Hiermit meine ich die Unterlagen, die Ihre Immobilie im besten Licht präsentieren sollen. Die B-Unterlagen sind die Bewerbungsunterlagen Ihrer Immobilie. Und ähnlich wie bei einer Bewerbungsmappe geht es sich darum, das Interesse des Unternehmens zu wecken und einen bestmöglichen ersten Eindruck zu hinterlassen. Das Exposé zu Ihrer Immobilie ist nichts anderes.

Dennoch sehe ich hier immer wieder wild zusammenkopierte Unterlagen, die recht lieblos und ohne Struktur teilweise sogar öffentlich im Internet präsentiert werden. Und ja, in einem Verkäufermarkt mit sehr hoher Nachfrage und einem geringen Immobilienangebot werden sich wahrscheinlich auch hier Interessenten melden. Ich bin allerdings davon überzeugt, dass man durch die Präsentation einer Immobilie auch die Qualität und das Niveau der potenziellen Interessenten beeinflussen kann. Von daher bin ich bei Steve Jobs und der Meinung, dass es sich lohnt, gewisse Standards an die Verkaufsunterlagen anzulegen und im Zweifel etwas zu warten, bis das Wetter für die Fotos perfekt ist oder die Grundrisse fertig bearbeitet sind. Gehen wir im Folgenden die Standards durch und worauf Sie achten sollten.

Die Fotos

Fotos sind das Kernstück eines Immobilienexposés. Ein Exposé ist dabei per Definition nichts anderes als eine Beschreibung der Immobilie. Fotos sollen also auch die Immobilie beschreiben und sie dokumentieren zugleich den Zustand der Immobilie. Damit haben Sie schon ein wichtiges Merkmal für die Fotos im Exposé: Stellen Sie mit den Fotos die Immobilie dar und nicht Ihre Einrichtung, also Möbel oder vielleicht Kunst an den Wänden. Dennoch schadet eine ansprechende und stimmige Einrichtung in einem aufgeräumten Raum mit dezenter Dekoration nicht – insbesondere, wenn Sie damit positive Emotionen wecken und ein gutes Raumgefühl vermitteln. Betrachten Sie das Foto und stellen Sie sich bei der Auswahl der Fotos immer die Frage: »Kann ich mir anhand des Fotos selbst vorstellen, hier zu leben und fühle ich mich wohl?« Folgt hier ein klares Ja, dann sollten Sie das Foto verwenden. Wenn nicht, dann fotografieren Sie den Raum einmal aus einer anderen Perspektive.

Nehmen Sie sich unbedingt Zeit für Ihre Fotos. Gerade wenn Sie Ihre eigene Immobilie fotografieren, haben Sie es in der Hand, jeden Raum in Ruhe ins richtige Licht zu setzen. Das Gleiche gilt für Ihre Außenaufnahmen.

Blaue Stunde

Und das mit dem »richtigen Licht« meine ich wörtlich: Die »Blaue Stunde« ist die Zeit der Dämmerung kurz nach Sonnenuntergang, bevor Dunkelheit eintritt. Die Sonne befindet sich in diesen Momenten 4 bis 8 Grad unterhalb des Horizonts. Der Name bezieht sich auf die besondere Färbung des Himmels in dieser kurzen Zeitspanne.

Der Himmel hat in der Blauen Stunde ein besonderes Leuchten – und die künstliche Beleuchtung eines Hauses durch die Fenster und der Umgebung kommt zur Geltung. Es wird also eine besondere Stimmung erfasst, was eine besondere Emotion transportiert.

Vielen Menschen ist die Blaue Stunde, die je nach Jahreszeit ungefähr zwischen 16 und 22 Uhr stattfindet, unbekannt. Daher werden solche Fotos selten gemacht. Im Umkehrschluss fallen solche

Fotos direkt ins Auge und führen zu einer höheren Aufmerksamkeit bei der Suche. Setzen Sie Ihre Immobilie doch einmal in der Blauen Stunde bei Außenaufnahmen in Szene und vergleichen Sie diese Fotos mit Aufnahmen bei Tageslicht.

Die goldene Stunde

Wenn Sie Fotos zur Blauen Stunde machen, dann machen Sie idealerweise alle weiteren Fotos zur »Goldenen Stunde«. Hier ist der Zeitraum kurz nach dem Sonnenaufgang oder kurz vor dem Sonnenuntergang gemeint. Zu diese Zeit ist das Sonnenlicht etwas weicher und rötlicher, als wenn die Sonne höher steht. Die Farben wirken demnach wärmer. Durch die längeren Schatten lassen sich spezielle Momente festhalten und wiederum eine bestimmte Stimmung transportieren. Probieren Sie es aus!

Es gibt übrigens auch Apps und Webseiten, mit denen Sie die Goldene und die Blaue Stunde für Ihren Standort exakt und tagesaktuell bestimmen können. Im Netz werden Sie dazu sehr schnell fündig.

Lichtverhältnisse

Abgesehen von den Besonderheiten der Goldenen und der Blauen Stunde brauchen Sie für Außenfotos und Innenfotos eine gute Witterung mit idealerweise nahezu blauem Himmel bei Sonnenschein. Je heller es draußen ist, desto besser ist auch der Lichteinfall durch die Fenster in den Innenräumen. Die natürliche Belichtung kann kein Blitz und keine zusätzliche Beleuchtung ersetzen. Nehmen Sie sich auch hier Zeit! Fotografieren Sie Räume mit Fenster am Morgen Richtung Osten, am Mittag nach Süden und am Nachmittag nach Westen. Aber achten Sie auch darauf, dass ein direkter Sonneneinfall nicht zu einer Überbelichtung führt. Entsprechend hat es auch

Sinn zu schauen, wann die Sonne Ihr Haus von außen ins beste Licht setzt und entsprechend verschiedene Ansichten zu verschiedenen Uhrzeiten mit der Sonne im Rücken zu machen. Öffnen Sie immer alle Rollläden komplett, auch bei den Außenaufnahmen. Prüfen Sie auch, ob es Sinn hat, den Vorhang für die Fotos auf Seite zu ziehen.

Die Ausrüstung

Smartphones haben mittlerweile sehr gute Kameras. Viele Stimmen sagen, diese würden auch für die Fotografie von Immobilien ausreichen. Ich persönlich sehe es anderes und empfehle Ihnen für die Fotos eine gute Spiegelreflexkamera mit einem externen Blitz und einem zusätzlichen Weitwinkelobjektiv. Diese Mindestausstattung ist Pflicht.

Wenn Sie keine solche Ausrüstung haben, dann fragen Sie in Ihrem Bekanntenkreis einmal nach. Auch ist es mittlerweile möglich, eine entsprechende Ausrüstung zu mieten. Dies geht online oder beim Fotofachgeschäft in Ihrer Nähe. Die Kosten liegen je Tag bei rund 30 bis 60 Euro für eine komplette Ausstattung. Sollten Sie eine Ausstattung kaufen wollen, müssen Sie mit rund 1.000 Euro als Investition rechnen. Sollten Sie sich für einen professionellen Immobilienfotografen entscheiden, sollten Sie 350 bis 1.000 Euro einplanen. Wobei es bei der günstigeren Variante wahrscheinlich nur einen fixen Termin gibt und somit Blaue und Goldene Stunde sowie die optimalen Besonnungszeiträume für die einzelnen Räume nicht berücksichtigt werden. Was aber nicht bedeutet, dass es keine guten Fotos werden.

Emotionen und Stimmungen

Neben den Stimmungen, die bestimmte Lichtverhältnisse bewirken, können Sie auch mit einer bestimmten Dekoration oder bewusst platzierten Gegenständen Emotionen vermitteln. Ein Foto vom herrlich grünen Garten mit seiner Rasenfläche wirkt schon ansprechend. Wie wirkt dieses Foto, wenn Sie hier zwei ansprechende Sonnenliegen platzieren mit einem kleinen Beistelltisch, auf dem der Feierabend-Cocktail steht?

Das helle Wohnzimmer mit dem Kaminofen wirkt nett. Aber auch im Sommer, wo gerade ein Hitzerekord den anderen jagt? Anders in der kalten Jahreszeit: Wie wirkt das Foto hier, wenn es Ihnen sogar gelingt, eine schöne Flamme auf dem Foto mit zu transportieren? Dabei eine dekorativ aufgeschlagene Decke auf dem Sofa und dazu ein Buch und eine Kerze auf dem Tisch platziert?

Wirkt ein steriles Kinderzimmer authentisch? Oder macht hier ein richtig platziertes Stofftier und ein etwas »im Weg stehendes« Bobbycar das besondere Etwas aus und erzeugt das Gefühl, dass sich auch das Kind des Käufers hier wohlfühlen würde?

Ich denke, Sie verstehen, was ich meine. Erwecken Sie gerne Emotionen, aber machen Sie dies unterschwellig. Denken Sie an eingangs genannte Grundregel: Ihre Fotos müssen die Immobilie beschreiben. Vermitteln Sie also immer den Raum. Dieser muss im Mittelpunkt stehen. Das Gefühl zum Raum muss nahezu beiläufig vermittelt werden. Auch hier: Nehmen Sie sich Zeit! Machen Sie einige Fotos mit unterschiedlicher Deko und lassen Sie die Fotos auf sich wirken.

Bedenken Sie aber bitte auch, was Sie bewirken, wenn auf einem Foto vom Bad das WC im Mittelpunkt steht – womöglich mit offenem Deckel und bis zum Boden ausgerollter Papierrolle. Transportiert dies schöne Emotionen und bringt dem Betrachter einen Mehrwert? Gleiches gilt für die staubige, dunkle und möglicherweise verrauchte Kellerbar aus den 1970er Jahren.

Und wenn die Immobilie bereits geräumt ist? Dann können Sie nur noch Emotionen über perfekte Lichtverhältnisse schaffen. Bitte achten Sie darauf, dass die fotografierten Räume sauber sind. Also sollte die Staubschicht unter der Stelle, wo der Schrank stand, weggewischt sein, die Fensterbänke frei und so weiter. Gerne wird an dieser Stelle »Homestaging« ins Spiel gebracht. Dazu später mehr.

Die Perspektive

Grundsätzlich empfehle ich, einen Raum aus allen vier Ecken heraus zu fotografieren. So stellen Sie sicher, möglichst viel Raum im Foto darstellen zu können. Ist eine Türe nahezu in der Ecke eines Raumes, dann gehe ich so weit wie möglich aus dieser Türe hinaus, um noch »mehr Raum« einfangen zu können. Zudem empfehle ich Ihnen aus meiner Erfahrung, nicht durch den Sucher zu schauen. Halten Sie die Kamera etwas tiefer, rund 1,50 Meter hoch und schauen Sie sich das Bild auf dem Display an, welches mittlerweile jede Kamera hat. Richten Sie die Kamera auch gerade aus: Der Boden sollte parallel zum unteren Rand des Fotos verlaufen. Vermeiden Sie es auch, die Kamera zu kippen. Das führt zu Verzerrungen im Bild.

Bei Außenaufnahmen empfehle ich, das Gebäude seitlich zu fotografieren. Das gibt dem Foto mehr Tiefe und Sie stellen auch hier »mehr Raum« im Bild her. Das Gebäude kommt so besser und in gewisser Weise ansehnlicher daher. Frontal fotografierte Gebäude sehen sehr statisch aus, ihnen fehlt die perspektivische Tiefe.

Nachbearbeitung von Fotos

Vermeiden Sie es unbedingt, dass Personen und Haustiere auf den Fotos zu sehen sind. Auch sollten Sie Personen auf Fotos an Ihren Wänden oder auf dem Sideboard unkenntlich machen. Dies geht mit Apps zur Fotobearbeitung und auch mit Programmen für den Desktop-Rechner recht gut. Kostenlos ist hier zum Beispiel das Programm »Gimp«.

Und: Nehmen Sie Bilder nicht von den Wänden. Je nachdem, wie lange diese dort schon hängen, umso deutlicher würde man dies auf den Fotos erkennen. Auch Kunstgegenstände an den Wänden würde ich nicht entfernen, sondern nur unkenntlich machen, sofern Sie wertvoll sind. Achten Sie ansonsten darauf, dass keine Wertgegenstände oder gar ein Tresor mit abgebildet werden.

Auch ist es legitim, die Helligkeit und den Farbton dezent zu verbessern. Die Wand an der Stelle weiß zu streichen, an der der Schrank gestanden hat, ist auf dem Wege der Nachbearbeitung auch legitim. Ebenso dürfen Sie den Rasen grün machen, wenn dort nach dem Zelten Ihrer Kinder oder Enkel eine Stelle etwas braun ist.

Auch virtuelles »Homestaging« kann ein Mittel der Wahl sein. Allerdings habe ich generell eine distanzierte Meinung dazu.

Homestaging

Warum habe ich eine distanzierte Meinung zum Homestaging? Es kommt darauf an, wie und warum es gemacht wird und welche Kosten entstehen. Und natürlich kommt es auch auf die Immobilie an.

Homestaging bedeutet, eine Immobilie verkaufsfördernd herzurichten. Und zwar mit dem gezielten Einsatz von Farbe, Licht, Wand- und Fußbodengestaltung und Möbeln. Man könnte auch sagen: durch eine Renovierung. Und genau hier sollte man sich Kosten und Nutzen genau überlegen. Zumindest was eine reale Homestaging-Maßnahme angeht. Laut meinen Recherchen sind Kosten in Höhe von 1 bis 3 Prozent des Kaufpreises für die Herrichtung einer ganzen Immobilie keine Seltenheit. Echte Möbel kommen dabei selten zum Einsatz und auch die Fußböden sind gute Attrappen. Gute Homestager kennen ihr Handwerk und der Effekt ist wirklich beeindruckend. Aber auch der Effekt unter dem berühmten Strich bei Ihrem Hausverkauf? Es kommt sicherlich auch darauf an, welche Immobilie in welcher Preislage Sie verkaufen. Auch ist es ein zweischneidiges Schwert, wenn durch das Streichen der Wände kleine feuchte Stellen überdeckt werden und vertuscht werden. Dies wäre, wenn Sie es bewusst veranlassen, Arglist. Überlegen Sie sich genau, ob Sie für solche Maßnahmen Geld in die Hand nehmen wollen.

Was eine in meinen Augen gute Sache ist, ist ein virtuelles Homestaging. Räume, die Sie fotografiert haben, werden aus der gleichen Perspektive mit der gleichen Ansicht virtuell »gestagt« dargestellt. Hier sind Kosten von 100 bis 500 Euro pro Foto keine Seltenheit. Die Frage ist, ob Sie jeden Raum virtuell modernisieren wollen und müssen. Ein Bad aus den 1970ern einmal modern darstellen zu lassen und somit dem Käufer eine Perspektive zu geben, was möglich wäre, ist sinnvoll. Vielleicht auch noch ein, zwei oder drei andere, besondere Räume. Und wichtig ist es, die »modernisierten« Räume neben den Fotos im Ist-Zustand zu zeigen. Sonst wecken Sie Begeisterung und Emotionen – und Interessenten gehen womöglich davon aus, dass das Bad bereits modernisiert ist und sind enttäuscht, wenn dies bei der Besichtigung nicht der Fall ist.

Fazit: Je nach Immobilie kann ein reales Homestaging sinnvoll sein. Den besseren Preis-Leistungs-Effekt hat aber sicherlich das virtuelle Homestaging einzelner, markanter oder besonderer Räume.

Die Grundrisse

In Sachen Grundrisse gibt es von mir eine klare Empfehlung: Nutzen Sie für die Unterlagen »B« nicht die technischen Grundrisse aus der Bauakte. Nutzen Sie hier aufbereitete Grundrisse mit einem klaren Fokus auf die Räumlichkeiten mit einer ansprechenden Einrichtung in stimmigen Farben. Obwohl es mittlerweile 3D-Grundrisse gibt, bevorzuge ich hier klar die 2D-Variante. Es gibt Möglichkeiten, die Grundrisse selbst zu entwerfen. Die große Suchmaschine wirft hier sicherlich einige Lösungen aus. Es gibt aber auch Anbieter, denen Sie die technischen Grundrisse senden können und die Ihnen dann aufbereitete Grundrisse liefern.

Die Lage

Wer könnte die Merkmale und den Nutzen der Lage besser beschreiben als Sie? Sollte man meinen. Schauen Sie bitte mal genau hin: Was gibt es alles bei Ihnen, was für den Käufer Ihrer Immobilie interessant sein könnte? Häufig ist man, ähnlich wie der Unternehmer in seiner Firma, betriebsblind. Sprich: Man nimmt nur wahr, womit man regelmäßig zu tun hat und vergisst dabei den Blick auf andere Dinge. Schauen Sie also über den Tellerrand hinaus und geben Sie ruhig mal Ihren Standort in die Kartenfunktion Ihrer Suchmaschine ein. Welche Geschäfte, Freizeiteinrichtungen, Behörden, Sportmöglichkeiten, Kindertagesstätten, Spielgelegenheiten, Schulen, gastronomische Angebote, Sehenswürdigkeiten, Museen und so weiter gibt es bei Ihnen? Listen Sie diese auf.

Schauen Sie dann, was die »Goldstücke« aus Sicht potenzieller Interessenten sein könnten. Hieraus formulieren Sie wieder den Nutzen und letztlich emotionalisieren Sie mit der Bildsprache. Denken Sie an das Beispiel mit dem Bäcker, der 100 Meter entfernt ist und bei dem Sie auch am Sonntag bequem frische Brötchen kaufen können oder an die Bushaltestelle um die Ecke, die den zweiten Pkw für Ihren Haushalt überflüssig macht und dank der Sie somit mehr Geld zur Verfügung haben und sogar der Umwelt etwas Gutes tun.

Am Ende der Lagebeschreibung stellen Sie Ihrem Leser auch die von Ihnen erstellte Auflistung zur Verfügung, idealerweise mit den jeweiligen Entfernungen von Ihrer Immobilie. Nutzen Sie hierzu die Routenoption in der Kartenfunktion Ihrer Suchmaschine. Wenn Sie noch eine Karte beifügen wollen, so können Sie dies tun. Nutzen Sie dann aber Kartenmaterial von openstreetmap.de. Diese sind lizenzfrei, Sie müssen lediglich den Zusatz »© OpenStreetMap Mitwirkende« beifügen.

Videos, Online-Besichtigungen, 360-Grad-Touren und Drohnen

Und was ist mit Videos? Online-Besichtigungen? 360-Grad-Touren und womöglich sogar Aufnahmen von Drohnen? Alles das setzen wir professionell ein und nutzen es auch. Allerdings sehr gezielt und nicht auf der Ebene »B« (Erläuterung folgt sofort).

Ein Video per Drohnenflug ergibt Sinn, wenn Sie etwas Besonderes darstellen möchten, um auf der Ebene »B« mehr Aufmerksamkeit zu generieren. Beispiele dafür: ein parkähnlicher Garten, den man von der Straße aus nicht vermutet und dessen Flair man auch trotz bester Fotos nur schwer vermitteln kann. Auch kann ein Video sinnvoll sein, wenn man dadurch eine nützliche Funktion des Hauses kurz und knapp, aber mit Effekt darstellen kann. Fährt der Dunstabzug in der im Preis enthaltenen Einbauküche automatisch aus? Oder haben Sie andere, innovative verbaute Elemente in Ihrem Haus? Dann filmen Sie das! Bewegtbild verschafft den besten Eindruck, sobald sich etwas bewegt.

Eine 360-Grad-Tour kann ebenfalls ein sehr informatives Tool sein. Sie gibt dem Kaufinteressenten gute Einblicke ins Haus. Allerdings wird das Mittel oft falsch eingesetzt: Viele nutzen diese Möglichkeit, gerade durch die Coronakrise und die Einschränkung von Direktkontakten verstärkt, um damit eine Besichtigung zu ersetzen, und machen diese 360-Grad-Touren frei zugänglich. Das bedeutet auch, dass Sie nicht wissen, wer sich da Ihr Haus ansieht. Dies hat zwei große Nachteile:

- In Verbindung mit einer veröffentlichten Adresse, wozu ich Ihnen niemals rate, können sich Einbrecher und andere nicht willkommene Gäste optimal vorbereiten.

- Sie wissen nicht, wer Interesse an Ihrem Haus hatte. Warum meldet diese Person sich nicht bei Ihnen? Hat er vielleicht ein Detail gesehen, was ihn gestört hat, das Sie aber im Dialog hätten entkräften können?

Sorgen Sie also dafür, dass Sie die Kontaktdaten eines potenziellen Interessenten haben. Ob Sie diesen dann gemäß der weiter unten folgenden Anleitung zur Besichtigung einladen oder vorab eine 360-Grad-Tour machen lassen, können Sie immer noch entscheiden. Wenn Sie denn diese Technik einsetzen möchten. Gleiches gilt für Online-Besichtigungen, wie wir sie mit Kameras und Audio-Unterstützung erstellen. Wir schieben diese vor eine Besichtigung vor Ort (warum, erfahren Sie später). Erst einmal brauchen Sie diese zusätzlichen Dinge nicht, wenn Sie sich alle weiteren Empfehlungen zu Herzen nehmen und umsetzen. Wir als gewerbliche Anbieter sind aber verpflichtet, gewisse Richtlinien einzuhalten, bevor wir persönliche Daten abfragen dürfen. Sie privat können da direkter sein.

Fazit: Video, Drohnenflüge, 360-Grad-Touren und Online-Besichtigungen haben ihre Daseinsberechtigung. Allerdings bringen diese Dinge Ihnen als privatem Verkäufer keinen Mehrwert. Für Makler sind diese Tools hilfreich, um gewisse Daten abzufragen und die Anzahl der realen Besichtigungen auf wirklich hochwertige, qualifizierte Kunden zu beschränken. Private Verkäufer haben maximal Anfragen für eine Immobilie. Ein Makler bearbeitet 10 bis 15 Immobilien parallel und hat dann auf entsprechende Kapazitäten im Terminkalender zu achten. Außerdem ist es auch ein Qualitätsmerkmal eines Maklers, Ihre Zeit so wenig wie möglich durch Besichtigungen in Anspruch nehmen zu müssen, ohne potenzielle Interessenten zu früh auszuschließen.

Ebene »A« und Ebene »B«

Ich rede von den Ebenen »A« und »B«. Was meine ich damit? »A« wie »Ausrüstung«. Also die Dinge, die technisch sind und unter Zahlen, Daten und Fakten zusammen zu fassen sind. Hier wird alles genannt, was man als Käufer wissen muss. Auch die unangenehmen Dinge und Mängel.

Die Ebene »B« ist für mich der Teil, der dazu dient Interesse zu wecken und zur Emotionalisierung. Meinetwegen auch »B« wie »Bildsprache«. Lassen Sie ausdrucksstarke Fotos sprechen. Zeigen Sie Grundrisse, die klar strukturiert sind, aber eben auch bunt und optisch ansprechend. Sprechen Sie beim Text in einer Bildsprache. Mehr zum Text folgt jetzt gleich.

Das Exposé

Wo und in welcher Form Sie Ihr Haus am besten online präsentieren, zeige ich Ihnen im weiteren Verlauf. Hier ist es allerdings so, dass die Art und Weise der Präsentation mehr oder weniger starr durch die entsprechenden Plattformen vorgegeben sind. Daher hier einige Hinweise zum Offline-Exposé, also zum gedruckten Exposé. Dieses können Sie mit einer üblichen Textverarbeitung erstellen. Als Struktur empfehle ich:

- Titelseite mit dem ausdrucksstärksten Foto Ihre Immobilie und einer kompakten Übersicht zu Ihrer Immobilie. Also Adresse, Kaufpreis, Baujahr, letzte Modernisierung, Anzahl der Zimmer, Anzahl der Bäder/WCs, Größe des Grundstücks, Ausrichtung des Grundstücks, Anzahl der Terrassen und Balkone, Anzahl der Stellplätze und Garagen sowie die Pflichtangaben zum Energieausweis.

- Fügen Sie auf der nächsten Seite wieder ein bis zwei Fotos ein und starten Sie die Beschreibung. Wie Sie die Texte erstellen, erläutere ich noch.
- Fügen Sie in der Beschreibung immer wieder Fotos ein. Idealerweise auch solche, die einen Bezug zum Text haben. Davon unabhängig fügen Sie bitte zu jedem Foto eine Bildunterschrift hinzu mit der Bezeichnung des dargestellten Raumes. An den Anfang gehören wirklich großartige Fotos. Zu Beginn empfehlen sich zwei bis drei Außenfotos, natürlich nicht zwingend. Etwas weniger ausdrucksstarke Fotos fügen Sie in der Mitte des Exposés ein. Überlegen Sie aber, ob Sie diese wirklich im »B«-Teil platzieren müssen. Fotos vom Öltank im Keller gehören hier definitiv nicht rein. Zum Ende werden die Fotos wieder ausdrucksstärker. Der Leser muss am Ende noch neugieriger darauf werden, die Immobilie zu sehen.
- Nach der Beschreibung füge ich eine kurze und knappe technische Beschreibung zur Ausstattung ein. Auch hier sollten Sie durch Fotos auflockern.
- Danach beschreiben Sie die Lage mit allen Vorzügen. Wiederum eignen sich Fotos zum Auflockern.
- Am Ende des »B«-Teils präsentieren Sie die Highlights nochmals knapp in einer Aufzählung. Fügen Sie jetzt weitere Fotos bei. Beschränken Sie aber die maximale Anzahl der Fotos auf 25 Stück bei einem gängigen Einfamilienhaus. Hier gilt: Weniger ist mehr!
- Präsentieren Sie dann noch die aufbereiteten Grundrisse. Pro Grundriss eine Seite. Zeigen Sie jede Etage.

Vergessen Sie auch nicht, Ihre Kontaktdaten einzufügen. Wie sind Sie am besten erreichbar? Schreiben Sie gerne auch Ihre bevorzugten Erreichbarkeitszeiten dazu. Die können Sie auf der letzten Seite des Exposés einfügen mit einer freundlichen Ansprache an den Leser und der Aufforderung, Sie für weitere Informationen zu kontaktieren. Sie können dies aber auch als separates Anschreiben zum Exposé anfertigen.

Die besten Fotos nützen allerdings nichts, wenn Sie keinen Drucker besitzen, der entsprechend hochwertig druckt. Verwenden Sie auch qualitativ hochwertiges Papier, welches eine gewisse Wertigkeit vermittelt. Vielleicht macht es auch Sinn, bei einer Druckerei Ihre Exposé-Vorlage einzureichen und daraus einige hochwertige Broschüren anfertigen zu lassen. Auflagen von 10, 20 oder mehr sind schon für eine überschaubare Investition erhältlich.

Die Unterlagen aus der Kategorie »A« geben Sie bei konkretem Interesse an den potenziellen Käufer weiter. Also zum Beispiel im Anschluss an eine Besichtigung. Auch hier würde ich vernünftiges Papier verwenden und alles in einer Mappe zusammenfassen, bei Bedarf mit einem beschrifteten Register. Da es sich hier meist um Text und Schwarz-Weiß-Kopien handelt, reicht hier der Druck auf dem Heimdrucker aus.

Jetzt fehlen nur noch die Texte. Was Sie hier zu beachten haben, habe ich bewusst in dem nächsten Kapitel eingebunden.

Wie Sie Besichtigungen in Grenzen halten

»Wie du gesät hast, so wirst du ernten.«
Marcus Tullius Cicero (106–43 v.C.)

Wie bauen Sie die Texte in Ihrem Exposé auf, wie gestalten Sie sie und wen sprechen Sie damit an? Natürlich gibt es dafür kein Patentrezept und streng genommen auch kein Richtig oder Falsch. Dennoch möchte ich Ihnen meine Erfahrungen aus rund 24 Jahren Praxis mitteilen und Ihnen ein paar einfache, aber effektive Tipps mit auf den Weg geben. Richtig wirksam in Bezug auf die Vermeidung von Besichtigungen mit Interessenten, für die Ihr Haus definitiv nicht passt und natürlich auch mit Blick auf Besichtigungstouristen werden Ihre Texte dann mit den Methoden, die ich Ihnen etwas später im Kapitel »Wie Sie seriöse und unseriöse Interessenten unterscheiden«.

Bevor Sie in den Text für Ihr Exposé einsteigen, empfehle ich Ihnen, die markanten Merkmale sowie Zahlen, Daten und Fakten zu Ihrem Haus aufzulisten. Fragen Sie auch Ihre Familie, Freunde und Bekannte nach den Dingen, die sie an Ihrer Immobilie mögen oder besonders finden. Nehmen Sie sich Zeit und sammeln Sie! Am Ende könnte dort eine Liste stehen, die auch solche Dinge enthält:

- Terrasse, auf die man von keinem der umliegenden Häuser einen Einblick hat
- Lage am Ende der Sackgasse
- markante Gestaltung von Fassade oder Dach
- der Kaminofen
- neue Gas-Brennwertheizung
- die Süd-Ausrichtung
- die Doppelgarage

Die Liste der Merkmale können Sie beliebig fortführen. Es kommt hier allerdings nicht auf die Anzahl der Merkmale an, sondern auf die Qualität – es geht um die wirklich besonderen Merkmale.

Seien Sie jetzt aber nicht enttäuscht, wenn ich Ihnen sage, dass wir Menschen nicht aufgrund von Merkmalen eine Kaufentscheidung treffen. Letztlich kaufen alle nur aufgrund eines Vorteils, eines Nutzens. Listen Sie also neben den gesammelten Merkmalen auch den jeweiligen Nutzen für seinen Bewohner auf. In etwa so:

Merkmal	**Nutzen**
Uneinsehbare Terrasse	Ungestörtheit, Rückzugsort, maximale Privatsphäre
Lage Sackgasse	Kaum Verkehr, Ruhe, Sicherheit für Kinder
Markante Architektur	Wiederkennbarkeit, Status, Individualität
Kaminofen	Schnelle Wärme, Gemütlichkeit, Heizkosten sparen
Neue Heizung	Energie sparen, Umweltbewusst, Geld sparen
Süd-Ausrichtung	Sonnenseite, Solarenergie effektiv, gute Besonnung
Doppelgarage	Beide Pkw stehen geschützt, Platz für Fahrräder

Formulieren Sie jetzt den Nutzen so, dass beim Leser ein Bild und somit eine Emotion entsteht. Also beispielsweise so:

- Terrasse: Genießen Sie Ihren Feierabend entspannt und in Ruhe auf Ihrer Terrasse. Hier sind Sie für sich – und wenn überhaupt, beobachten hier nur die Vögel Sie, die in den Bäumen zwitschern.

- Sackgasse: Allein die Lage am Ende einer Sackgasse garantiert Ihnen Ruhe. Ihre Kinder können hier auch allein zu den Nachbarskindern zum Spielen gehen.
- Architektur: Die geschwungene Fledermausgaube verleiht Ihrem neuen Haus einen besonderen Charakter und hebt sich dezent, aber bestimmt von den umliegenden Häusern ab. Ihr Haus ist damit so unverwechselbar und individuell wie Sie.
- Kaminofen: An kalten Tagen genießen Sie die angenehme Wärme des knisternden Feuers im Kaminofen.
- Neue Heizung: Die moderne, energieeffiziente Heizung schont die Umwelt und Ihren Geldbeutel. Ihre Kinder werden es Ihnen danken, insbesondere wenn Sie ihnen durch die gesparten Energiekosten ab und an eine Kleinigkeit extra spendieren.
- Süd-Ausrichtung: Genießen Sie die Sonne auf Ihrer Terrasse nahezu den ganzen Tag, denn hier sitzen Sie auf der Sonnenseite. Das wöchentliche Grillen spendiert Ihnen hier die Solaranlage auf dem Süd-Dach, die hier besonders effektiv ist.
- Doppelgarage: Eiskratzen und Saharastaub sind bei Ihnen kein Thema, denn hier passen beide Pkw bequem in die Garage. Und für die Fahrräder ist auch noch Platz.

Haben Sie gemerkt, wie mächtig solche Formulierungen sein können? Es lohnt sich definitiv, die Beschreibung Ihres Hauses so zu planen und aufzubauen.

Dies gilt insbesondere für den ersten Teil der Beschreibung. Aber auch im Bereich der Ausstattung, also im eher technischen Teil, lässt sich der Nutzen eines Merkmals zum Ausdruck bringen. Also zum Beispiel:

Merkmal	Nutzen
Massive Bauweise mit Klinkerfassade	Längere Haltbarkeit des Hauses und hoher Schutz gegen Witterungseinflüsse
Fenster mit dreifacher Wärmeschutzverglasung	Geringe Wärmeverluste und somit geringere Heizkosten
Komplett mit Zaun eingefriedetes Grundstück	Ihre Kinder können nicht einfach so auf die Straße und auch der Hund kann nicht weglaufen

Also auch bei der Auflistung der Zahlen, Daten und Fakten kann der Nutzen für den Bewohner des Hauses angesprochen werden.

Gleiches gilt für die Lagebeschreibung. Wobei man hier auch wieder Bilder erzeugen kann. Wenn der Bäcker 100 Meter entfernt ist, könnten Sie formulieren:

Die Brötchen beim Bäcker um die Ecke sind knackig frisch auch am Sonntagmorgen schnell geholt.

Wenn die Schule 500 m entfernt und durch zwei Nebenstraßen fußläufig zu erreichen ist, dann formulieren Sie vielleicht so:

Der Schulweg für Ihre Kinder ist sicher und kurz, da die örtliche Grundschule nur zwei wenig befahrene Straßen weit entfernt ist.

Sie sehen, es lässt sich mit etwas Zeit und Überlegung für jedes Merkmal ein Nutzen finden. Daraus können Sie dann durch Bildsprache Emotionen erzeugen. Denn Emotionen überzeugen!

Auch die Nachteile auflisten

Bevor Sie jetzt aber schon die Texte ausformulieren, sollten Sie auch die Nachteile und sogar Mängel auflisten. Also zum Beispiel:

- Modernisierungsstau
- Altes, nicht zeitgemäßes Bad
- Nord-Ausrichtung

Versuchen Sie auch jetzt, einen möglichen Vorteil, also einen Nutzen daraus für den neuen Eigentümer Ihres Hauses zu formulieren. Also:

Merkmal	Nutzen
Modernisierungsstau	Betrachten Sie eine umfangreiche Modernisierung als Möglichkeit, Ihre Vorstellungen vom modernen Wohnen und Leben konsequent umzusetzen. Für bestimmte Modernisierungen stehen umfangreiche staatliche Fördermittel zur Verfügung.
Altes Bad	Schaffen Sie sich Ihre individuelle Wellness-Oase und denken Sie dabei heute schon an morgen und gestalten diese barrierefrei.
Nord-Ausrichtung	Während die Nachbarn gegenüber in der Hochphase des Sommers verzweifelt einen schattigen Platz suchen, sitzen Sie gemütlich auf Ihrer Terrasse. Und wenn Ihnen nach Sonnenbaden ist, nutzen Sie Ihre Sonnenliege im hinteren Teil des Gartens.

Wichtig ist, dass Sie diese vermeintlichen Nachteile ansprechen. Denn Sie müssen Ihre Immobilie so ehrlich darstellen wie nur möglich. Wenn Sie nun eine Nord-Ausrichtung verschweigen oder das alte Badezimmer, dann kommen Leute mit falschen Erwartungen Ihr Haus besichtigen und am Ende ärgern sich beide Seiten über die vertane Zeit. Es gibt Menschen, die wollen keine Nord-Ausrichtung. Auf keinen Fall. Da bringt es nichts zu hoffen, dass diese Ihr Haus vielleicht ja doch kaufen. Es bringt auch nichts, Kaufinteressenten anzulocken, die ein komplett modernisiertes Haus erwarten, wenn die Bäder noch alt sind. Also beschreiben Sie Ihr Haus so vorteilhaft wie möglich, aber eben auch so authentisch wie möglich.

Dies gilt auch für Mängel. Also wenn der Schornsteinfeger ins Messprotokoll schreibt, dass die Heizung stillgelegt wird, dann gibt es nichts zu beschönigen, das muss der Käufer wissen. Gleiches gilt für den feuchten Keller und den Riss in der Fassade. Aber auch hier kann man das eindeutig Negative wieder positiv formulieren. Da Sie sich im Vorfeld mit den Mängeln befasst haben und entsprechend eine Meinung eines Sachverständigen eingeholt haben, könnte dies beispielsweise so aussehen:

> **Heizung außer Betrieb:** »Die Heizung erfüllt nicht mehr die Anforderungen an einen umweltbewussten Betrieb und wird zu 2022 stillgelegt. Aus diesem Grunde liegt ein Kostenvoranschlag von 7.500 Euro für eine moderne und effiziente Gas-Brennwertheizung inklusive des erforderlichen Rohreinsatzes im Schornstein vor. Um Ihnen als Käufer die Entscheidung zu dieser Lösung oder zu anderen regenerativen Heizsystemen zu lassen, werden wir diese Modernisierung nicht mehr vornehmen. Bei der Kaufpreisfindung wurde dies berücksichtigt.

Feuchter Keller: »Der Keller weist an den Außenwänden Feuchtigkeit auf. Der Schaden wurde durch einen unabhängigen Sachverständigen begutachtet. Das Gutachten steht Ihnen zur Einsicht im Rahmen einer Besichtigung zur Verfügung. Auch wurde in diesem Zusammenhang ein Sanierungskonzept mit einer entsprechenden Kostenschätzung erstellt, welches bei der Kaufpreisfindung berücksichtigt wurde.«

Riss in der Fassade: »In der Fassade ist ein Riss, der bei oberflächlicher Betrachtung nicht ins Auge fällt. Es wurde ein Gutachten erstellt, laut dem dieser Riss aufgrund unterschiedlicher Materialen entstanden ist und nicht auf die Statik oder Standfestigkeit des Gebäudes zurückzuführen ist. Eine Behebung ist nicht erforderlich. Dennoch wurde dies bei der Kaufpreisfindung berücksichtigt.«

Fühlen Sie sich bei solchen Formulierungen abgestoßen oder empfinden Sie sie als nachteilig? Oder sind Sie eher dankbar, dass dies offen kommuniziert wird und es sogar schon für Sie als Kaufinteressent vorbereitete Lösungsvorschläge und Kostenschätzungen gibt? Wer dennoch aus den bereits im Exposé so offen genannten Mängeln Ihr Haus nicht kaufen möchte, der kann an dieser Stelle aussteigen, was vollkommen in Ordnung ist. Aber glauben Sie, Sie könnten diesen Menschen im Rahmen einer Besichtigung davon überzeugen, dass alles nicht so schlimm sei, wenn er erst vor Ort zum ersten Mal von einem solchen Mangel erfährt?

Bleiben Sie also authentisch und fair! Und genau das hilft Ihnen, Zeit zu sparen: Sie möchten nur mit ernsthaften Kaufinteressenten besichtigen. Und diese kommen nur zu Ihnen, wenn Sie sie fair und transparent informieren.

Wen übrigens möchten Sie ansprechen? Wer sind Ihre Käufer, wer ist Ihre Zielgruppe?

Die Zielgruppe

Es ist wichtig, die Zielgruppe Ihres Hauses oder Ihrer Wohnung zu kennen. Das Einfamilienhaus mit 200 Quadratmetern Wohnfläche auf drei Etagen und 2000 Quadratmetern Grundstück und großem Garten ist für eine kinderreiche Familie vom Raumangebot sicherlich optimal. Aber einen aufwendig gestalteten Zier- und Nutzgarten in einer solchen Größe pflegen zu müssen, ist nicht unbedingt hilfreich, wenn beide Eltern voll berufstätig sind. In einem solchen Fall ist eher eine Familie interessiert, die ein oder zwei Kinder hat und wo ein Teil des großen Hauses als Gästebereich für den Besuch von Großeltern und Freunden gilt. Das Einkommen sollte etwas höher sein und wahrscheinlich arbeitet nur ein Elternteil Vollzeit. Zudem ist hier eine gewisse Affinität zur Gartenarbeit vorhanden und/oder man leistet sich zusätzlich einen Gärtner. Besteht der Garten zu 95 Prozent aus einer Rasenfläche und der Mähroboter erledigt diese Arbeit, dann sind natürlich die voll berufstätigen Eltern mit den zahlreichen Kindern und Teenagern wieder im Spiel. Wie könnte man nun diese beiden Familien ansprechen?

Sprechen wir zunächst die Familie mit dem höheren Einkommen und mit ein bis zwei Kindern an:

> *Sie suchen ein geräumiges Haus auf einem großen Grundstück mit einem wunderschönen Garten? Neben Ihren zwei Kindern ist auch noch genügend Raum für den Besuch von Oma, Opa und Freunden. Schauen Sie Ihren Kindern beim Entspannen in dem von Ihnen liebevoll gestalteten Garten beim Spielen zu.*

Dann die kinderreiche Familie:

> *Alle Ihre Kinder sollen endlich ihr eigenes Zimmer bekommen? Dann dürfte Sie dieses Haus mit seinen insgesamt sechs Schlafzimmern und zwei Bädern interessieren. Und wo Kinder sind, da braucht man auch Platz zum Spielen und Toben! Der große Garten ist daher mit seiner großen Rasenfläche praktisch als Bolz- und Spielplatz anzusehen. Der im Kaufpreis enthaltene Mähroboter erledigt dabei zuverlässig die Gartenpflege, sodass Sie in Ihrer kostbaren Freizeit Zeit für Ihre Familie haben.*

In wenigen Sätzen sprechen Sie gezielt Ihre Zielgruppe an und steuern bewusst die Aufmerksamkeit an die richtigen Adressaten. So erhalten Sie in der Folge eher Anfragen von Kaufinteressenten, die sich in Ihrer Immobilie größtenteils wiederfinden.

Bleiben Sie hier zu allgemein, dann melden sich wahrscheinlich auch mehr Interessenten. Aber ist dies zielführend, wenn diese Ihnen spätestens bei der Besichtigung mitteilen, dass man sich die Immobilie anders vorgestellt habe und Ihr Haus doch nicht das Passende sei? Außerdem schließen die beiden Formulierungen nicht zwangsläufig beiden Familien aus. Wer sich aufgrund der Bilder und Grundrisse in Ihrem Exposé intensiv mit Ihrer Immobilie beschäftigt, der wird erkennen, dass die vielen Schlafzimmer auch die Möglichkeit eines Gästebereiches mit sich bringen und dass sich der schlichte Garten auch in einen parkähnlichen Ziergarten umgestalten lässt – und sich auch mit diesen Informationen bei Ihnen melden. Umgekehrt wird die kinderreiche Familie erkennen, dass der Gästebereich auch von den Kindern genutzt werden kann und ein Garten auch pflegeleicht umgestaltet werden kann. Allerdings sind in beiden Fällen zusätzliche Investitionen notwendig. Es liegt in der Natur der

Sache, dass man versuchen wird, diese beim Kaufpreis einzusparen. Es lohnt sich also, sich Gedanken über die Zielgruppe zu machen.

Der Weg über die Auflistung der Merkmale, des Nutzens und dann die entsprechende Formulierung in die Bildsprache ist in meinen Augen ein sehr guter Weg, um die Zielgruppe zu erkennen. An dieser Stelle sollten Sie aber eines beachten: Wenn Ihre Immobilie für Senioren ideal geeignet ist, dann sind die Sicherheit für die Kinder aufgrund der Sackgasse und der Aspekt »mal eben zu den Nachbarskindern spielen gehen« nicht unbedingt der beste Hinweis im Exposé, sondern können eher nachteilig sein. Denn häufig möchten Senioren ihre Ruhe. Ausnahmen bestätigen die Regel.

Ein extremes Beispiel dafür, wie wichtig die Auswahl einer Zielgruppe sein kann, möchte ich Ihnen aus der Praxis vorstellen. Es gab ein wunderschönes, idyllisches kleines Haus mit einem großartigen Garten. Alles war perfekt. Leider lag das Haus jedoch nur 200 Meter von einem Hauptzubringer der Autobahn entfernt. Entsprechend konnte man in dem großartigen Garten den Verkehr hören und auch im Haus, wenn man die Fenster öffnete. Auch das plätschernde Wasser vom Springbrunnen im Teich, das in etwa den Lärm eines vorbeifahrenden Autos überdeckt, war hier keine Abhilfe. Man nennt dies Maskierungspegel und es funktioniert tatsächlich.

Wer könnte nun also diese brillante Immobilie kaufen? Die meisten Interessenten waren nicht bereit, in die Kaufpreisverhandlungen einzusteigen, weil ihnen die Nähe zu dieser stark frequentierten Straße einfach zu groß war. Sätze wie »In einer anderen Lage würde ich sofort kaufen« waren Standard.

Die Lösung scheint um die Ecke gedacht, aber dennoch auch absolut logisch. Die Immobilie wurde gezielt bei Gehörlosenverbänden und in Medien von Hörakustikern angeboten. Endlich wurde ein Kaufinteressent gefunden. Der erzielte Preis war etwas geringer, als wenn die Immobilie am Waldrand gelegen hätte, aber er war für den Verkäufer akzeptabel und deutlich höher als befürchtet. Für den

Käufer war der Preis auch attraktiv, denn ohne den Makel »Straße«, der für ihn keiner war, hätte er deutlich mehr bezahlt. Beide Seiten haben also davon profitiert, dass sich der Verkäufer Gedanken um die Zielgruppe gemacht hat.

Wir können jetzt natürlich nicht jede mögliche Konstellation für jede mögliche Zielgruppe erörtern. Aber vertrauen Sie mir: Wenn Sie sich Zeit lassen bei der Auflistung »Merkmal«, »Nutzen« und »Bildsprache«, dann erkennen Sie Ihren Käufer vor Ihrem inneren Auge und er wird dann auch bald Ihre Immobilie besichtigen.

Damit er dies tut, gibt es aber noch ein sehr wichtiges Instrument, um seine Aufmerksamkeit zu bekommen. Insbesondere auch in Bezug auf ein Inserat in den gängigen Immobilienportalen. Nämlich die Überschrift Ihres Exposés.

Die Überschrift

Die ersten beiden Dinge, die der potenzielle Käufer Ihrer Immobilie sieht, sind wahrscheinlich das Titelfoto und die Überschrift. Daher sind diese beiden Elemente enorm wichtig und sollten sorgfältig ausgewählt und erstellt werden. Aus diesem Grunde gehe ich auch erst jetzt auf die Überschrift ein. Denn jetzt kennen Sie die Zielgruppe Ihres Hauses und können diese bereits in der Überschrift ansprechen. Wie sollte die Überschrift sein und welche Elemente sollte sie beinhalten?

- Generell soll eine Überschrift kurz und aussagekräftig sein.
- Sie sollte den größten Nutzen für den Interessenten nennen.
- Sie sollte auch emotional sein.

Ganz schön schwierig. Ich kenne das. Gehen wir nochmal auf unsere beiden Familien zurück:

Endlich für jedes Kind ein Zimmer! Ihr neues Einfamilienhaus in XY

Wenn Sie es blumiger mögen, dann können Sie statt »Einfamilienhaus« auch »Familiennest« schreiben. Eine andere Variante wäre:

Gäste sind hier willkommen! Geräumiges Haus mit Gartenparadies

oder

Familienglück auf 200 m² mit Gartenparadies in XY

Ich denke, Sie erkennen, welche Überschrift zu welcher Zielgruppe passt – wobei Letztere durchaus beide Zielgruppen anspricht und die weitere Differenzierung im Text erfolgt. Persönlich finde ich die Lage in der Überschrift von Vorteil. Insbesondere dann, wenn Sie in einem Orts- oder Stadtteil leben, der polarisiert. Also wenn zum Beispiel Ort A und Ort B unter einem Gemeindenamen geführt werden, dann kann es sein, dass die einen nur in Ort A leben möchten und die anderen nur in Ort B. Egal, wie die Immobilie ist. Der Ort ist absolutes Ausschlusskriterium. Dann setzen Sie den Ort in die Überschrift. Insbesondere dann, wenn dieser sehr begehrt ist.

Was ist von Hinweisen wie »provisionsfrei«, »ohne Makler« oder gar »Schnäppchen« zu halten? Meiner Meinung nach ist dies eher kontraproduktiv, weil Sie mit der Überschrift schon den Preis in den Vordergrund schieben und Schnäppchenjäger geradezu anlocken. Wollen Sie das? Oder wollen Sie Interessenten, die eine gewisse Wertschätzung für Ihre Immobilie mitbringen? Zudem: Wer provisionsfrei kaufen möchte, kann dies bei den Immobilienportalen in den Suchfiltern auswählen. Und wer ein Schnäppchen sucht, wird in der Suchmaske einen geringen »maximalen Kaufpreis« angeben.

Auch der Hinweis »von privat« bringt in meinen Augen keinen Mehrwert. Hier könnte der ein oder andere »schlaue« Interessent denken, dass er mit Ihnen leichtes Spiel hat. Möchten Sie diese Art von Interessenten aktiv ansprechen?

Seien Sie in Sachen Überschrift fleißig und kreativ. Formulieren Sie verschiedene Überschriften mit Blick auf den Nutzen und die emotionale Ansprache Ihrer Zielgruppe und entscheiden Sie sich im Zweifel mit Unterstützung der Bauchgefühl-Methode. Heben Sie sich von floskelhaften Überschriften mit Begriffen wie »lichtdurchflutet«, »charmant« und so weiter bewusst ab. Seien Sie etwas anders und somit fallen Sie automatisch auf.

Weniger ist mehr

Und: Weniger ist mehr! Dies meine ich in zweierlei Hinsicht. Zunächst einmal im Hinblick auf den Umfang des Textes im Exposé, aber auch im Hinblick darauf, was Sie alles bereits erwähnen. Wenden wir uns zunächst dem Umfang zu. Hier empfehle ich Ihnen, sich auf die von mir genannten Themenblöcke »Beschreibung«, »Ausstattung«, »Lage« und »Sonstiges/Highlights« zu beschränken. Darüber hinaus beschränken Sie sich innerhalb der einzelnen Themenblöcke auf eine maximale Anzahl von Zeichen. Ich empfehle:

- Beschreibung: 2.000 bis 2.500 Zeichen mit Leerzeichen
- Ausstattung: 2.000 Zeichen
- Lage: 1.500 Zeichen
- Sonstiges: Beschränkung auf Auflistung der größten Vorteile für den Interessenten in Überschriftenform

Die Anzahl der Zeichen können Sie sehr leicht durch Ihr Textverarbeitungsprogramm ermitteln. Verstehen Sie die Angaben bitte als Obergrenze. Wenn Ihre Beschreibung rund 1.800 Zeichen hat, aber optimal geschrieben ist, dann ist das auch in Ordnung. Überschreiten Sie die Obergrenze aber nicht: Sie diszipliniert Sie dazu, den Fokus auf die wesentliche Nutzung und die Vorteile für den Interessenten zu richten und nicht abzuschweifen.

Wenn Sie jetzt vielleicht etwas verzweifeln, weil Sie mit der Obergrenze nicht klarkommen, dann hilft Ihnen vielleicht der Rat, im Exposé nicht alle »Goldstücke« zu präsentieren. Jetzt wenden Sie zu Recht ein, dass Sie doch Ihre Immobilie von der besten Seite präsentieren sollen. Ja, das sollen Sie. Aber Ihr Exposé soll in erster Linie neugierig machen und Interessenten für Ihr Angebot begeistern und vorqualifizieren. Gerade die Vorqualifikation wird häufig vergessen. Doch Sie brauchen immer auch noch Argumente für die Besichtigung, um Ihren Interessenten weiterhin zu begeistern. Auch meine Hinweise, auch Nachteile zu nennen und sich zu überlegen, ob Bemerkungen wie »ohne Provision« hilfreich sind, zielen darauf ab, nur den Interessenten anzusprechen, der Ihre Immobilie so wertschätzt, wie sie ist. Darum ist die Zielgruppenanalyse wichtig.

Der Aha-Effekt

Gehen wir einmal auf Besonderheiten ein, die Sie möglicherweise in Ihrer Immobilie verbaut haben. Bewusst einmal exotisch: Sie haben als begeisterter Heimwerker eine Wäscherutsche in Ihrem Haus eingebaut – und als Clou obendrauf sogar einen Wäscheaufzug. Also: Sie werfen im Bad Ihre schmutzige Wäsche in eine Luke und die Wäsche landet im Keller neben der Waschmaschine. Ist die Wäsche gewaschen, kommt sie samt Korb in ein passendes Fach und fährt dann auf Knopfdruck ins Dachgeschoss. Sicherlich praktisch. Aber ist diese technische Raffinesse ein entscheidendes Kaufkriterium? Nein, sicherlich nicht. Gehört es daher zwingend in das Exposé? Nein! Nutzen Sie diesen Wäscheaufzug also geschickter: Nutzen Sie ihn dazu, bei der Besichtigung die Begeisterung für Ihr Haus nochmals zu steigern. »Ihr Haus hat ja noch viel mehr zu bieten, als wir dachten. Wir sind begeistert!« ist dann eine Aussage, die Sie bei der Besichtigung hören. Nicht gleich alle Asse auf den Tisch zu legen, verbessert Ihre Chancen, einen Kaufabschluss zu erzielen.

Viele Exposés sind hier in meinen Augen schlicht falsch aufgebaut. Sie versprechen das Blaue vom Himmel und verschweigen Nachteile und Mängel. Warum ist das falsch? Weil solche Exposés bei der Besichtigung für maßlose Enttäuschung sorgen. Man wird Sie womöglich auch als unseriös und unzuverlässig einordnen und es wird sehr wahrscheinlich gar nicht zu einer konkreten Kaufabsicht kommen.

Also: Welche Besonderheiten hat Ihre Immobilie, die nicht in erster Linie kaufentscheidend sind, aber die Entscheidung zum Kauf positiv beeinflussen können? Beispiele könnten sein:

- die Steuerung der Rollladen per App auch vom Urlaubsort aus
- der Brunnen für die günstige Bewässerung im Garten
- die elektrische Markise, die bei starkem Wind automatisch einfährt
- der Highend-Duschkopf
- das eingebaute Radio im Bad, das automatisch angeht, wenn Sie den Raum betreten
- die Alarmanlage (aber geben Sie solche Informationen aus Gründen der Sicherheit nie öffentlich raus)
- der feuersichere Tresor für wichtige Dokumente
- der im Preis enthaltenen Mäh- oder Saugroboter, den Sie ohnehin nicht mehr brauchen
- Schaukel und Rutsche im Garten

Was ist es bei Ihrer Immobilie?

Die Vermarktung

Wie Sie Ihre Strategie festlegen

»Für ein Schiff, das seinen Hafen nicht kennt,
weht kein Wind günstig.«
Lucius Annaeus Seneca (1–65)

Sie haben sich bis jetzt sehr gut und nahezu optimal auf den anstehenden Verkauf Ihrer Immobilie vorbereitet. Die Verkaufsunterlagen sind optimal aufbereitet, der Nutzen für Ihre potenziellen Kaufinteressenten steht im Vordergrund. Und auch der Angebotspreis sollte klar sein. Wobei: Vielleicht sollten wir hier noch einmal nachdenken. Der gewählte Angebotspreis ist nämlich bereits indirekt eine Strategie. An dieser Stelle führen wir uns nochmals die Studie der Kreissparkasse aus dem Abschnitt »Verhandlungspuffer« vor Augen:

Angebotspreis 120 % des Marktwertes	Erlös: 85 %
	d. h. 15 % Verlust
Vermarktungsdauer:	13 Monate
Angebotspreis 105 % des Marktwertes	Erlös 99 %
	d. h. 1 % Verlust
Vermarktungsdauer:	2 Monate

Beim Schreiben dieser Zeilen sind wir gerade im »Lockdown light« und diese Studie ist mit den Erfahrungen der letzten Monate so nicht mehr aktuell. Zumindest für die derzeitige Lage am Markt. Wie lange die Krise noch andauert, kann wohl niemand zuverlässig sagen. Am Ende hängt es auch davon ab, wie lange die Wirtschaft durch die

Krise kommt. Aber dies ist ein anderes Thema. Derzeit funktioniert jedoch bei manchen Immobilien auch ein Angebotspreis von 110 bis 115 Prozent über dem Marktwert. Aber überdrehen Sie nicht. Darüber ist es nach wie vor kritisch und derzeit noch schwieriger als sonst in Verhandlungen mit Kaufinteressenten zu kommen.

Was aber noch fehlt bei den Überlegungen: Was ist, wenn wir die Immobilie wirklich zum Marktwert anbieten?

Das Bieterverfahren

Dazu gibt es sehr unterschiedliche Vorgehensweisen und Ansätze. Grundsätzlich ist klar, dass es sich bei dem Bieterverfahren nicht um eine Versteigerung handelt. Ebenso ist es wichtig zu wissen, dass Sie als Verkäufer nicht dazu verpflichtet sind, ein Angebot anzunehmen. Im klassischen Sinne wird beim Bieterverfahren von Ihrer Seite, also der Verkäuferseite, kein Angebotspreis festgelegt. Kaufinteressenten können nach einer Besichtigung, die man idealerweise offen gestaltet innerhalb einer bestimmten Frist ihr Gebot abgeben. Mit einer offenen Besichtigung ist hier gemeint, dass es einen Termin gibt, an dem alle Interessenten die Immobilie gleichzeitig besichtigen können. Dadurch soll zusätzlich Druck auf die Interessenten ausgeübt werden, denn schließlich sieht man ja die Anzahl der Interessenten.

Haben Sie dies vielleicht schon im Rahmen der Kaufpreisfindung im kleinen Stil gemacht? Dann haben Sie damit Erfahrungen und können vielleicht beurteilen, ob Sie so vorgehen möchten. Persönlich finde ich das Bieterverfahren in der häufig praktizierten Variante – also eine offene Besichtigung, allen die Unterlagen mitgeben und dann an den Höchstbietenden verkaufen – nicht glücklich. Aber man kann es so machen. Jedoch unterstelle ich, dass Sie nur dann einen wirklichen Mehrerlös erzielen, wenn Sie sich vorher genau überlegt haben, welcher Kaufpreis realistisch ist und was auf der Basis dessen Ihr Kaufpreisziel ist. Denn nur so wissen Sie, ob das höchste Gebot auch tatsächlich den Wert Ihrer Immobilie hat und angemessen ist oder ob das Gebot zu niedrig ist.

Vorsicht ist auch geboten, wenn ein Angebot extrem über dem Marktwert liegt. Wenn Sie jetzt voller Euphorie allen anderen Bietern absagen und sie damit vor den Kopf stoßen, kann es sein, dass Sie am Ende keinen Käufer haben. Warum? Es könnte sein, dass die Bank bei der Finanzierung aussteigt, da der Beleihungswert einfach nicht passt. Dazu und zur Frage, wie Sie unseriöse Interessenten entlarven, folgt im weiteren Verlauf mehr.

Die Realpreisstrategie und das Bewerbungsverfahren

Persönlich würde ich das Bieterverfahren nicht aktiv als Strategie wählen. Ich würde es aber als Mittel sehen, um eine Entscheidung herbeiführen zu können, wenn Sie mehrere Interessenten haben, die bereit sind, Ihren realistischen Angebotspreis zu akzeptieren. Dieser Angebotspreis darf über dem Marktwert liegen. Aber eben realistisch und nicht überzogen. Wichtig ist, dass Sie bei der Realpreisstrategie den Rahmen vorgeben, der beim klassischen Bieterverfahren fehlt. Jetzt melden sich Interessenten bei Ihnen und Sie können diese am Telefon bereits mit den richtigen Fragen qualifizieren und zu einer qualitativ ganz anderen Besichtigung einladen. Auch dazu gebe ich Ihnen gleich noch weitere wichtige Hinweise.

Idealerweise haben Sie jetzt ein paar Besichtigungen und aus diesen Besichtigungen erhalten Sie im Nachgang konkrete Kaufabsichtserklärungen. Jetzt kommt es ein wenig darauf an, wie viele Interessenten wirklich kaufen möchten und auch können. Sind es ein bis zwei, dann würde ich beiden gegenüber offen sein und den Angebotspreis nicht verhandeln. Den Zuschlag würde derjenige bekommen, der seine Finanzierung final, also auf Ihre Immobilie ausgelegt, seitens der Bank bestätigt bekommt und Ihnen vorlegt.

Haben Sie drei oder mehr Interessenten, dann würde ich in der Tat die Frage »Wer bietet mehr?« stellen, allerdings nicht im Wortlaut, sondern etwas differenzierter. In etwa so: »Was ist Ihnen meine Immobilie wert und warum?« Stellen Sie diese Fragen allen Bewerbern nahezu gleichzeitig und setzen Sie eine Frist von etwa einer Woche, in der Sie die Antwort erbitten. Sie werden jetzt Ihre Interessenten sehr gut kennenlernen: Es wird welche geben, die Ihnen klar sagen, dass sie nicht bereit sind, mehr zu bezahlen. Es wird welche geben, die sich nur am Preis fixieren werden und dabei versuchen herauszufinden, mit welchem Gebot sie den Zuschlag erhalten. Zuweilen überspannen manche da den Bogen und strapazieren Ihr Nervenkostüm.

Es wird aber auch diejenigen geben, die mehr bieten und Ihnen auch ihr »Warum« detailliert erläutern werden. Hier haben wir schon richtige Bewerbungsmappen erhalten und handgeschriebene Briefe. In den meisten Fällen haben sich die Verkäufer dann nicht für das höchste Gebot entschieden, sondern die Entscheidung aufgrund des »Warum« und der damit verbundenen Geschichte der Interessenten gefällt. Ein weiterer Nebeneffekt dieser von mir »Bewerbungsverfahren« genannten Strategie ist, dass die Chemie zwischen Käufer und Verkäufer stets gestimmt hat und somit alle weiteren Gespräche harmonisch verliefen. Vertrauensvolle Absprachen waren möglich und wurden auch immer eingehalten.

Verhandlungsstrategie

Bei der Verhandlungsstrategie wählen Sie bewusst und entgegen den Ergebnissen der eingangs erwähnten Studie den Angebotspreis deutlich höher als den Marktwert. Das kann eine Möglichkeit sein, wenn Sie zum Beispiel schon sehr früh mit dem Verkauf beginnen, aber erst in rund einem Jahr die Immobilie auch abgeben können. Nach dem Motto: »Ich habe ja Zeit.« Ja, das kann funktionieren. Es kann aber auch sein, dass Sie Ihre Immobilie »verbrennen«. Kaufinteressenten und Nachbarn reden miteinander und schnell ist dann auch Ihr Haus Thema. Unabhängig vom Wahrheitsgehalt kommen dann Aussagen wie: »Der Keller muss feucht sein, deshalb dauert das so lange«, »Das ist viel zu teuer« oder »Irgendwas kann da nicht stimmen, so lange, wie das dauert.« Sprich: Man unterstellt Ihrer Immobilie einen Nachteil oder Mangel, den es nicht gibt. Oder man unterstellt Ihnen indirekt, dass Sie die Leute über den Tisch ziehen wollen.

Natürlich kann die Strategie funktionieren und Sie bekommen am Ende das, was Sie sich realistisch vorgestellt haben. Vielleicht sogar auch ein bisschen mehr. Es kann aber auch sein, dass Sie irgendwann in Zugzwang kommen. Und Zeitdruck ist immer ein schlechter Ratgeber und Verhandlungsführer. Dann kommt vielleicht der eine Interessent und macht ein Angebot rund 10.000 unterhalb dem, was Sie eigentlich mindestens haben wollen. Welche Verhandlungsmöglichkeiten haben Sie dann? Vor allem wenn der Interessent beobachtet hat, wie lange Sie schon am Markt sind und um Ihre Situation weiß? Wie schön wären dann doch mehrere Bewerber, mit denen Sie nicht verhandeln müssten.

Also: Die Verhandlungsstrategie kann funktionieren. Sie ist aber langwierig, kostet Sie viel Zeit und erfordert am Ende ein sehr gutes Verhandlungsgeschick. Wenn Sie dazu bereit sind, können Sie es probieren.

Meine Empfehlung geht jedoch klar in Richtung Realpreisstrategie und zum daraus – aufgrund der derzeitigen Marktlage wahrscheinlich – resultierenden »Bewerbungsverfahren«. Damit haben Sie nun für sich das Ziel »Mindestkaufpreis« und den Weg dorthin klar definiert. Jetzt geht es darum, wie Sie möglichst viele Interessenten erreichen – und dazu ist die Platzierung des Exposés entscheidend.

Wo Sie Ihr Exposé platzieren

»Der Marktschreier erobert die Menge – der Stille erobert sich.«
Georg Kaiser (1878–1945), expressionistischer Schriftsteller

Sie haben bereits hochwertige Fotos aufgenommen, die Ihre Immobilie von ihrer besten Seite zu den besten Lichtverhältnissen präsentieren, dazu ansprechende, emotionalisierende Verkaufstexte erstellt und alles als Exposé drucken lassen.

Damit haben Sie schon sehr viel mehr gemacht als die meisten privaten Verkäufer und – leider, ich muss es zugeben – als der eine oder andere Makler. Nun kommt es darauf an, wo Sie Ihre Immobilie platzieren, um möglichst viele Menschen zu erreichen, die eine Immobilie kaufen möchten. Die Platzierung ist absolut entscheidend.

Ich erlebe es immer wieder, dass Verkäufer möglichst ungesehen ihre Immobilie verkaufen möchten. Dafür gibt es ab und an gute Gründe und natürlich können wir dann auch hilfreich sein und einen Käufer finden. Allerdings nur, weil wir natürlich Gesuche von Kaufinteressenten haben und täglich mit Interessenten in Kontakt sind.

Wir haben Datenbanken zur Verfügung, die Sie als privater Verkäufer wahrscheinlich nicht haben. Wenn Sie Ihre Immobilie »undercover« verkaufen möchten und Ihre Gründe dazu haben, gibt es nur eine Lösung: ein professioneller Immobilienmakler.

Printanzeigen

Es gibt sie noch, die guten, alten Zeitungsanzeigen. Manchmal haben sie sogar noch ihre Berechtigung. Allerdings haben Zeitungsanzeigen auch Nachteile, denn …

- sie sind in ihrer Aussagekraft begrenzt,
- sie müssen auch Pflichtangaben beinhalten,
- die Auflagen der Zeitungen sinken,
- es ist nicht klar, ob potenzielle Interessenten die Zeitung noch lesen,
- ihr Preis-Leistungs-Verhältnis ist eher ungünstig.

Und noch ein weiterer Punkt ist wichtig: Sie haben sich mit den Fotos richtig Mühe gegeben, da Fotos das stärkste Mittel sind, um Ihre Immobilie darzustellen. Diese Möglichkeit gibt es bei Printanzeigen in Fließtextform nicht. Ein Foto können Sie nur in Form einer gestalteten Anzeige klein platzieren. Und diese kostet schnell 200 Euro. Dennoch beschränkt sich die Beschreibung der Immobilie auf wenige Schlagworte, den Kaufpreis und die Pflichtangaben zum Energieausweis. Bedenken Sie zudem, dass ...

- die Anzeige am Erscheinungstag auch vom Interessenten gelesen werden muss, das heißt: Interessenten müssen die Zeitung kaufen und darin auf Ihre Anzeige stoßen. Am nächsten Tag ist die Zeitung nicht mehr zu bekommen. Zwar versuchen die meisten Zeitungen, dies mit zusätzlichen Online-Auftritten zu kompensieren. Aber mal ehrlich: Warum sollte derjenige, der die Zeitung nicht kauft, die Zeitung online anschauen oder dort gezielt nach einer Immobilie suchen?
- derjenige, der das Inserat sieht und sich auch angesprochen fühlt, nur sehr wenige Informationen zu Ihrer Immobilie bekommt. Sie müssen also damit rechnen, dass Interessenten Sie anrufen, anschreiben oder zu Ihnen kommen, bei denen die Wahrscheinlichkeit hoch ist, dass Ihre Immobilie doch nicht die Richtige ist.

Natürlich gibt es die sogenannten Wochenblätter, die kostenlos an alle Haushalte verteilt werden. Auch diese Zeitungen haben Ihre Daseinsberechtigung. Allerdings sollten Sie sich hier auch bewusstmachen, dass die Klientel, die Ihre Anzeige hier sieht, nicht unbedingt immer zahlungskräftig ist. Entsprechend sollten Sie auch mit Anfragen rechnen, bei denen die Träume größer sind als der Inhalt des Geldbeutels. Womit wir beim Vorteil eines Inserats in einer Tageszeitung sind: Hier ist es generell so, dass das Einkommen und auch der Bildungsgrad eher überdurchschnittlich sind.

Wann hat eine Zeitungsanzeige also für Sie Sinn? Ganz offen gesprochen: aus meiner Sicht eher gar nicht. Auch wir inserieren sehr selten Objekte in Printmedien. Wenn überhaupt, dann eher zu eigenen Marketingzwecken als primär zur Vermarktung der Immobilie. Denn wir als Makler müssen bei der Zielgruppe präsent sein, die 60 Jahre und älter ist. Und diese potenziellen Verkäufer lesen regelmäßig die Zeitung und werden so vielleicht durch gezielte Immobilieninserate auf uns aufmerksam. Ab und an informieren diese auch ihre Kinder, die vielleicht gerade eine Immobilie zum Kauf suchen. Dies ist allerdings eher sehr selten der Fall. Fazit für Sie: Eine Printanzeige ist für Sie als privater Verkäufer eher nicht optimal und Sie sollten sich auf andere Medien konzentrieren.

Internetportale

Die Präsentation Ihrer Immobilie ist im Internet viel umfangreicher und detaillierter möglich. Ihre Fotos kommen hier voll zur Geltung. Die Überschrift und das Titelfoto sind der erste Kontakt zum vielleicht neuen Besitzer Ihres Hauses. Natürlich ist hier der Wettbewerb groß. Aber Sie haben sich sehr gut vorbereitet und von daher werden Sie und Ihre Immobilie hier definitiv wahrgenommen. Von daher meine klare Empfehlung: Nutzen Sie das Internet als Marktplatz für Ihre Immobilie.

Die Kehrseite der Medaille: Ja, jeder kann Ihre Immobilie sehen und auch in gewisser Weise sehen, wie Sie eingerichtet sind und wie Sie leben. Auch die neugierigen Nachbarn und Menschen, die Sie nie kennenlernen werden. Wenn Sie aber der Empfehlung gefolgt sind und alles Persönliche, also Bilder von Personen und andere private Dinge unkenntlich gemacht haben und zudem auch Ihre Adresse nicht angegeben haben, dann sollte dies nicht weiter schlimm sein. Außerdem: Bald wohnen und leben Sie ja woanders.

Dennoch gibt es eine Stelle, an der die Anonymität aufhört: die Kontaktdaten. Ein potenzieller Interessent muss mit Ihnen in Kontakt treten können. Hier bieten die Portale eine nahezu anonyme Anfrage per Mail an. Als Kontaktperson steht dann meist nur »Herr Maier« oder »Frau Schulze«. Also noch anonym, zumindest wenn Sie nicht in einem 200-Seelen-Dorf wohnen. Dies kann man machen. Allerdings würde ich persönlich noch eine Rufnummer angeben, nur nicht die des Festanschlusses, anhand deren man womöglich noch über die Rückwärtssuche Ihre kompletten Kontaktdaten bekommt. Meine Empfehlung ist eine Prepaid-Karte in einem Ihrer alten Mobiltelefone. Dann sind Sie erreichbar – und wenn der Verkauf erfolgreich war, können Sie die Karte vernichten und haben Ihre Ruhe.

Unterschätzen Sie diesen Punkt nicht und sorgen Sie dafür, dass die Nummern, die in Ihrem Umfeld bekannt sind und die für Sie wichtig sind, dauerhaft erhalten bleiben können und nutzen Sie eine Nummer auf Zeit ausschließlich für die Vermarktung Ihrer Immobilie. Das hat zudem den Vorteil, dass Sie wissen: Wer auf dieser Nummer anruft, möchte möglicherweise mein Haus kaufen. Sie gehen ganz anders in das Gespräch hinein. Zudem können Sie hier auf der Mailbox gezielt die Interessenten ansprechen und sagen, dass Sie sich zeitnah melden. Wenn Sie Ihr Smartphone privat, beruflich und für den Verkauf Ihres Hauses nutzen, kann das schnell mal chaotisch werden. Besser als eine Mailbox wäre es, wenn Sie das Smartphone weitergeben, wenn Sie einmal nicht erreichbar sind oder sein möchten. Lassen Sie zum Beispiel Ihren Partner oder eines Ihrer (jugendlichen) Kinder die Anrufe annehmen und die Kontaktdaten notieren und ausrichten, dass Sie sich entsprechend zurückmelden. Eine Mailbox wird nicht immer besprochen. Was aber in der heutigen Zeit auch nicht so dramatisch ist, da die Rufnummer meistens in der Liste der abwesenden Anrufe zu sehen ist. Rufen Sie dort auch an! Dank der separaten Handynummer Ihres Handys für den Hausverkauf kennen Sie das Anliegen des Anrufers bereits.

Es überwiegen also ganz klar die Vorteile eine Vermarktung Ihrer Immobilie über das Internet. Und neben der besseren, ja fast optimalen Darstellungsmöglichkeit Ihrer Immobilie ist auch die hohe Reichweite der Portale ein enormer Vorteil. Auch in Sachen Preis-Leistung sind die Portale gut. Für private Anbieter ohnehin, da derzeit aufgrund von Corona sogar kostenlose Inserate für private Verkäufer angeboten werden. Wir als gewerbliche Anbieter finden dies nicht so toll, aber das ist ein anderes Thema.

Welche Portale gibt es also?

Immobilienscout 24

Laut eigener Angaben hat Immobilienscout24 (oder kurz »IS24«) über 15 Millionen »Unique User« im Monat. Das bedeutet, dass jede IP-Adresse – und damit jeder Besucher der Webseite – innerhalb eines Monats nur einmal gezählt wird. Zudem gibt IS24 an, innerhalb von 30 Tagen 227 Millionen Aufrufe von Exposés zu haben und darüber hinaus 5,8 Millionen Anfragen an Immobilienanbieter. Allgemein und von sich selbst wird Immobilienscout24 als Marktführer der Immobilienplattformen angesehen. Ganz klar, IS24.de funktioniert. Auch die Handhabung dort ist klar strukturiert und eine Anzeigenschaltung nach entsprechender Registrierung ist einfach und schnell erledigt, zumal Sie ja Ihre Texte und Fotos optimal vorbereitet haben.

Derzeit bietet IS24 privaten Anbietern ein Inserat zumindest in der Basisanzeige für die ersten 30 Tage kostenlos an. Genau dies verleitet manchen privaten Anbieter dazu, »mal eben« ein Inserat aufzugeben und den Verkauf nicht so wie Sie strukturiert und optimal vorbereitet anzugehen. Diese Gefahr besteht bei Ihnen nicht. Allerdings sollten Sie Ihr E-Mail-Postfach und Ihr Telefon im Auge haben, sobald Sie inseriert haben. Je nachdem wie attraktiv Ihr Angebot ist, können binnen sehr kurzer Zeit sehr viele Anfragen eintreffen. Es kann dann sinnvoll sein, das Angebot schnell wieder zu deaktivieren, um die Anfragen vernünftig bearbeiten zu können. Seien Sie also vorbereitet: Wenn Sie Ihr Angebot veröffentlicht haben, dann geht es los!

Selbst waren wir bei IS24 Kunde der ersten Stunde. Seit Anfang 2020 ist die Kooperation jedoch von meiner Seite beendet und auch viele Kollegen haben diesen Weg gewählt. Die Preisgestaltung bei IS24.de war in meinen Augen nicht mehr transparent und das Preis-Leistungs-Verhältnis empfand ich zunehmend als nicht mehr so günstig. Leider ist – so nehme ich es wahr – auch die Qualität der Anfragen gesunken. Da IS24 so bekannt ist, suchen viele Interessenten hier zum ersten Mal nach Immobilien. Leider sind viele Interessenten häufig sehr schlecht vorbereitet, was das eigene Budget und die klare Vorstellung der Immobilie angeht. Auch kommt es vor, dass mancher viele Anfragen verschickt und dann, wenn Sie sich bei ihm melden, gar nicht mehr weiß, für welche Immobilie er angefragt hatte. Dies passiert bei anderen Portalen auch ab und an, jedoch ist aus meiner subjektiven Erfahrung die Qualität der Anfragen etwas besser.

Und noch eines sollten Sie wissen: IS24 ist auch ein Lead-Verkäufer. Ein Geschäftsmodell ist es auch hier, den gewerblichen Anbietern – also Immobilienmaklern – Kontaktdaten von privaten Anbietern zu verkaufen. Es werden sich also auch Immobilienmakler bei Ihnen melden.

Fazit: IS24 funktioniert und ist leicht zu bedienen. Interessenten suchen hier. Insofern können Sie hier ruhigen Gewissens inserieren. Allerdings steht hier die Masse etwas über der Qualität. Es gibt gute Alternativen.

Immowelt und Immonet

Sind in meinen Augen eine gute Alternative und auch für uns derzeit der einzige Partner in Sachen Immobilienportale. Immonet.de und Immowelt haben sich 2015 zusammengeschlossen und sind nun unter dem Dach der Immowelt Holding AG vereint. Dennoch gibt es weiterhin beide Portale, technisch sind sie aber identisch. So inserieren Sie als Anbieter automatisch auf beiden Portalen. Das hat Vorteile, denn aus der Geschichte ergeben sich regionale Bekanntheitsgrade. Immonet kommt aus dem Hause Axel Springer mit Ursprung in Hamburg und war entsprechend in Norddeutschland zunächst bekannter. Die Immowelt AG hat ihren Ursprung in Nürnberg und war demzufolge in Süddeutschland bekannter. Durch den Zusammenschluss hat man seine Bekanntheit und Reichweite deutlich erhöht und ist dem vermuteten Marktführer IS24 sehr nahegekommen. Laut Mediadaten hat Immowelt zusammen mit Immonet derzeit 69 Millionen Besucher monatlich. Eine Angabe über »Unique User« gibt es jedoch nicht. Zudem generierte man bereits 18 Millionen App-Downloads.

Also werden Interessenten Sie auch hier finden. Aus unserer Erfahrung sogar sehr gut und die Qualität der Anfragen ist hoch. Es mag daran liegen, dass IS24 vielleicht immer noch die erste Suchadresse ist und diejenigen, die bei Immowelt suchen, tiefer im Thema sind und deshalb besser vorbereitet und konkreter in ihren Vorstellungen sind. Vielleicht liegt es aber auch daran, dass Immowelt durch sein Marketing auch gezielt eine etwas gehobenere Zielgruppe anspricht. Nicht umsonst verweist man bei seinen Mediadaten auf das Bruttoeinkommen des durchschnittlichen Nutzers (nicht wie in anderen Erhebungen auf das Nettoeinkommen), welches bei 26 Prozent bei über 75.000 Euro im Jahr liegt.

Ähnlich wie IS24 bietet auch Immowelt im Rahmen der Corona-Krise privaten Anbietern ein kostenloses Inserat an. Allerdings ist dieses auf 14 Tage befristet. Dafür sind die Preise im Anschluss günstiger als bei IS24. Auch die Benutzeroberfläche von Immowelt ist in meinen Augen einfacher und freundlicher als bei Mitbewerbern.

Da ich aus der Software meine Objekte in die Portale übertrage, brauche ich die Eingabemaske bei Immowelt nicht. Jedoch wollte ich den Prozess für Sie testen. Bei IS24 musste man sich direkt registrieren. Bei Immowelt besteht die Möglichkeit, das komplette Exposé anzulegen und sich erst dann zu registrieren. Einzig die Immobilienadresse muss bei Immowelt direkt angegeben werden. Aber eine »Musterstr.« wird dort auch akzeptiert, nur die Postleitzahl muss plausibel sein. Insofern ist Immowelt hier klar kundenfreundlicher. Sie können die Bedienung und Eingabemöglichkeiten erst ausprobieren und sich mit der Plattform vertraut machen. Wenn alles passt, registrieren Sie sich und legen los.

Wenn Sie loslegen, dann seien Sie auch hier vorbereitet: Haben Sie Ihr E-Mail-Postfach im Auge und das Telefon griffbereit. Denn auch hier werden zahlreiche Anfragen und Anrufe bei Ihnen eingehen. Und dies ist ja auch das Ziel.

Natürlich kommt auch hier die Anmerkung: Es werden sich auch Immobilienmakler bei Ihnen melden. Auch Immowelt verkauft Leads an Immobilienmakler. Darüber hinaus schauen wir Makler auch, was auf dem Markt passiert und betreiben bei privaten Anbietern Akquise. Also ist nicht jeder Anruf zwangsläufig ein gekaufter Lead.

Fazit: Immowelt hat ebenfalls eine enorme Reichweite und einen sehr hohen Bekanntheitsgrad. Die Anzahl und Qualität der Anfragen sind gut, das Preis-Leistungs-Verhältnis stimmt. Zudem ist die Benutzeroberfläche einfach und man kann sich mit der Plattform vertraut machen, ohne sich direkt registrieren zu müssen. Wir als professioneller Anbieter nutzen Immowelt, warum also nicht auch Sie als privater Anbieter?

»Ebay-Kleinanzeigen«

»Ebay-Kleinanzeigen« wirbt mit 10,46 Millionen Unique Usern im Bereich »Immobilien«. Das Portal generiert ebenfalls viele Anfragen. Allerdings würde ich mir hier mehr Qualität wünschen.

Zudem ist hier meiner Einschätzung nach der Mietmarkt höher angesiedelt als der Bereich von Immobilien zum Kauf. Tendenziell sind hier sehr viele private Anbieter von Immobilien vertreten. Dies liegt wahrscheinlich an der Möglichkeit der kostenlosen Anzeige. Nach meiner Recherche erhebt »Ebay-Kleinanzeigen« erst ab der dritten Immobilienanzeige eine Einstellgebühr von 19,95 Euro.

Ich weiß nicht, wie es Ihnen geht, aber ich habe bei »Ebay« immer direkt das Wort »Schnäppchen« und »billig« im Hinterkopf. Dennoch vertrauen viele private Anbieter und teilweise gewerbliche Anbieter auf »Ebay-Kleinanzeigen«. Auch wir haben »Ebay-Kleinanzeigen« genutzt und nutzen es ab und zu noch, meist bei gewerblichen Immobilien. Dennoch haben wir uns aufgrund der Qualität der Anfragen gegen eine grundsätzliche Partnerschaft entschieden. Neben der Anfragequalität war für uns auch die Tatsache ausschlaggebend, dass der Umfang der Texte stark eingeschränkt ist und extra für Ebay massive Textkürzungen vorgenommen werden mussten.

Dennoch: »Ebay-Kleinanzeigen« funktioniert und bietet ein sehr attraktives Preis-Leistungs-Verhältnis. Berücksichtigen Sie für sich jedoch, ob dieser Marktplatz für Ihre Immobilie das richtige Umfeld bietet. Allerdings: Ebay steigert derzeit massiv seine Attraktivität und entwickelt sich positiv.

Weitere Immobilienplattformen

Es gibt natürlich noch viele weitere Plattformen für Immobilien. Diese haben alle Ihre Daseinsberechtigung. In Sachen Reichweite und Bekanntheit sollten Sie sich aber für eine der drei genannten entscheiden. Ein Tipp für Sie: Auch wenn Sie derzeit zumindest für eine gewisse Zeit auf allen drei Portalen kostenlos inserieren können, sollten Sie sich zunächst für ein Portal entscheiden. Auch hier gilt: Weniger ist mehr. Sie haben einen klaren Überblick und bekommen nur Anfragen aus einem Portal. Entsprechend erhalten Sie auch nicht drei Anfragen eines Interessenten aus drei Portalen.

Und auch aus Sicht des Interessenten ist ein Angebot in einem Portal ausreichend. Findet er es in mehreren Portalen, kann es ihn verwirren. Manche potenziellen Käufer verbinden damit auch den Gedanken: »Die wollen das Haus um jeden Preis loswerden.« Zudem wirkt ein einmal edel angebotenes Produkt immer wertiger als ein auf allen Kanälen angebotener Artikel.

Fazit: Entscheiden Sie sich zunächst für eine Plattform. Bleibt der gewünschte Erfolg aus, können Sie das Inserat dort auflösen und es auf einem anderen Portal neu einstellen.

Social Media – Facebook, Instagram & Co.

Kommen wir zu den »sozialen Medien«, den »Social Media«. Es gibt zahlreiche regionale und überregionale Immobiliengruppen auf Facebook. Und natürlich können Sie diese auch nutzen, um die Sichtbarkeit Ihres Immobilienangebots zu steigern. Konkrete und ernsthafte Kaufinteressenten sollten Sie hier aber in erster Linie nicht erwarten. Es geht rein um die Steigerung der Sichtbarkeit. Dafür ist es ein gutes Mittel, und wenn Sie wollen, nutzen Sie es.

Aber: Bringen Sie nicht einfach einen klassischen Social-Media-Beitrag mit mehreren Fotos und einem kleinen Text zu Ihrer

Immobilie. Sie würden damit Ihre ganze Vorbereitung über den Haufen werfen. Zudem ist es nach erfolgreichem Verkauf schwer, die Fotos nachhaltig zu löschen, denn Sie können davon ausgehen, dass Ihr Beitrag geteilt wird. Das ist gut für die Sichtbarkeit, aber schlecht für die Kontrolle über die Fotos. Daher empfehle ich Ihnen, den Link Ihres Online-Inserats bei IS24, Immowelt.de oder »Ebay Kleinanzeigen« in das Beitragsfeld zu kopieren. Wenn Sie nun etwas warten, wird ein Vorschaubild Ihrer Immobilie generiert. Setzen Sie nun eine bis vier Zeilen Text als Ansprache vor den Link. Zum Beispiel:

> *»Ihr sucht ein Haus oder kennt jemanden, der ein Familiennest sucht? Dann schaut euch doch mal mein Haus an und teilt den Betrag gerne! Klickt rein und meldet euch bei Interesse über das Kontaktformular. Danke!«*

»Social Media« sollen sozial sein. Reine Verkaufsangebote sind nicht gerne gesehen, werden auch selten geteilt und erreichen somit eine geringe Reichweite. In der obenstehenden Ansprache ist nicht die Rede von Verkauf. Es wird vielmehr das Angebot unterbreitet, jemanden bei der Suche nach einer Immobilie zu unterstützen und somit wieder »sozial« unterwegs zu sein.

Der Hinweis »Klickt rein« scheint auf den ersten Blick banal. Ist er aber nicht. Ohne den Hinweis würden viele vielleicht schon in den Kommentaren Fragen stellen und möglicherweise versuchen, mit einer privaten Nachricht mit Ihnen in Kontakt zu treten. Durch den Hinweis werden Sie dies nicht vollständig verhindern können, aber zumindest werden mehr Leute zunächst einmal Ihr Exposé lesen und sich dann über das Kontaktformular melden. Dies hat wieder den Vorteil, dass Sie Ihre Anfragen gebündelt bekommen. Ganz ausschließen können Sie Fragen über Kommentare und private Nachrichten nicht und von daher sollten Sie von Zeit zu Zeit auch nach Nachrichten schauen.

Der große Vorteil dieser Vorgehensweise ist, dass mit der Löschung Ihres Inserats beim Immobilienportal auch alle Fotos und auch Ihre Kontaktdaten gelöscht sind. Entsprechend funktioniert auch der Link nicht mehr, den Sie für Social Media genutzt haben. Auch bei den zahlreichen, geteilten Beiträgen nicht. Dies ist aber nicht weiter schlimm, denn Sie haben in diesem Fall ja Ihr Haus verkauft.

Das Verkaufsschild im Vorgarten

Das Schild im Vorgarten ist ein zweischneidiges Schwert. Viele Verkäufer scheuen das Schild, weil manche immer noch meinen, die Nachbarn könnten schlecht über jemanden reden, der sein Haus verkauft. Im Hinterkopf haben viele Menschen hier wohl recht häufig noch, dass ein Verkauf stets aus finanziellen Gründen erfolgt. Dies hat sich aber in den vergangenen Jahren geändert. Inzwischen ist den meisten Menschen bewusst, dass der Verkauf einer Immobilie nicht zwangsläufig mit finanzieller Not zu tun hat.

Bringt Ihnen als privater Verkäufer also ein Schild im Vorgarten etwas? Ich kann darauf leider keine klare Antwort geben. Die Antwort lautet »ja und nein«. Wenn Sie am Ende einer Sackgasse leben, wo so gut wie kein Fremder vorbeikommt, dann bringt Ihnen das Schild herzlich wenig Zumal Sie ja, wie ich hoffe, Ihre Nachbarn entsprechend informiert haben oder zumindest den einen Nachbarn, den wir alle kennen, der für die entsprechende Verbreitung der Neuigkeit sorgt. Wohnen Sie aber an einer mehr oder weniger stark befahrenen Straße, kann das Schild sinnvoll sein. Wer das Schild sieht und die Lage als für sich gut und annehmbar akzeptiert, ist ein ernster Interessent. Was er anhand des Schildes nicht sieht, ist natürlich Ihr Verkaufsexposé. Aber was spricht dagegen, am Schild wettergeschützt eine kleine Box anzubringen, in der Sie Kärtchen mit Ihren Kontaktdaten und einem Link zum Online-Exposé legen?

Oder eine Box, in der Sie einige Exemplare des gedruckten Exposés hinterlegen?

Das Schild selbst würde ich mit »Haus zu kaufen« beschriften und mit Rufnummer und E-Mail-Adresse. Übrigens: Legen Sie sich neben einer eigenen Handynummer auch eine separate E-Mail-Adresse für den Hausverkauf zu (wie »hausverkauf-maier@xy.de«). Achten Sie auf gute Lesbarkeit, denn das Schild muss auffallen und lesbar sein, wenn man mit dem Auto daran vorbeifährt. Wem die Immobilie gefällt, der wird anhalten, sich genauer umschauen und dabei vielleicht Ihre Box am Schild erkennen und die Information mitnehmen. Idealerweise meldet er sich dann via Kontaktformular oder Anruf. Sie müssen aber auch damit rechnen, dass man direkt bei Ihnen klingelt oder vor Ihrer Tür steht und Sie gleichzeitig anruft. Das ist der Nachteil eines Schilds.

Die Kosten für das Schild an sich sind mit 50 bis 80 Euro je nach Größe überschaubar. Auch hier gilt: Bitte nehmen Sie ein optisch vernünftiges Schild und keinen selbst bemalten Pappkarton. Wenn Sie das Schild an einen Verkaufsgalgen für 150 bis 200 Euro aufhängen, dann achten Sie auch auf eine beidseitige Beschriftung. Achten Sie in jedem Fall darauf, dass Ihr Schild so ausgerichtet ist, dass man es im Vorbeifahren oder Gehen lesen kann.

Fazit: Ein Schild kann einen Mehrwert bringen. Einziger Nachteil sind spontan bei Ihnen klingelnde Besucher, die bis auf die Lage nichts von Ihrer Immobilie wissen und entsprechend nicht vorbereitet sind. Mein Tipp: Informieren Sie die Nachbarn und Bekannte per Mundpropaganda und das Internet mit einer Plattform sowie per Social Media. Ein Schild muss dann nicht mehr zwangsläufig im Vorgarten stehen.

Welche Rechtspflichten zu beachten sind

»Sich von der Pflicht befreien heißt,
entweder verrückt sein oder verbrecherisch.«
Elisabeth zu Wied alias Carmen Sylva (1843–1916), Schriftstellerin

Der Verkauf einer Immobilie ist immer ein Rechtsgeschäft. Und überall, wo es Rechte gibt, da sind auch Pflichten zu erfüllen. Die wichtigste Pflicht als Verkäufer ist die Informationspflicht. Sie sind verpflichtet, dem Käufer alle wichtigen Informationen bezüglich des Zustands Ihrer Immobilie mitzuteilen. Sie sind gut vorbereitet, also haben Sie wahrscheinlich schon sämtliche relevanten Informationen zusammengetragen. Hier ein Überblick darüber, was Sie auf jeden Fall prüfen und dem Käufer benennen sollten:

- Anliegerbescheinigung und Baulastenauskunft
- eventuell Auskunft aus dem Altlastenkataster
- Informationen zu Dienstbarkeiten aus dem Grundbuch
- Informationen zu Grundschulden, sofern diese den Verkauf der Immobilie behindern können oder sich daraus Ansprüche auf die Immobilie ergeben
- Auskunft über Mängel am Gebäude oder am Grundstück
- Auskunft über sogenannte Schwarzbauten, also über nicht genehmigte Gebäude, Nebengebäude und Bauteile
- Nachweis der Wohngebäudeversicherung und den fortlaufenden Versicherungsschutz
- Aushändigung eines gültigen Energieausweises
- Aushändigung des Schornsteinfegermessprotokolls und des Feuerstättenbescheids

- Aushändigung von Handwerkerrechnungen, aus denen sich noch ein Gewährleistungsanspruch für den Käufer ergibt
- Auskunft über Mietverhältnisse
- Bestätigung, dass die öffentlichen Lasten Ihrerseits bezahlt sind (im Wesentlichen die Grundsteuer, Entsorgungskosten, Kosten für Niederschlagswasser und anderes)
- Wenn Sie eine Eigentumswohnung verkaufen, dann eine entsprechende Bestätigung, dass Sie mit den Zahlungen des Hausgelds nicht in Verzug sind
- Aushändigung der Beschluss-Sammlung und Auskunft über die Höhe des Anteils an der Instandhaltungsrücklage sowie Übergabe des aktuellen Wirtschaftsplans im Falle des Verkaufs einer Eigentumswohnung.

Auf einige Punkte sind wir im Verlauf des Buches bereits ausführlich eingegangen. Andere haben wir bisher nur am Rande besprochen:

Wohngebäudeversicherung

Achtung: Die Wohngebäudeversicherung sollten Sie nicht kündigen. Sie läuft fort und »klebt« am Gebäude. Zunächst wird sie dem Käufer aufgezwungen. Aus diesem Grunde räumt der Gesetzgeber dem Käufer ein vierwöchiges Sonderkündigungsrecht der Versicherung ein, und zwar ab dem Zeitpunkt der Eintragung als Eigentümer im Grundbuch. In diesem Zeitraum hat der Käufer die Möglichkeit, eine andere Versicherung abzuschließen oder die bestehende Versicherung läuft weiter. Weisen Sie Ihren Käufer freundlich darauf hin, dass die Mitteilung, dass er Eigentümer im Grundbuch ist, durchaus erst zwei Wochen später bei ihm eintreffen kann. Er sollte nach Erhalt der Bescheinigung somit schnell in Sachen Gebäudeversicherung handeln. Ihre Pflicht ist es, unmittelbar nach dem Abschluss des Notarvertrages Ihrer Wohngebäudeversicherung den Verkauf und die Kontaktdaten des Käufers mitzuteilen.

Durch diese Regelung wird verhindert, dass das Gebäude ohne Versicherungsschutz ist und dies ist absolut sinnvoll. Stellen Sie sich vor, Sie kündigen die Wohngebäudeversicherung zum Ende eines Jahres. Sie haben sich optimal mit dem Käufer abgestimmt und dieser versichert das Gebäude zum Beginn des folgenden Jahres, also zum 1. Januar. Der Versicherungsbeginn an diesem Neujahrstag ist laut Police 12 Uhr. Das Gebäude brennt aber in der Silvesternacht um 2 Uhr komplett ab. Dann wäre das Gebäude nicht versichert. Daher die gesetzliche Regelung und der klare Hinweis an Sie: Kündigen Sie die Wohngebäudeversicherung auf keinen Fall! Beiträge, die Sie im Voraus gezahlt haben, muss der Käufer Ihnen ab dem Tag der Kaufpreiszahlung erstatten.

Verkauf einer vermieteten Immobilie

Bisher haben wir im Schwerpunkt den Verkauf einer selbstgenutzten Immobilie betrachtet. Aber natürlich kann man auch eine vermietete Immobilie verkaufen. Hier ist allerdings der Grundsatz »Kauf bricht Miete nicht« zu beachten. Der Verkauf einer Immobilie gibt Ihnen als Verkäufer nicht das Recht, dem Mieter zu kündigen. Als Vermieter haben Sie nur drei Wege einer ordentlichen Kündigung:

- Eigenbedarf für sich, Ihre Familienangehörigen oder Angehörige Ihres Haushalts (§ 573 Abs. 2 Satz 2 BGB)
- wirtschaftliche Gründe, also wenn der Vermieter durch die Fortsetzung des Mietverhältnisses an einer angemessenen wirtschaftlichen Verwertung der Immobilie gehindert wird und dadurch erhebliche Nachteile erleiden würde. Eine Vermietung zu einem höheren Mietzins ist dabei im Gesetz ausdrücklich ausgeschlossen (§ 573 Abs. 2 Satz 3 BGB). Dies

kann bei einer Modernisierung und Sanierung der Fall sein. Auch ist dies der Fall, wenn Sie einen erheblich niedrigen Kaufpreis durch das Mietverhältnis erzielen würden. Hier ist der Mieterschutz in der Rechtsprechung aber hoch, sodass Sie im Leerstand schon nahezu das Doppelte des Kaufpreises erzielen können müssten, um mit Ihrer Kündigung auch rechtlichen Auseinandersetzungen standzuhalten. Der Nachweis muss nachvollziehbar erbracht werden. Eine einfache Einschätzung auf Erfahrungswerte oder eine pauschale Auskunft eines Immobilienmaklers werden hier nicht ausreichen.

- wenn der Mieter seine Vertragspflichten schuldhaft verletzt hat (§ 573 Abs. 2 Satz 1 BGB). Solche Verletzungen können eine unerlaubte Untervermietung, eine Beleidigung des Vermieters, Verstöße gegen die Hausordnung, Überbelegung der Wohnung, Überlassung der Wohnung an Dritte oder ständig verspätete Zahlungen der Miet- und Mietnebenkosten sein. Überschreiten die ausstehenden Zahlungen zwei Monatsmieten inklusive Nebenkosten, haben Sie zudem die Möglichkeit der fristlosen, außerordentlichen Kündigung.

In jedem Fall muss die Kündigung schriftlich und unter Angabe des Kündigungsgrunds erfolgen. Sollten Sie zum Beispiel »Eigenbedarf« anmelden und diesen später nicht umsetzen, dann hat der Mieter Rechtsmittel gegen Sie in der Hand.

Insbesondere dann, wenn er nachweisen kann, dass Sie nie die Absicht hatten, die Immobilie zum Zwecke des Eigenbedarfs zu nutzen. Zudem muss die Kündigungsfrist genannt werden mit Datum der spätesten Räumung.

Die Kündigungsfristen im Falle einer ordentlichen Kündigung sehen wie folgt aus:

Mietdauer	Kündigungsfrist
< 5 Jahre	3 Monate
5-8 Jahre	6 Monate
> 8 Jahre	9 Monate

Das bedeutet in der Regel, dass der potenzielle Käufer das Mietverhältnis übernimmt und an Ihrer Stelle in den Mietvertag mit allen Rechten und Pflichten eintritt. Möchte der Interessent die Wohnung ohnehin mit dem Zweck der Vermietung kaufen, ist dies für den Käufer sicherlich kein Hindernis, es sei denn die Miete befindet sich weit unter dem ortsüblichen Mietspiegel oder der Mieter ist unzuverlässig und mit den Mietzahlungen in Verzug. Über diese Dinge müssen Sie den Käufer natürlich informieren, ebenso wie über laufende rechtliche Auseinandersetzungen. In der Regel werden solche Nachteile dann über den Kaufpreis ausgeglichen, sprich der Kaufpreis fällt entsprechend niedriger aus.

Bei Eigentumswohnungen und Mehrfamilienhäusern ist ein entsprechend großer Markt vorhanden, auf dem Kapitalanleger vermietete Immobilien als Investment oder Kapitalanlage ansehen. Entsprechend könnten Sie Ihre Immobilie an diese Zielgruppe adressiert bewerben und hätten mit den hier genannten Punkten alles berücksichtigt.

Bei einem Einfamilien-, Doppel- oder Reihenhaus ist eine Vermietung zwar auch denkbar und sie kommt gerade beim Doppel- und Reihenhaus häufiger vor, dennoch ist hier der Markt für eine Eigennutzung ungleich höher. Offen gesprochen ist dieser Markt auch durch die Höhe des Kaufpreises für Sie als Verkäufer wahrscheinlich attraktiver. Daher gebe ich Ihnen hier folgende Empfehlungen:

- Suchen Sie zunächst das Gespräch mit Ihrem Mieter. Möchte dieser vielleicht Ihre Immobilie kaufen und wäre bereit, Ihre begründete Kaufpreisvorstellung zu erfüllen?
- Möchte der Mieter nicht kaufen, aber ist er vielleicht bereit, eine andere Immobilie zu mieten? Vielleicht erfahren Sie auf diesem Weg, dass er ohnehin in einem halben Jahr ausziehen will? Falls er eigentlich wohnen bleiben wollte, aber dennoch einwilligt, sich eine andere Wohnung zu suchen, dann bieten Sie ihm Ihre Unterstützung an.
- Wenn er bereit ist auszuziehen, dann sorgen Sie schnell für klare Verhältnisse. Haben Bekannte oder Freunde von Ihnen eine passende Immobilie für ihn als Mieter? Sorgen Sie dafür, so schnell wie möglich seine Kündigung in den Händen zu halten, denn erst dann haben Sie und der potenzielle Interessent rechtliche Klarheit in Sachen Eigennutzung.
- Möchte er nicht ausziehen, dann sollten Sie prüfen, ob Sie die Möglichkeit einer Mieterhöhung haben. Zum einen könnte dies die Bereitschaft eines Auszugs doch erhöhen, zum anderen ist eine gute Miete ein gutes Verkaufsargument. Aber Vorsicht: Sie sind auf die Kooperation des Mieters in Sachen Fotos und auch Besichtigungen angewiesen. Sorgen Sie in erster Linie für ein gutes Verhältnis zu Ihrem Mieter.

Wenn Ihr Mieter nicht ausziehen möchte, fahren Sie zweigleisig: Bieten Sie die Immobile für den Markt der möglichen Investoren oder Kapitalanleger an und kommunizieren Sie dies dem Mieter. Trauen Sie sich aber auch, die Immobilie möglichen Eigennutzern anzubieten und das Exposé entsprechend zu gestalten. Wenn Sie die Leute vernünftig über die rechtliche Situation aufklären, findet sich wahrscheinlich auch hier ein Käufer. Allerdings: Lassen Sie sich bitte in diesem Punkt rechtlich von einem Fachanwalt beraten und vereinbaren Sie, dass dieser diese Beratung für Ihren ernsthaften

Kaufinteressenten nochmals durchführt. Dies schafft Transparenz und hilft dem Käufer, die Chancen und Risiken besser einzuschätzen.

Wenn die ordentliche Kündigung aufgrund eines Härtefalls nahezu keine Aussicht auf Erfolg hat, dann sollten Sie rein im Markt der Kapitalanleger und Investoren bleiben. Härtefälle sind insbesondere kinderreiche Familien, weil es hier oft schwer ist, eine angemessene Ersatzwohnung zu finden und es Probleme bei Kindergarten- oder Schulwechseln geben kann. Weitere Härtefälle sind ein hohes Alter, schwere Krankheit, Gebrechlichkeit, Invalidität und Schwangerschaft. Auch hier meine Empfehlung: Lassen Sie dies auf Ihren Einzelfall zugeschnitten von einem Anwalt prüfen. Und falls doch jemand die Immobilie zur Eigennutzung kaufen möchte, klären Sie ihn über den möglichen Härtefall auf.

Besonderheiten bei Wohneigentum

Neben dem Nachweis, dass Sie innerhalb der Wohnungseigentümergemeinschaft Ihren Verpflichtungen, sprich Zahlungen, immer nachgekommen sind, sollten Sie dem Käufer in jedem Fall die sogenannte Beschluss-Sammlung zur Verfügung stellen. Diese Beschluss-Sammlung ist nach § 24 Abs. 7 WEG Pflicht für alle Beschlüsse, die seit Juli 2007 gefasst wurden. Leider ist dies noch nicht bei allen Hausverwaltungen angekommen, obwohl es einen wichtigen Grund für deren Abberufung darstellte (§ 26 Abs. 1 Satz 4 WEG, Fassung vom 1. Juli 2007). Besorgen Sie sich diese Beschluss-Sammlung und legen Sie sie dem Käufer vor. Er hat somit Einsicht in alle Beschlüsse und kann nachvollziehen, welche Verpflichtungen daraus ihn in Zukunft betreffen. Kommt es zu einer rechtlichen Auseinandersetzung wegen eines Beschlusses, die Sie dem Käufer nicht mitgeteilt haben, wird der Richter nach der Beschluss-Sammlung fragen. Also stellen Sie sicher, dass Sie die Beschluss-Sammlung haben. Häufig werden auch die Protokolle der Eigentümerversammlungen weitergegeben. Dies ist sicherlich besser als nichts, aber ersetzt die Beschluss-Sammlung nicht.

Machen Sie zudem dem Käufer den Wirtschaftsplan zugänglich. Somit kennt er die Nebenkosten der Wohnung, die Kosten der Verwaltung und die Beiträge zur Instandhaltungsrücklage. Lassen Sie sich ferner den aktuellen Stand der Rücklage und den Anteil der Wohnung daran bescheinigen. Die Rücklage »klebt« übrigens an der Wohnung. Sie bekommen diese nicht erstattet und können auch keine zusätzliche Zahlung durch den Käufer erwarten. Dennoch wird zumindest vom Finanzamt unterstellt, dass die Höhe der Rücklage im Kaufpreis eingepreist ist. Denn auf den Anteil der Instandhaltungsrücklage wird keine Grunderwerbsteuer erhoben.

Arglistige Täuschung

Verheimlichen Sie bewusst Punkte, die in diesem Kapitel aufgeführt sind und dem Käufer entstehen dadurch Nachteile, dann steht der Vorwurf der arglistigen Täuschung im Raum. Selbst wenn es Ihnen wahrscheinlich schwer nachzuweisen sein sollte, bin ich davon überzeugt, dass Sie erst gar nicht in eine solche Situation kommen möchten, geschweige denn sich Schadenersatzansprüchen ausgesetzt zu sehen. Und auch wenn ich davon ausgehe, dass Sie den Verkauf gewissenhaft mit Hilfe dieses Buchs vorbereiten und die nötige Transparenz und Sorgfalt walten lassen – nochmals mein Appell: Verheimlichen Sie gegenüber dem Käufer keine Mängel und Nachteile!

Insofern: Vielen Dank! Ich werde daher in diesem Buch nicht auf ein Prozedere bei einem Verfahren wegen arglistiger Täuschung eingehen, da es Sie nicht treffen wird. Sie lesen dieses Buch. Kommen wir aber zu gesetzlichen Pflichten, die Sie womöglich bewusst oder unbewusst treffen können.

Geldwäschegesetz: Bargeld lacht nicht

Zwar sind die Anforderungen zur Prüfung und Dokumentation in Sachen Geldwäsche für Sie als privaten Verkäufer nicht so hoch wie für Immobilienmakler und Notare, dennoch sollten Sie hier nicht sorglos sein. Auch Sie haben hier Pflichten. Beachten Sie daher folgende Dinge:

- Sollte es nicht ausdrücklich im Kaufvertrag erwähnt sein, darf der Kaufpreis einer Immobilie nie in bar angenommen werden!
- Besteht der Verdacht der Geldwäsche beim Immobilienverkauf, so müssen Sie diesen Verdacht umgehend bei der zuständigen Behörde (meist dem Landeskriminalamt) melden.
- Wenn Sie den Verdacht nicht melden, drohen Strafen von bis zu 100.000 Euro.

Seien sie also grundsätzlich misstrauisch, wenn Ihnen jemand Bargeld anbietet. Insbesondere dann, wenn im Kaufvertrag ein entsprechend niedriger Kaufpreis beurkundet werden soll. Sie würden sich in diesem Fall sogar der Steuerhinterziehung (Grunderwerbsteuer) strafbar machen, wenn Sie solche Zahlungen annehmen. Meine glasklare Empfehlung und Botschaft an Sie: Verzichten Sie beim Immobilienkauf auf Bargeld. Es gibt keinerlei Gründe und Vorteile für Sie, Bargeld zu nehmen. Die Nachteile überwiegen, denn es könnte sich um Falschgeld handeln. Sie könnten überfallen werden. Und »Steuern spart« nur der Käufer. Sie verkaufen, bis auf die Ihnen mittlerweile bekannten Ausnahmen, steuerfrei. Also Finger weg von Bargeldangeboten.

Aus dem Geldwäschegesetz ergibt sich für Sie in jedem Fall die Pflicht, die Identität des Käufers zweifelsfrei zu klären, zu dokumentieren und fünf Jahre vorzuhalten. Folgende Angaben müssen Sie aufnehmen:

- den vollständigen Vor- und Nachnamen,
- die aktuelle Adresse,
- die Telefonnummer,
- den Geburtsort und das Geburtsdatum sowie
- die Kopie des Ausweises oder Reisepasses samt klar lesbarer Ausweisnummer, Staatsangehörigkeit und Angabe der ausstellenden Behörde.

Auch hier gilt: Beachten Sie dies nicht, können Strafen bis zu 100.000 Euro drohen. In der Praxis wird Sie ein realer Fall eines Geldwäscheversuchs im großen Stil wahrscheinlich nicht treffen. Aber bedenken Sie: Sobald Sie einen Betrag von mehr als 10.000 Euro bei Ihrer Bank einzahlen wollen, muss die Bank das dem Finanzamt melden. Viele Banken verlangen bereits bei kleineren Summen einen Nachweis, woher das Geld stammt. Also nochmals der Hinweis: Bargeld hat beim Immobilienverkauf für Sie als Verkäufer nur Nachteile und von daher werden Sie keinerlei Bargeld annehmen.

Pflicht zur notariellen Beurkundung

Der Erwerb und die Veräußerung von Grundbesitz und Wohneigentum sowie die Bestellung von Grundpfandrechten sind nur von einem Notar rechtswirksam vereinbar. Damit ist eigentlich schon alles gesagt: Sie müssen den Kaufvertrag beim Notar unterschreiben, sonst kommt der Verkauf Ihrer Immobilie nicht rechtswirksam zustande. Das ist aber kein Nachteil, sondern eher ein Vorteil, weil der Notar dazu verpflichtet ist, Verträge ausgewogen zu gestalten (vgl. §17 Beurkundungsgesetz) und als unabhängiger und unparteiischer Betreuer der Beteiligten zu handeln hat (§ 14 Bundesnotarordnung). Die genauen Aufgaben des Notars werde ich noch erläutern.

Reservierung und Anzahlung

Wenn ein Kaufinteressent sich mit Ihnen auf die Rahmenbedingungen und auf einen Kaufpreis für Ihre Immobilie geeinigt hat, wird vielfach um eine Reservierung der Immobilie gebeten. Dies ist nachvollziehbar, weil der Notar ja den Kaufvertragsentwurf anfertigen muss und häufig noch die finalen Modalitäten der Finanzierung geklärt werden müssen. Das dauert und manche Interessenten haben Angst, dass Ihnen ein anderer Bewerber noch zuvorkommen könnte. Aber auch für Sie hat die Reservierung einen Vorteil: Sie haben eine gewissen Planungssicherheit. Aber: Es kann aus der Reservierung keine Verpflichtung abgeleitet werden und zu 100 Prozent rechtlich wirksam wäre sie wohl auch nur, wenn sie vom Notar beurkundet werden würde. Es hat also nur Sinn, zu reservieren, wenn Sie sich bei dem Interessenten sehr sicher sind, dass er wirklich kaufen möchte und dies finanziell auch kann. Daher würde ich Ihnen immer empfehlen, sich eine Auskunft über das Eigenkapital geben zu lassen und zumindest eine allgemeine Finanzierungszusage einer Bank ausstellen zu lassen. »Allgemein« bedeutet, dass aufgrund der Bonität des Interessenten ein gewisses Budget durch die Bank begleitet werden würde. Allerdings steht dann die Objektprüfung noch aus – Stichwort »Beleihungswert«.

Um die Ernsthaftigkeit der Interessenten zu qualifizieren, empfehle ich Ihnen, eine Reservierungsgebühr oder Anzahlung auf den Kaufpreis zu erheben. Manche bringen hier Beträge von 10.000 Euro oder mehr ins Spiel. Dies ist schlichtweg nicht seriös, denn das Geschäft wird ja erst mit dem notariellen Kaufvertrag verbindlich. Eine Größenordnung von 0,3 Prozent des Kaufpreises ist vertretbar, also bei einem Kaufpreis von 300.000 Euro maximal 900 Euro. Vereinbaren Sie auch, dass diese Anzahlung bei Ihnen verbleibt, falls der Kauf wider Erwarten nicht zustande kommt – als Entschädigung für die weiteren laufenden Kosten der öffentlichen Lasten, der Unterhaltung und neuer Inseratskosten. Vermerken Sie auch, dass die Anzahlung im Falle eines Kaufs auf den Kaufpreis angerechnet wird. Rechtlich ist dies eine Grauzone, aber Sie verpflichten den Interessenten damit moralisch. Durch den Geldbetrag wird der potenzielle Käufer sich die Sache nach meiner Erfahrung gründlich überlegt haben. Was sonst noch in die Reservierung gehört, folgt später.

Wichtig in Sachen Reservierung ist: Sollten Sie einen Makler beauftragen, Ihre Immobilie zu vermarkten, dann achten Sie darauf, dass eine Reservierung nur unterzeichnet wird, wenn auch Sie sie unterzeichnen. Ohne Unterschrift Ihrerseits als Eigentümer ist die Reservierung rechtlich noch wackliger, als sie ohnehin schon ist. Ihr Makler ist nicht der Eigentümer und kann nicht über Ihre Immobilie verfügen. Dies sollte ein professioneller Immobilienmakler wissen und entsprechend von sich aus auf Ihrer Beteiligung bei der Reservierung bestehen.

Datenschutzgrundverordnung

Wer kennt Sie nicht, die Unterschrift beim Arzt oder wo auch immer, mit der Sie der Verwendung Ihrer Daten zustimmen? Grund dafür ist die Datenschutzgrundverordnung (DSGVO), die am 25. August 2018 in Kraft getreten ist. Mittlerweile wissen wir, dass wohl nicht alles so heiß gegessen wie gekocht wird. Seit Corona scheint die DSGVO nicht mehr wirklich im Vordergrund zu stehen. Dennoch gibt es sie und man sollte sie befolgen. Auch als privater Immobilienverkäufer. Sie dürfen noch lange nicht nach allem fragen und schon gar nicht alles speichern. »Speichern« bezieht sich nicht nur auf elektronische Datenträger, sondern auch auf Papier.

Keine Sorge, ich möchte Ihnen keine Schulung in Sachen Datenschutz geben. Aber die folgenden Dinge sollten Sie in jedem Fall beachten, um den DSGVO-Anforderungen so gut es geht nachzukommen. Eine Garantie, dass dies ausreicht und niemand doch noch Verstöße sieht, kann ich natürlich nicht geben.

Zunächst einmal sollten Sie wissen, dass Sie eine ganze Menge Fragen nicht stellen sollten, zum Beispiel ...

- nach der Religionszugehörigkeit,
- nach der ethnischen Herkunft,
- nach der sexuellen Identität,
- nach einer Schwangerschaft und der Familienplanung,
- nach Hobbys,
- nach der politischen Orientierung,
- nach der Zugehörigkeit zu einer Partei,
- nach der Zugehörigkeit zu einer Gewerkschaft,
- nach gesundheitlichen Daten,
- danach, ob jemand raucht,
- nach Vorstrafen.

Sexuelle Identität, gesundheitliche Daten, Religion und politische Ausrichtung sollten in meinen Augen nie eine Rolle spielen, egal ob beim Hauskauf oder bei der Bewerbung um einen Job. In Sachen Vorstrafen wäre es natürlich schön zu wissen, ob jemand gewerbsmäßig Immobilienbetrug betreibt. Allerdings wird er es Ihnen ohnehin nicht sagen, auch wenn Sie noch so freundlich fragen (dazu später mehr).

Die Familienplanung ist da schon eher eine Sache, die in Bezug auf Ihre Immobilie von Interesse ist. Denn eine Großfamilie wäre für Ihre Zwei-Zimmer-Eigentumswohnung sicherlich nicht der geeignete Interessent. Die direkte Frage können Sie umgehen: Fragen Sie, mit wie vielen Personen man einziehen möchte und was die Beweggründe für den generellen Kauf einer Immobilie sind. Meistens bekommen Sie dann die Information, die Sie wünschen. Sollte Ihnen der Interessent freiwillig und unaufgefordert Daten zur Verfügung stellen, die für den Kauf der Immobilie nicht relevant sind, dann sind Sie verpflichtet, diese zu vernichten.

Was Sie abfragen dürfen, und zwar schon beim ersten Kontakt, sind die Angeben zur Person und die Kontaktdaten, also Namen, Anschrift, Telefonnummer und E-Mail-Adresse. Bei konkretem Interesse dürfen Bonitätsauskünfte oder Finanzierungsbestätigungen seitens der Bank angefordert werden. Die Frage wäre, wann ein Interessent konkretes Interesse bekunden kann. Häufig wird hier der Zeitpunkt nach einer Besichtigung genannt. Als gewerblicher Anbieter ist man an dieser Stelle auf der sicheren Seite. Daher wird auch nach der Anfrage bei uns eine virtuelle Besichtigung angeboten. Hat der Interessent dann immer noch Interesse am Objekt, fragen wir die allgemeine Finanzierungszusage ab. Für Sie als privater Anbieter ist diese virtuelle Besichtigung wahrscheinlich zu aufwendig in der Erstellung. Daher der Praxistipp: Fragen Sie, ob Ihr Interessent bereits Gespräche mit der Bank zwecks Finanzierung geführt hat. Auch hier bekommen Sie dann meist die gewünschten Auskünfte.

Wenn die Kaufabsicht konkret wird, verpflichtet Sie das Geldwäschegesetz zur Aufnahme zusätzlicher Daten, die Ihnen ja bereits bekannt sind. Spätestens an dieser Stelle sollten Sie sich die schriftliche Erlaubnis einholen, die Daten zu speichern und für die Erfüllung gesetzlicher Vorschriften verwenden und an das gewünschte Notariat weiterleiten zu dürfen. Streng genommen und wenn Sie hundertprozentig auf Nummer sichergehen wollen, sollten Sie dies schon unmittelbar nach der ersten Kontaktaufnahme tun. Entscheiden Sie selbst, welchen Weg Sie gehen möchten.

Wichtig zu wissen: Wenn die Gespräche mit einem Interessenten nicht zu einem Kaufabschluss kommen, sind dessen Daten unverzüglich, also ohne schuldhaftes Zögern zu löschen. Daten auf Papier müssen mit Aktenvernichter der Sicherheitsstufe 4 vernichtet werden. Ein Feuer im Kaminofen oder Grill sollte den Anforderungen auch genügen, sofern Sie dies mit Blick auf unsere Umwelt mit Ihrem Gewissen vereinbaren können.

Wenn Sie den Kaufvertrag mit dem Käufer geschlossen haben, hat dieser ein Recht auf Löschung seiner Daten nach Art. 17 DSGVO, sofern diese ihren Zweck erfüllt haben und nicht mehr notwendig sind. Allerdings ist dieser Punkt in meinen Augen schwer umsetzbar, denn genau genommen müssten Sie ja dann auch das originale Dokument des Kaufvertrages vernichten oder mindestens die alte Anschrift des Käufers nach erfolgtem Umzug in Ihr Haus unkenntlich machen. Soweit zu Theorie und Praxis.

Eines sollte klar sein: Ohne Notwendigkeit und ohne den Kaufinteressenten vorab darüber in Kenntnis zu setzen, dürfen Sie die Daten niemals an Dritte weitergeben. Und Sie müssen auch dafür sorgen, dass der Zugang zu den Daten gesichert ist. Haben Sie alle Interessenten auf Papier notiert, dann sollte dieser Zettel beim nächsten Kaffeeklatsch nicht auf dem Tisch liegen. Haben Sie die Daten auf Ihrem Tablet gespeichert, dann sollte dieses zumindest durch ein Passwort gesichert sein. Streng genommen dürfen Sie ohne die Zustimmung des Käufers auch Ihren Nachbarn nicht sagen, wer Ihr Haus gekauft hat. Gehen Sie sorgsam mit den Daten um, so wie Sie es auch von anderen in Bezug auf Ihre Daten erwarten. Dies ist in meinen Augen die wichtigste Regel.

TÜV, technische Prüfungen, Garantien

Sollten Sie in Ihrer Immobilie Einrichtungen oder technische Einbauten haben, die Sie mit dem Haus veräußern und die besondere gesetzliche Vorgaben und Anforderungen mit sich bringen – Prüfungen in bestimmten Intervallen, Abnahmen –, dann sollten Sie diese Anforderungen natürlich ebenfalls vorlegen. Das sind zum Beispiel bei Heizungen mit Verbrennung (Gas, Öl, Pellets, Holz) das regelmäßig erstellte Messprotokoll und der Feuerstättenbescheid. Steht dort, dass die Heizung zu einem bestimmten Stichtag außer Betrieb genommen wird, da die Anlage die Abgasgrenzwerte überschreitet, sind Sie verpflichtet, dies dem Käufer zu sagen. Oder Sie beseitigen das Problem und holen eine entsprechende neue Bescheinigung ein. Haben Sie das Dach gerade erst mithilfe eines Handwerksbetriebes erneuert, dann besteht eine Gewährleistung auf die durchgeführten Arbeiten. Auch diese sollten Sie mit der entsprechenden Rechnung an den Käufer übergeben.

Seriöse und unseriöse Interessenten

»Kluge Menschen suchen sich selbst die Erfahrungen aus,
die sie zu machen wünschen.«
Aldous Huxley (1894–1963), Schriftsteller

Seriöse von unseriösen Interessenten unterscheiden – das ist in zweierlei Hinsicht gemeint. Zum einen geht es um Leute mit betrügerischen, kriminellen Absichten und zum anderen um Interessenten, die entweder gar keine Kaufabsicht haben oder gerne kaufen würden, aber nicht können. Unter dem Strich rauben Ihnen »Interessenten« solcher Art mindestens Zeit, im schlimmsten Fall fügt man Ihnen materiellen oder gar körperlichen und seelischen Schaden zu. Wir alle wissen, dass es nie einen kompletten Schutz gibt, aber es gibt einiges, um Sie bestmöglich vor unseriösen Interessenten zu schützen.

Zunächst geben Sie im öffentlichen Exposé, also mit den Inhalten der Ebene »B«, keinerlei persönliche Informationen preis. Auf den Immobilienfotos sind Sie und Familienangehörige nicht zu erkennen. Dazu sind niemals Wert- oder Kunstgegenstände sichtbar. Auch der Sportwagen oder die Harley in der Garage fotografieren Sie nicht mit. Vermeiden Sie auch den Hinweis auf die Alarmanlage. Warum? Alle diese Dinge wecken Begehrlichkeiten bei unerwünschten Besuchern, sprich Einbrechern. Was Sie konkret in Sachen Kontaktdaten beachten sollten – Prepaid-Nummer und separate E-Mail-Adresse –, hatten wir schon erläutert. Auch, dass Sie die Adresse der Immobilie nicht angeben sollen. Damit haben Sie schon sehr viel getan, um Ihre Privatsphäre zu schützen.

Was von jemandem zu halten ist, der Ihnen den kompletten Kaufpreis in bar bezahlen möchte, weil er gerade von einem reichen Onkel aus Amerika geerbt hat, haben Sie bereits im Rahmen der

Erläuterungen zum Geldwäschegesetz erfahren. Auch Teilbeträge in bar, insbesondere über 10.000 Euro, sind mit Vorsicht zu genießen und laut Geldwäschegesetz sofort zu melden. Insbesondere wenn diese Teilzahlung den notariell beurkundeten Kaufpreis mindern soll, um Grunderwerbsteuer zu »sparen«. Wenn überhaupt irgendetwas mit Bargeld bezahlt wird, dann wird dies offiziell sein, sprich auch im Notarvertrag vermerkt sein und die Anforderungen an das Geldwäschegesetz werden eingehalten. Allein dieser Hinweis dürfte für eine schnelle Beendigung des Kaufinteresses eines dubiosen Barzahlers sorgen. Nochmals: Sie würden sich mindestens wegen der Beihilfe zur Steuerhinterziehung strafbar machen und dem Vorwurf der Beihilfe zur Geldwäsche gegenüberstehen.

Ich bin kein Jurist und möchte an dieser Stelle auch nicht juristisch werden. Aber dennoch möchte ich eine weitere Konsequenz aus der Schwarzgeldzahlung anhand eines Beispiels kurz erläutern. Verkäufer und Käufer gehen zum Notar und beurkunden dort einen Kaufpreis von 200.000 Euro für eine Immobile. Weitere 100.000 Euro zahlt der Käufer dem Verkäufer in bar vorher unbemerkt auf dem Parkplatz des Notars. Somit haben Sie einmal den Vertrag beim Notar geschlossen und einmal einen »Zusatzvertrag« auf dem Parkplatz. Der Vertrag auf dem Parkplatz dient aber nur dem Zweck, Steuern und Notargebühren zu hinterziehen und er würde nicht geschlossen werden, wenn beide Seiten nicht mit dem vollen Kaufpreis von 300.000 Euro einverstanden wären. Dies macht den Parkplatzvertrag nach § 134 BGB automatisch nichtig. Weil dieser »Zusatzvertrag« und der Notarvertrag aber in einem Zusammenhang stehen, führt die Nichtigkeit des Parkplatzvertrages auch zur Unwirksamkeit des Notarvertrags (§ 139 BGB). Der Käufer kann also nicht als Eigentümer ins Grundbuch eingetragen werden. Sollte dies bereits geschehen sein, so ist dies auf Antrag zu berichtigen.

Im Klartext: Durch die Nichtigkeit der Verträge werden Sie wieder Eigentümer der Immobilie. Weitere juristische Auseinandersetzungen werden folgen. Glauben Sie mir: Ein solches Prozedere und Risiko wollen Sie nicht.

Der Besichtigungstourist

Was viele Laien gar nicht wissen: Es gibt tatsächlich Menschen, die ihre Zeit damit verbringen, aus Spaß Immobilien zu besichtigen. Das sind die unter Maklern berüchtigten »Besichtigungstouristen«.

Der Besichtigungstourist an sich ist ein freundlicher Zeitgenosse. Er ist nicht kriminell und hat auch sonst keine bösartigen Absichten. Allerdings ist er ein gnadenloser Zeiträuber. Sein Hobby ist die Besichtigung von Immobilien. Er will in fremde Häuser schauen, um zu sehen, wie die Bewohner dort leben. Routiniert und erfahren, wie der Besichtigungstourist ist, wird er bei Ihrem ersten Telefonat Ihre Immobilie loben und sein angebliches Kaufinteresse nahezu perfekt simulieren. Nicht selten denkt man nach diesem ersten Gespräch, man habe gerade den neuen Käufer der Immobilie am Apparat gehabt. Bei der Besichtigung kann sich dieser Eindruck zunächst bestätigen oder Sie haben danach ein ganz komisches Gefühl. Manche Besichtigungstouristen werden ihre Rolle als interessierter Käufer perfekt spielen und sich mit dem Hinweis, man melde sich, verabschieden. Meistens melden sich diese Leute dann aber doch nicht mehr – und falls doch, dann hat angeblich eine Kleinigkeit den Ausschlag gegeben, Ihre Immobilie nicht zu kaufen. Die andere Sorte Besichtigungstourist wird dann schon dreister: Man benutzt das WC, man schaut sich genau Ihre Familienfotos und Notizen auf dem Kühlschrank an, man interessiert sich für die Bücher im Regal und öffnet sogar Schränke. Es kommen keine Fragen zur Immobilie, sondern zu Ihnen.

Hier meine klare Handlungsempfehlung: Die Benutzung des WC kann wirklich einmal notwendig sein und sollte geduldet werden. Spätestens aber wenn die Hand zum Schrank geht, sollten Sie die Besichtigung beenden und den Touristen vor die Haustüre begleiten. Menschen, mit denen man den finanziell vielleicht wichtigsten Vertrag seines Lebens schließt, und das ist bei Immobilien oft der Fall, sollte man mit Respekt und Anstand gegenübertreten. Wer in Ihren privaten Dingen schnüffelt, hat keinen Anstand. Möchten Sie mit so jemandem einen Vertrag schließen?

Es gibt zum Glück eine Möglichkeit, Besichtigungstouristen trotz perfekter Tarnung im Vorfeld zu erkennen. Stellen Sie ihm schon am Telefon die richtigen Fragen! Eine Frage, die Besichtigungstouristen regelmäßig ins Stottern bringt, ist so simpel wie banal: »Was gefällt Ihnen denn an meiner Immobilie besonders, dass Sie sie kaufen möchten?« Oder einfacher: »Was hat Sie denn besonders an meiner Immobilie angesprochen?« Achten Sie genau auf die Reaktion. Häufig kommt sogar die Gegenfrage: »Wie meinen Sie das?« Ein klares Zeichen, dass man sich nicht wirklich mit der Immobilie befasst hat. Häufig kommt aber auch nach etwas Zögern nur eine Floskel wie »die Lage« oder »die Größe«. Bei der Lage sollten Sie direkt nachfragen, woher der Anrufer sie denn kennt, denn die Adresse haben Sie ja nicht angegeben. Kommt ein Hinweis auf die Größe, wäre die Frage nach den Plänen des »Interessenten« eine gute Möglichkeit, um zu prüfen, wie sehr er sich mit Ihrer Immobilie beschäftigt hat. Wenn jemand die Dachterrasse erwähnt, die nicht vorhanden ist, sollten Sie freundlich nachfragen, ob er vielleicht nicht doch eine andere Immobilie meint als Ihre.

Letztlich dienen diese Fragen dazu, den Anrufer zu qualifizieren und zu entscheiden, ob Sie diesen Menschen in Ihr Haus lassen möchten. Merkt der Tourist, dass Sie wachsam sind und seine Spezies nicht mögen, dann wird er es wahrscheinlich nicht zur Besichtigung kommen lassen – oder Sie können eine Besichtigung aus dem Gefühl Ihrer Eindrücke aus dem Telefonat ausschließen. Doch Nein sagen will gelernt sein! Eine einfache und freundliche Aussage ist: »Ich bin zu dem Entschluss gekommen, dass meine Immobilie nicht zu Ihnen passt. Da Ihre und meine Zeit wertvoll ist, sollten wir von einer Besichtigung absehen. Ich wünsche Ihnen viel Erfolg bei der weiteren Suche.«

Sollten Sie im Gesprächsverlauf zu der Überzeugung kommen, dass da wirklich ein Interessent mit Ihnen spricht, dann laden Sie ihn ein. Kann er nun definitiv und immer nur sonntags, dann ist das wieder ein Indiz für einen Besichtigungstouristen. Bieten Sie also eine Besichtigung am Samstag an, spätabends oder frühmorgens. Wer wirklich interessiert ist, findet eine Möglichkeit auch unabhängig vom Sonntag. Ausnahmen bestätigen hier natürlich die Regel: Wenn jemand mehrere hundert Kilometer von Ihnen entfernt ist und nur sonntags in Ihre Region kommen kann, dann kann man eine Ausnahme machen. Fragen Sie aber dezent, ob derjenige dann auch beruflich in Ihre Region wechselt. Meine Erfahrung zeigt, dass diese Fälle sehr selten sind.

Der »Möchtegern-Käufer«

Es gibt auch Menschen, die Ihre Immobilie sehr gerne kaufen möchten, es aber nicht können. Die finanziellen Mittel lassen dies nicht zu. Wenn Sie Glück haben, entlarven sich diese »Interessenten« beim ersten Telefonat oder sogar in der Anfrage selbst. Wenn die Frage nach dem »letzten Preis« kommt oder wenn jemand fragt, ob Sie sich auch einen »Mietkauf« vorstellen können, haben Sie Anzeichen für eine nicht sehr üppige Bonität.

Andererseits gibt es Kulturkreise und Mentalitäten, in denen das Handeln etwas Alltägliches ist und die Frage nach dem »letzten Preis« nahezu reflexartig gestellt wird, obwohl genügend Kapital da ist. Eine gute Antwort wäre in diesem Fall: »Meinen letzten Preis kennen Sie. Er steht im Exposé.« Dies sollten Sie in der Tonart mit einem leichten »Augenzwinkern« vermitteln. Reißen Sie dann das Gespräch an sich und starten Sie die Fragen, die Sie bereits beim Besichtigungstouristen kennengelernt haben. Stellen Sie aber auch die Frage, ob sich der Interessent schon in Sachen Finanzierung hat beraten lassen. Kommt hier ein »Nein«, dann sollten Sie fragen, wie denn seiner Meinung nach sein Budget aussieht und ob Eigenkapital vorhanden ist. Wenn jemand gar nicht vorbereitet ist, werden Sie dies an seiner Unsicherheit merken. Führen Sie in diesem Fall das Gespräch zu einem Ende und empfehlen Sie dem Interessenten eine Beratung bei der Bank. Sagen Sie ihm, dass er sich gerne wieder melden kann, wenn sein Finanzierungskonzept steht. Alternativ wäre auch die Bitte, Ihnen dann eine allgemeine Finanzierungbestätigung vorzulegen. Dies ist laut DSGVO zwar eher bedenklich, allerdings hat er Ihnen durch sein Handeln – Gang zu Bank – sein ernsthaftes Kaufinteresse signalisiert und somit wäre es auch mit Blick auf den Datenschutz in Ordnung.

Es kann aber auch sein, dass der Interessent keine Finanzierung benötigt und den Kaufpreis tatsächlich aus eigenen Mitteln bezahlen kann. Wenn jetzt wieder Bargeld ins Spiel kommt, wissen Sie, was zu tun ist. Grundsätzlich ist aber ein hohes Eigenkapital nicht verwerflich und der Interessent kann absolut seriös sein. Stellen Sie dennoch die Frage, woher das Geld kommt. Vielleicht nicht direkt, aber fragen Sie doch einmal nach der beruflichen Tätigkeit des Anrufers. Ist die Antwort schlüssig und plausibel? Oder erscheint sie konstruiert?

Wenn jemand so viel Eigenkapital hat, dann kann auch eine Behauptung die gewünschte Antwort bringen. Zum Beispiel wenn Sie sagen: »Respekt! Dann waren Sie clever und fleißig und haben gut gespart.« So gelobt, kommt oft die Erläuterung, wie man an das Eigenkapital kommt. Wenn das für Sie schlüssig klingt, dann laden Sie den Interessenten zur Besichtigung ein. Allerdings wird er verhandeln wollen. Seien Sie sich dessen bewusst. Wenn also nun die abgeschwächte Frage kommt, ob es denn noch Verhandlungsspielraum gebe, dann ist eine gute Antwort: »Schauen Sie sich die Immobilie einmal an und dann können Sie ja ein Angebot machen. Mein Angebot kennen Sie ja.«

Kommen wir zurück zum Möchtegern-Käufer. Es steht noch die Frage nach dem »Mietkauf« im Raum. Das ist ein Model, wovon ich aus Überzeugung abrate. Kurz beschrieben bedeutet Mietkauf nichts anderes, als dass Sie dem Käufer ein Darlehen gewähren und er es in monatlichen Raten an Sie zurückzahlen.

Der Mietkauf wird auch notariell beurkundet. Ist der vereinbarte Kaufpreis nebst vereinbarter Verzinsung komplett an Sie bezahlt, ist der Mietkauf abgeschlossen. Die knifflige Frage, wann das Eigentum umgeschrieben wird und wer ab wann die Pflichten und Rechte des Eigentümers hat, blenden wir an dieser Stelle aus. Eine deutliche Frage an Sie: Warum sollten Sie in der derzeitigen Niedrigzinsphase Ihrem Käufer das Geld zum Kauf in Form eines Darlehens gewähren?

Es gibt für die Frage nach einem »Mietkauf« nur einen Grund: Ihr Käufer ist in Augen der Banken nicht kreditwürdig! Zumindest nicht für den Kaufpreis, der Ihnen für Ihre Immobilie vorschwebt. Warum sollten Sie ihn also für kreditwürdig halten? Schließen Sie den Mietkauf freundlich, aber bestimmt aus. »Wissen Sie, Herr X, die Banken können Ihnen derzeit so gute Konditionen bieten, da ist ein Mietkauf doch viel zu teuer und unwirtschaftlich. Außerdem möchte ich dies nicht.«

Fazit: Stellen Sie die Frage nach den bisherigen Gesprächen mit dem Finanzberater. Häufig ist die Antwort klar und Sie wissen, woran Sie sind. Übrigens: Wenn jemand Eigenkapital hat, wird er es Ihnen vor Abschluss des Notarvertrages auch belegen können. Eine Möglichkeit wäre ein Kontoauszug. Eleganter wäre eine Bestätigung der Bank darüber, dass dem Interessenten ausreichende Mittel zur Begleichung des Kaufpreises zur Verfügung stehen.

Die Unvorbereiteten

Manchmal sind Anrufer auch einfach nur unvorbereitet. Auch diese Art von Interessenten gibt es. Man befasst sich gerade erst mit dem Gedanken, eine Immobilie zu kaufen. Voller Euphorie hat man Ihr Exposé im Internet gesehen und meldet sich spontan. Wenden Sie auch hier die bereits bekannte Fragestrategie aus der Kategorie »Besichtigungstourist« und »Möchtegern-Käufer« an. Wahrscheinlich war der Anrufer auch noch nicht bei der Bank zur Klärung des Budgets und ein unvorbereiteter »Interessent« wird Ihre Empfehlung dazu wahrscheinlich dankbar aufnehmen.

Achten Sie im Gespräch aber auch auf Widersprüche. Wenn man Ihnen bei der Frage nach den Plänen zu Ihrem Haus gesagt hat, dass auch die Oma im Rollstuhl einziehen soll, dann ist dies ein Widerspruch, falls Ihr Haus nur über eine Treppe zu erreichen ist und ebenerdig kein Schlaf- und Badezimmer zur Verfügung steht. Zugegeben: Dies ist jetzt ein bewusst deutlicher Widerspruch, aber auch solche kommen in der Praxis vor. Sprechen Sie diese Widersprüche an: »Sie sagen, Ihre Mutter im Rollstuhl soll mit einziehen. Ihnen ist bewusst, dass das Haus nur über Treppen zu erreichen ist?« Häufig werden Widersprüche übersehen, obwohl sie ein K.o.-Kriterium sein können.

Hat der Interessent dies aber erkannt und eine Lösung erarbeitet, dann wissen Sie: Er ist sehr interessiert. Also: Begegnen Sie dem unvorbereiteten Interessenten nicht als Oberlehrer. Sehen Sie sich eher als Unterstützer und helfen Sie ihm, sich zu strukturieren und die wichtigen Dinge für ihn zu erkennen. Es kann sein, dass dieser Interessent so Vertrauen zu Ihnen aufbaut und am Ende Ihre Immobilie kauft. Und falls nicht: Immobilieninteressenten kennen andere Interessenten und empfehlen vielleicht dort Ihre Immobilie. Nicht zuletzt, weil Sie so fair und nett sind.

Fazit

Stellen Sie die wichtigen und richtigen Fragen und notieren Sie sich die Antworten zu den jeweiligen Interessenten. Versuchen Sie, die Beweggründe der Interessenten für den Kauf einer Immobilie zu erfahren. Wenn Sie das »Warum« kennen, haben Sie die besten Möglichkeiten – bei der Auswahl potenzieller Besichtigungskandidaten und auch in den Verhandlungen zum Abschluss. Lehnen Sie auch Besichtigungen klar und freundlich ab, wenn Sie zu dem Schluss kommen, dass weiter investierte Zeit vergebliche Liebesmühe für Ihr Ziel ist, den optimalen Verkaufspreis zu erzielen.

Natürlich hat die Medaille zwei Seiten. Legen Sie die Messlatte zur Einladung zu einer Besichtigung zu hoch, kann es sein, dass Sie auch potenzielle Käufer von vorneherein abweisen. Hier ist meine Empfehlung: Sagen Sie konsequent Nein, wenn eine Besichtigung offensichtlich keinen Sinn hat. Sind Sie sich nicht sicher und überwiegen die Argumente gegen eine Besichtigung, dann sollten Sie Ihre Menschenkenntnis nutzen und auch die angesprochene Bauchgefühl-Methode. Wenn hier das Gefühl überwiegt, die Person doch zur Besichtigung einzuladen, dann tun Sie's. Hier kann eine Besichtigung mehr am Ende die richtige Entscheidung gewesen sein. Wenn übrigens alle Argumente für eine Besichtigung mit Interessent X sprechen, aber Ihre Menschenkenntnis und Ihr Gefühl Ihnen etwas komplett anderes vermitteln, dann dürfen Sie auch hier den Mut haben, Nein zu sagen. Denn nur Sie bestimmen, wer Ihr Haus aus welchen Gründen sehen darf und wer nicht.

Wie Sie Besichtigungen organisieren

»Improvisation: etwas, das nur funktioniert, wenn es seriös vorbereitet ist.«
*Markus M. Ronner (*1938), Theologe*

Die Besichtigung ist aus vielen Gründen wichtig und elementar. Der Interessent lernt Ihre Immobilie und Sie kennen. Umgekehrt sollten Sie auch die Chance nutzen, den Interessenten kennenzulernen. Aber bevor der Interessent kommt, gibt es noch einiges zu tun.

»Der erste Eindruck zählt«, lautet eine Weisheit, die wohl jeder kennt. Auch bestätigen wissenschaftliche Studien diese Aussage. Demnach wird der erste Eindruck fast ausschließlich durch oberflächliche Faktoren gebildet, die ausnahmslos auf Wahrnehmung beruhen. Dazu reichen wenige Sekunden, manchmal nur Bruchteile. Wesentliche Faktoren sind die Haltung und Körpersprache, der Blickkontakt, ein Lächeln, das Äußere, ein gepflegtes Auftreten und Kleidung und nicht zuletzt auch der Duft. Die Rückschlüsse daraus sind klar und gelten für Sie und für Ihre Immobilie.

Die Terminplanung

Damit Sie Ihre Interessenten entspannt und mit einem Lächeln begrüßen können, sollten Sie die Termine und auch die Besichtigungen mit Interessenten sorgfältig planen. Planen Sie unbedingt Einzelbesichtigungen, also empfangen Sie jeden Interessenten und jede interessierte Familie individuell. Planen Sie dabei ruhig mehrere Termine mit unterschiedlichen Interessenten hintereinander.

Schätzen Sie aber bitte im Vorfeld ein, wie lange die Besichtigung wohl dauern wird. Damit Sie dies realistisch einschätzen können, sollten Sie den Ablauf der Besichtigung strukturieren. Überlegen Sie sich, in welcher Reihenfolge Sie Ihren Interessenten durchs Haus führen: Legen Sie fest, welche Räume Sie wann zeigen und welche kurzen, aber wichtigen Informationen Sie jeweils dazu erläutern können. Gibt es nichts zu erläutern, dann überlegen Sie, welche Fragen Sie stattdessen an den Interessenten stellen könnten und wo es Sinn hat zu schweigen und den Interessenten die Eindrücke verarbeiten zu lassen, um ihm Raum für seine Fragen zu geben.

Proben Sie eine Besichtigung auch gerne mal mit einem Familienmitglied, mit Freunden oder Bekannten. Worauf Sie bei der Reihenfolge der einzelnen Stationen bei Ihrer Besichtigung achten sollten und was besprochen und gefragt werden soll, erarbeiten wir gleich noch im Detail. Zunächst ist es wichtig, ein Gefühl für die nötige Zeit zu bekommen. Wenn Sie für Ihre Probebesichtigung rund 30 Minuten brauchen, dann sollten Sie weitere 30 Minuten Puffer zum nächsten Termin einplanen. Eine halbe Stunde ist in meinen Augen ein gutes Zeitfenster, um sicherzustellen, dass Sie den nächsten Interessenten mit einem Lächeln begrüßen, aber auch den aktuellen Interessenten entspannt und mit einem Lächeln ohne Zeitdruck verabschieden können. Wenn Sie nicht sicher sind, ob 30 Minuten Puffer ausreichen, dann probieren Sie es aus. Legen Sie die allererste Besichtigung ohne direkte Folgetermine fest. Dies ist gleichzeitig die Gelegenheit zu testen, ob der von Ihnen gewählte Ablauf der Besichtigung auch in der Praxis funktioniert oder ob Sie etwas besser gestalten können.

Wenn Sie Termine nach Feierabend planen, so berücksichtigen Sie auch hier einen ausreichenden Puffer für Verzögerungen. Also wenn es im Job mal etwas länger dauert, weil ein Kunde noch ein wichtiges Anliegen hat oder wenn Ihr Interessent im Stau steht – all das kann passieren. Planen Sie auch etwas Zeit ein, um sich kurz zu erholen und nötigenfalls nochmal frisch zu machen oder umzuziehen. Wenn Sie hier durch Zeitdruck gestresst und gehetzt sind, ist das nicht gut für den ersten Eindruck und auch nicht für Sie. In der Ruhe liegt die Kraft.

Achten Sie bei der Terminvergabe auch darauf, dass Sie die Immobilie bis zum Ende bei Tageslicht besichtigen. Im Sommer ist das in der Regel kein Problem. Ab Oktober aber wird es sehr rasch dunkel, im Winter ist es schon ab 16.30 Uhr finster. Klar, die meisten Interessenten und vielleicht auch Sie sind berufstätig und können meist erst am Abend. Trotzdem gibt es auch Menschen im Schichtdienst oder mit flexiblen Arbeitszeiten. Auch Sie können mit Ihrem Arbeitgeber eine Lösung finden, vielleicht nehmen Sie ein paar Tage Urlaub. Zudem sollten Sie den Samstag intensiv nutzen. Auf Termine am Sonntag würde ich mit Blick auf Besichtigungstouristen an Ihrer Stelle verzichten – erst recht, wenn Sie den Verkauf Ihrer Immobilie selbst und neben Ihrer beruflichen Tätigkeit durchführen. Jeder Mensch braucht seine Ruhephase und Erholung und es gibt ja auch ein Familienleben.

Fazit: Bei der Anzahl der Besichtigungen an einem Tag gilt: Weniger ist mehr. Beim Zeitpuffer zwischen Terminen gilt: Mehr ist besser. Zeitdruck und der damit verbundene Stress sind zu vermeiden. Dann ist ein ruhiges, souveränes und vor allem freundliches Auftreten gewährleistet. Zudem macht man unter Zeitdruck Fehler oder hört nicht richtig zu. Aber dazu später mehr.

Die Vorbereitung

Zum Termin sollten Sie und Ihre Immobilie vorbereitet sein. Denn auch für Ihre Immobilie gilt: Es gibt keine zweite Chance für den ersten Eindruck. Sorgen Sie also für aufgeräumte und saubere Zimmer. Räumen Sie persönliche und wertvolle Dinge weg oder schließen Sie sie ein. Wie sieht es im Bad aus? Ist die Ablage aufgeräumt und hängen die Handtücher ordentlich? Gibt es hier Dinge, die der Interessent nicht sehen möchte oder sollte? Haben Sie den WC-Deckel geschlossen? Sind in den Schlafräumen die Betten gemacht und auf dem Sofa die Kissen wie gewünscht platziert? Und in der Küche ist der Abwasch erledigt und der Tisch abgeräumt?

Räumen Sie auf, machen Sie es nett und achten Sie auf eine gewisse Wohlfühlatmosphäre. Übertreiben Sie es aber nicht. Es muss nicht zwangsläufig vor jeder Besichtigung ein kompletter Hausputz durchgeführt werden – wenn augenscheinlich alles sauber ist, dann reicht Ihr üblicher Rhythmus. Räucherstäbchen, Hintergrundmusik und andere Inszenierungen halte ich persönlich ebenfalls für übertrieben, vielleicht ist so etwas sogar kontraproduktiv. Was aber Sinn hat: vor der Besichtigung gut zu lüften. In der Küche darf es gerne nach frischem Kaffee duften, nicht aber nach dem gebratenen Fisch vom Vortag. Wenn Ihr Wohnbereich einen Kaminofen hat und dort der dezente und würzige Geruch von Eichenholz in der Luft liegt, dann kann dies eine gewisse Atmosphäre schaffen. Stinkt es nach Qualm, wirkt es nachteilig. Der Duft des Lavendelbades im Badezimmer ist auch in Ordnung, andere Gerüche aber nicht – ich denke Sie verstehen, welche ich meine. Sorgen Sie auch dafür, dass niemand Ihrer Familienangehörigen durch die Besichtigung in seinem Zimmer oder Bad überrascht wird. Klingt dies alles banal und selbstverständlich für Sie? Wunderbar, aber Sie glauben nicht, was man als Makler so alles erlebt.

Was für den Innenbereich gilt, das gilt auch für den Außenbereich. Es muss nicht vor jeder Besichtigung der Rasen gemäht oder das Unkraut gezupft werden, wenn Sie hier ohnehin regelmäßig aktiv sind. Der Weg zur Haustür sollte aber sauber sein. Haben Sie den Müllbehälter, der heute abgeholt wurde, wieder an seinen Platz gestellt? Ist der Müllplatz sauber? Ist die Terrasse aufgeräumt und gefegt? Wenn sich das Wetter eignet, legen Sie die Auflagen auf die Gartenmöbel. Ein paar Blumen auf dem Tisch machen den Anblick noch freundlicher. Platzieren Sie Ihre Sonnenliege an Ihrem Lieblingsplatz im Garten. Und vielleicht schnurrt ja gerade der Rasenroboter bei der Arbeit.

Neben der Immobilie sollten aber auch Sie vorbereitet sein. Sich frisch machen und gepflegt auftreten sollte eine Selbstverständlichkeit sein. Es erwartet sicherlich niemand von Ihnen den feinsten Zwirn, aber das verschwitzte Outfit der Gartenarbeit sollte es auch nicht sein. Auch kurze Hosen oder sehr luftige Kleidung sind nicht angemessen. Achten Sie auf einen gewissen Stil bei der Kleidung, verkleiden Sie sich aber auch nicht. Bleiben Sie authentisch und beachten Sie dennoch die Wirkung Ihres Auftretens bei Ihrem Gegenüber. Was denken Sie, wenn jemand in Jogginghose zur Besichtigung kommt? Nehmen Sie diese Person ernst? Wahrscheinlich nicht, es sei denn, es ist ein bekannter Fußballprofi, der gerade vom Training kommt.

Seien Sie aber neben Ihrem Auftreten auch inhaltlich auf den Termin vorbereitet. Haben Sie die Unterlagen der Kategorie »A« zusammen mit dem Exposé in einer Mappe zusammengestellt und griffbereit? In ausreichender Anzahl für alle anstehenden Termine, um diese am Ende jedem aushändigen zu können? Sind Sie auf Fragen vorbereitet und haben Sie sich Ihre Gesprächsnotizen noch einmal angeschaut? Ergibt sich daraus vielleicht sogar ein persönlicher Ansatz für die Begrüßung? Also wenn Ihr Interessent beispielsweise gesagt hat, dass er erst ab einem bestimmten Tag besichtigen kann, da er noch eine Reise hat, könnte ein Einstieg in das Gespräch so aussehen: »Guten Tag, Frau Meier, schön, Sie zu sehen. Wie war Ihre Fahrt an die Nordsee?« Oder wenn jemand angedeutet hat, dass er für die Besichtigung Urlaub nimmt, können Sie auch das zur Begrüßung nutzen: »Guten Tag, Herr Schulze, schön, dass Sie sich extra die Zeit genommen haben.« So fällt zum einen der Einstieg ins Gespräch leichter und zum anderen wird der Interessent von Ihrer Wertschätzung überrascht und in gewisser Weise geschmeichelt sein. Keine schlechten Voraussetzungen für einen guten ersten Eindruck.

Der Blick auf die Notizen hilft Ihnen auch, um auf spezielle Fragen vorbereitet zu sein. Was aber noch viel wichtiger ist: Sie kennen vielleicht schon das »Warum« des Käufers oder können zumindest eine Tendenz in diese Richtung erkennen. Entsprechend ist es nun Ihre Aufgabe, das »Warum« des Käufers zu 100 Prozent in Erfahrung zu bringen und ihn dann in seinem »Warum« zu bestärken. Ja, das ist Ihre wichtigste Aufgabe. Sie müssen Ihren Interessenten kennenlernen und möglichst viel über ihn erfahren. Das erreichen Sie nicht, indem Sie bei der Besichtigung Ihren Lebenslauf und die Historie der Immobilie mit jeder irgendwann einmal festgezogenen Schraube bis ins kleinste Detail in Form eines Monologs ohne Punkt und Komma in 30 Minuten darlegen. Dies würde den Kaufinteressenten langweilen und nerven. Seien Sie einmal ehrlich: Wann würden Sie in der Situation Ihres Gegenübers die ersten Fluchtgedanken entwickeln?

Übrigens: Belagern Sie bitte Ihren Besichtiger nicht mit der ganzen Familie. Meine Erfahrung zeigt, dass auch hier weniger mehr ist. Eine Person als klarer Ansprechpartner sorgt für einen klaren Bezugspunkt. Entsprechend sollten Sie schon im Vorfeld sicherstellen, dass auch von Besichtigerseite alle Entscheider zum Termin kommen. Wenn Sie nun bei der Besichtigung allein Ihre Gäste durch Ihr Haus führen, ist es angenehmer für die Interessenten, weil sie auf fremdem Terrain in der Überzahl sind. Unterschätzen Sie diesen Punkt nicht. Wie würden Sie sich fühlen, wenn Sie zu zweit zu einer Besichtigung gehen und Ihnen dann vier Personen das Haus zeigen und am Ende alle wild durcheinander sprechen? Weniger ist mehr. Legen Sie fest, wer die Besichtigungen durchführt. Vielleicht teilen Sie sich auf? Eine Etage Sie, eine Etage Ihr Partner? Oder Sie setzen sich nach der Besichtigung – wenn das Interesse Ihres Gegenübers nach wie vor groß ist – kurz bei einem Kaffee zusammen, damit auch Ihr Partner die Gelegenheit bekommt, die Leute kennenzulernen?

Das ist alles legitim, aber belagern Sie die Interessenten bei der Besichtigung nicht. Außerdem: Je mehr Leute am Rundgang teilnehmen, desto enger wird es in manchen Räumen. Das ist auch nicht von Vorteil.

Wer fragt, führt

Es ist wichtig, dass Sie sich die Führung durch Ihre Immobilie im Vorfeld gut überlegen und sich Gedanken machen, mit welchen Informationen in welchem Raum Sie durch sachliche Informationen einen Mehrwert für den Interessenten schaffen und wo Sie Emotionen wecken können, die vielleicht sogar genau das »Warum« des Besichtigers ansprechen. Die wichtigen und richtigen Fragen stellen Sie nahezu beiläufig und dennoch gezielt.

Eine wichtige Frage zielt darauf, bis zu welchem Zeitpunkt der Interessent in Ihr Haus einziehen möchte. Manche stellen diese Frage bereits am Telefon, persönlich finde ich die Frage bei der Besichtigung angemessener. Wie spontan ist die Antwort und wie nachvollziehbar sind die Gründe für den genannten Zeitraum? Je spontaner die Antwort kommt, desto konkreter sind bereits die Planungen und Vorstellungen des Besichtigers. Das bedeutet für Sie: Es besteht ein sehr großes Interesse.

Weitere Fragen, die Sie stellen sollten, um Ihren Interessenten und dessen Beweggründe kennenzulernen, sind folgende:

- Hat Ihr Interessent einen besonderen Bezug zu dieser Stadt, zu diesem Stadtteil, zum Ort oder zur Region? Gibt es einen Bezug, weil er hier aufgewachsen ist, sein Arbeitsplatz hier ist oder Oma und Opa um die Ecke wohnen? Dann kennt sich Ihr Interessent aus und hat einen emotionalen Grund, hierherzuziehen. Sie brauchen ihn also nicht mehr umfassend über die Vorteile der Lage informieren. Zieht er aber nur um, weil er hier eine neue Arbeitsstelle angenommen hat, sollten Sie die Vorteile der Lage benennen und, sofern der Interessent Kinder hat, auf die Möglichkeit der Kindertagesstätten und Schulen in der Nähe hinweisen und auf die netten Nachbarskinder.

- Fragen Sie, was die Interessenten beruflich machen. Das gibt Ihnen zum einen Hinweise auf das Einkommen, aber vielleicht auch darauf, ob jemand Handwerker ist und vielleicht Arbeiten an Ihrem Haus durchführen kann. Nennt der Interessent seinen Beruf, dann fragen Sie doch, wer der Arbeitgeber ist. Kennen Sie ihn und vielleicht sogar möglicherweise Kollegen des Interessenten? Falls ja, ist das eine gute Möglichkeit, um Gemeinsamkeiten herzustellen. Vielleicht ist dieser Kollege ja eine gute Quelle für Informationen im Nachgang. Ist er Handwerker, dann fragen Sie doch, was er an Ihrem Haus verändern würde. Die Antwort auf diese Frage gibt Ihnen zwei Hinweise: Falls er wenig ändern will, gefällt ihm das Haus offensichtlich. Hat er umfangreiche, geschmacklich motivierte Umbaupläne, könnte er das Interesse an Ihrer Immobilie wegen zu hoher Kosten verlieren.
- Fragen Sie auch offen, wie konkret die Finanzierungsgespräche sind und ob die Bank eine Auskunft darüber gegeben hat, wie lange sie für eine objektspezifische Finanzierungszusage brauchen würde. Zur Erklärung: Die Bank muss immer den Beleihungswert einer Immobilie bestimmten, bevor sie eine Finanzierungszusage macht. In der Regel wird dazu auch seitens der Bank noch eine Besichtigung durchgeführt. Ist Ihrem Interessenten dieser Ablauf bekannt? Hat er schon einen Termin bei der Bank – nach dem bei Ihnen stattfindenden Besichtigungstermin – vereinbart? Auch hier sehen Sie, wie konkret das Interesse ist.

- Fragen Sie gegen Ende der Besichtigung offen, ob der Interessent sich vorstellen kann, in Ihrem Haus zu leben, und wenn ja, warum. Spätestens jetzt wissen Sie, woran Sie sind und wie konkret sein Interesse ist. Fragen Sie auch nach dem Grund, wenn er sich nicht vorstellen kann, hier zu leben. Vielleicht erhalten Sie wertvolle Hinweise, die Sie so noch nicht bedacht haben und nötigenfalls entkräften können – im Hinblick auf zukünftige Besichtigungen.
- Wenn das Interesse an Ihrer Immobilie hoch ist, sollten Sie den Interessenten unbedingt fragen, ob er sich noch andere Immobilien angeschaut hat oder anschaut und auf welchem Rang Ihre Immobilie derzeit steht.

Sie sehen, es sind nicht viele Fragen. Aber aus den Antworten können sich sehr viele wertvolle Informationen ergeben. Und Sie lernen die Interessenten besser kennen. Sie werden sehen, dass sich ein angenehmer Dialog entwickelt. Vor allem, weil Sie ja auch bestens vorbereitet sind und Ihrem Gegenüber ebenfalls alle Fragen beantworten können. Beide Seiten wissen so am Ende der Besichtigung, womit und vor allem mit wem sie es zu tun haben.

An dieser Stelle vergessen aber viele jedoch, die noch viel wichtigere Frage zu stellen: »Bis wann geben Sie mir eine Rückmeldung, wie konkret Ihr Interesse an meiner Immobilie ist?« Machen Sie es konkret! Bis Mittwoch, bis Ende der Woche, in zehn Tagen – wie auch immer. Wichtig ist: Notieren Sie es sich! Händigen Sie bei der Verabschiedung nun alle weiteren Informationen zum Haus aus, sofern Sie sie in gedruckter Form vorliegen haben. Bieten Sie auch an, dass eine zweite Besichtigung möglich ist, gerne, wenn gewünscht, auch mit einer weiteren Person des Vertrauens, die mehr Sachkenntnis in Sachen Immobilien hat. Also zum Beispiel mit einem befreundeten Handwerker oder einem Sachverständigen. Das schafft zusätzliches

Vertrauen und da Sie gut vorbereitet sind, wird der Sachverständige nichts finden, was dem Käufer nicht schon bekannt ist.

Der Aha-Effekt

Im Kapitel über die Unterlagen für das Exposé hatte ich angedeutet, dass Sie nicht gleich alle Informationen zur Immobilie preisgeben müssen, damit es noch positive Dinge für Ihre Interessenten vor Ort zu entdecken gibt. Haben Sie das in der Besichtigung eingebaut und erwähnt? Was könnten dies für Dinge sein? Etwa die erwähnte Markise auf der Terrasse, die vollautomatisch einfährt, wenn es windig wird? Oder die Steuerung der Rollladen und Heizung über App? Der Bewegungsmelder im Flur, der das Licht automatisch einschaltet, sodass Sie nicht den Schalter suchen müssen? Oder die Rasensprenger, die auf Knopfdruck ausfahren und den Rasen berieseln? All das sind Dinge, die man natürlich auch umfassend im Exposé beschreiben kann, die dort aber untergehen. Bei der Besichtigung können Sie solche schönen Überraschungen mit einer starken emotionalen Wirkung präsentieren und so die Kaufentscheidung positiv beeinflussen. Aber auch hier gilt: Machen Sie nicht so viel Wind um die Sache, präsentieren Sie diese Elemente eher beiläufig, aber bestimmt.

Es können also viele kleine und nützliche Details insgesamt zu einem Aha-Effekt führen. Es kann aber natürlich auch sein, dass Sie das »eine große Ding« haben, das zu diesem Aha-Effekt führen kann. Ich kenne Ihr Haus nicht. Was wäre so ein »großes Ding«? Und wenn es so groß ist, hat es dann Sinn, es im Exposé zu verheimlichen? Hat es Sinn, die Sauna mit Whirlpool im Keller im Exposé zu verschweigen, nur um das »große Ding« als Aha-Effekt zu haben? Nein, hat es nicht. Zumal die Sauna und der Whirlpool Ihren Kaufinteressenten vielleicht gar nicht ansprechen. Ich zum Beispiel wäre so ein Interessent, den Sie damit nicht beeindrucken könnten. Seien sie also vorsichtig mit einem »großen Ding« als der eine Aha-Effekt.

Nehmen Sie lieber Details, die praktisch sind und den Alltag erleichtern, die das Leben im Haus angenehmer oder sicherer machen.

Fragen der Besichtigenden

Und wonach fragen Ihre Gäste bei einer Besichtigung? Vielleicht erwarten Sie jetzt eine Checkliste möglicher Fragen durch Interessenten. Die gibt es aber nicht, denn Sie haben alle Fragen im Grunde schon beantwortet. Sie haben sämtliche Informationen zu Ihrer Immobilie zusammengetragen und sich über die Zielgruppe Ihres Hauses Gedanken gemacht. Sie haben umfangreich Merkmale aufgelistet und daraus den Nutzen formuliert. Sie kennen die Lage und Umgebung ohnehin wie Ihre Westentasche. Dazu haben Sie die Besichtigung vom Ablauf her geplant, wissen, was Sie zu welchem Raum und allgemein anmerken werden und Sie haben die Besichtigung im Kopf schon durchgespielt oder sogar geprobt. Sie brauchen keine Checkliste mehr. Sie haben garantiert auf jede Frage eine Antwort. Sie machen das schon!

Sollten Sie tatsächlich auf eine Frage einmal keine Antwort haben, dann ist diese Frage sicherlich sehr speziell. Es ist in diesem Fall keine Schande zu gestehen, dass Sie sich erkundigen werden und die Antwort nachreichen.

Trotzdem möchte ich auf manche speziellen Fragen kurz eingehen. Denn es kann zu einer Haftung führen, wenn Sie manche Fragen wider besseres Wissen beantworten. So gibt es gerade in Bezug auf Um- und Ausbau Fragen, die Sie auch bei gründlichster Vorbereitung nicht verbindlich beantworten können. Zum Beispiel:

- »Ist die Wand dort tragend?« Selbst wenn die Wand nur dünn ist, können Sie das nicht verbindlich sagen. Es sei denn, es ist nur eine Gipskartonwand, deren nachträglichen Einbau Sie selbst veranlasst haben. Für alle anderen Fälle empfehle ich diese Antwort: »Ich habe die Statik zum Haus den Unterlagen beigefügt. Wenn Sie diese Wand entfernen möchten, dann lassen Sie dies bitte durch einen Statiker klären.«

- »Kann man den Dachboden ausbauen?« Hier ist man gerne geneigt, Ja zu sagen – und das ist auch verständlich, wenn sich dort schöne Räume verwirklichen lassen. Aber hier gilt: Ein Ausbau des Dachgeschosses ist genehmigungspflichtig. Es ist in jedem Fall ein zweiter Rettungsweg zu schaffen. Je nach Höhe des Gebäudes gibt es auch daraus resultierende besondere Ansprüche an den Brandschutz. Wenn Sie diese Frage also bejahen, dann bitte so: »Ja, aber das ist genehmigungspflichtig und eine Genehmigung kann mit Auflagen verbunden sein.«

Gleiches gilt für die Dachgaube, den Wintergarten und die überdachte Terrasse. Machbar ist vieles, aber in den meisten Fällen ist eine Baugenehmigung erforderlich. Daher weisen Sie immer darauf hin, dass es zwar technisch oder handwerklich möglich ist, aber dass zugleich eine baurechtliche Genehmigung einzuholen ist und Sie nicht wissen, wie die Behörde entscheidet (»vorbehaltlich eventuell erforderlicher Genehmigung durch die zuständigen Behörden«).

Praxistipp: Wenn der Ausbau des Dachgeschosses naheliegend ist, dann sprechen Sie doch vorab mit dem zuständigen Bauamt. Wenn man dort grundsätzlich keine Bedenken hat, dann können Sie dies dem Interessenten so sagen und ihn an den Ansprechpartner beim Bauamt verweisen, um die Genehmigungsfähigkeit gemäß seinen Vorstellungen abzustimmen.

Letztlich haben Sie die Besichtigungen irgendwann erfolgreich hinter sich gebracht und kennen nun Ihre Interessenten etwas besser. Notieren Sie sich wieder die wesentlichen Erkenntnisse und Aussagen zu den einzelnen Interessenten und dazu, bis wann eine Rückmeldung vereinbart war. Stellen Sie neben den gedruckten Unterlagen auch sämtliche Unterlagen als PDF-Dateien zur Verfügung. Die sauber zusammengestellte Mappe mit den Ausdrucken soll Ihren Interessenten auch haptisch beeindrucken. Die elektronischen Daten kann er an seinen Finanzierungsberater und auch seine Personen des Vertrauens weiterleiten, die ihm in seiner Entscheidungsfindung helfen.

Was nach der Besichtigung zu tun ist

»Schade, dass die meisten aufhören zu rudern,
wenn sie am Ruder sind.«
Alfred Polgar (1873–1955), Schriftsteller

Wie bereits angesprochen, senden Sie Ihren Interessenten nach der Besichtigung auch eine E-Mail mit den Unterlagen. Auch dann, wenn Sie sie am Ende der Besichtigung bereits in Papierform in einer Mappe zur Verfügung gestellt haben. Die praktischen Gründe für den Interessenten, Weiterleitung an am Entscheidungsprozess beteiligte Dritte, habe ich schon genannt. Es gibt aber noch einen weiteren Grund: Gehen Sie in Ihrer E-Mail kurz auf die Besichtigung ein. Bedanken Sie sich für das angenehme Treffen und das interessante Gespräch. Gab es eine Besonderheit bei der Besichtigung? Etwas, was eine Gemeinsamkeit zwischen Ihnen hergestellt hat?

Eventuell der bekannte Arbeitgeber, die Verwandten, die Sie aus der Nachbarschaft kennen, die gleiche Hausbank oder sei es nur die gleichen Beweggründe, die Sie seinerzeit auch hatten, als Sie die Immobilie gekauft oder gebaut haben? Ob die Gründung einer Familie, das Motiv »Endlich Schluss mit Miete« – oder was auch immer. Sie zeigen dem Interessenten somit eine gewisse Wertschätzung und durch die Gemeinsamkeit bildet sich Vertrauen. Unterschätzen Sie das Vertrauen nicht, das ist enorm wichtig. Gibt es Interessenten, die Ihnen Bauchschmerzen machen? Dann werden Sie im Zweifel auch nicht an sie verkaufen. Umgekehrt ergeht es Interessenten genauso.

Ein weiterer wichtiger Aspekt ist aber, dass Sie den Interessenten in dieser E-Mail anbieten, dass Sie bei Fragen zum Haus und zu den Unterlagen gerne zur Verfügung stehen und er diese doch per E-Mail oder auch per Telefon an Sie richten solle.

Wenn Fragen kommen, beantworten Sie sie. Kommen keine Fragen, dann rufen Sie bitte nach zwei bis drei Tagen an. Seien Sie höflich und fragen Sie, ob der Interessent mit den Unterlagen klargekommen ist und ob noch etwas geklärt werden muss. Hier gibt es zwei denkbare Antworten: »Alles klar« und »Ich bin noch nicht dazu gekommen, mir alles anzusehen.« Fragen Sie in beiden Fällen nach, ob das Interesse noch vorhanden ist. Wenn jemand hier nun klar sagt, dass kein Interesse mehr besteht, dann ist das in Ordnung und Sie bedanken sich für den angenehmen Kontakt und wünschen für die weitere Suche viel Erfolg. Wenn noch Interesse besteht, fragen Sie nach, welche weiteren Schritte man derzeit plant und ob eine zweite Besichtigung erwünscht ist.

Wichtig ist: Bauen Sie keinen Druck auf. Wenn jemand sagt, er habe noch Interesse, müsse aber noch verschiedenen Dinge klären, dann respektieren Sie das. Schauen Sie aber nach, ob sich das mit der Aussage zur Rückmeldung bei der Besichtigung deckt. Falls ja, dann gewähren Sie diese Zeit und bestätigen Sie den Zeitpunkt erneut. »Vielen Dank für die Information zum aktuellen Stand bei Ihnen. Sie melden sich dann, wie besprochen, zum Ende der kommenden Woche?« Wenn jemand vom ursprünglich angedachten Zeitpunkt abweicht, legen Sie einen neuen Zeitpunkt für die Rückmeldung fest: »Was meinen Sie, bis wann Sie mir eine Rückmeldung geben können?«

Nach diesem Telefonat haben Sie drei Kategorien von Interessenten: Jemand ist sehr interessiert, er ist interessiert und hat Klärungsbedarf oder er ist eher schwach interessiert. Und Sie haben die aussortiert, die kein Interesse mehr haben. Jetzt warten Sie bis zum Tage der vereinbarten Rückmeldung ab, wobei Sie natürlich weitere Besichtigungen mit neuen Interessenten durchführen können.

Tag der Rückmeldung

Der Tag der Rückmeldung ist da. Wahrscheinlich haben sich die sehr Interessierten schon bei Ihnen gemeldet und vielleicht hat auch schon jemand in Sachen Finanzierung eine verbindliche objektbezogene Zusage von der Bank erhalten? Herzlichen Glückwunsch! Dann können Sie den nächsten Schritt gehen. Die Verhandlungen zur Vorbereitung des Notarvertrages können beginnen.

Sollten Sie noch keinen ernsthaft Interessierten haben: Nur Geduld, Sie müssen ja nur einen einzigen Käufer finden. Nehmen Sie wieder Ihre Liste und schauen Sie nach, wer sich wie versprochen zurückgemeldet hat. Das sind zumindest Leute, die sich an Absprachen halten und wahrscheinlich zuverlässig sind. Es wird drei Arten von Rückmeldungen geben:

- »Ich habe nach wie vor großes Interesse und bin dabei, die Finanzierung zu konkretisieren.«
- »Ihr Haus ist wirklich interessant, aber wir sind noch in der Entscheidungsphase.«
- »Wir haben uns gegen Ihr Haus entschieden.«

Beim letzten Beispiel haben Sie eine klare Aussage und wissen, wo Sie stehen. Dennoch empfehle ich hier nicht direkt, die berühmte Flinte ins Korn zu werfen. Fragen Sie gezielt nach den Gründen, die zu der Entscheidung geführt haben. Diese können für Ihren weiteren Verkaufsprozess wichtig sein. Haben Sie die genannten Punkte berücksichtigt? Sind diese berechtigt? Lohnt es sich, das Exposé etwas zu justieren? Oder waren es mehr oder weniger persönliche Gründe, die zu einer Entscheidung gegen Ihre Immobilie geführt haben? Wie auch immer, Sie bekommen wertvolles Feedback.

Nicht selten habe ich es auch erlebt, dass man das vermeintliche K.o.-Kriterium entkräften oder sogar auflösen konnte und es doch noch zum Kauf kam. Oft waren es vermeintliche Banalitäten wie eine falsch verstandene Baulast oder ein Missverständnis beim vermeintlich frühesten Zeitpunkt der Übernahme der Immobilie. Fragen Sie also nach! Sie erhalten in jedem Fall wichtige Erkenntnisse. Und denken Sie daran: Kaufinteressenten kennen Kaufinteressenten. Bleiben Sie freundlich, wünschen Sie viel Glück bei der weiteren Suche – und vielleicht fällt noch die Frage, ob Ihr Gegenüber jemanden kennt, für den Ihr Haus passender wäre. Das empfehle ich aber nur, wenn der Interessent zuverlässig in den Absprachen war und Sie sich ihn auch als Käufer hätten vorstellen können.

Dann gibt es noch die Unentschlossenen. Gefühlt wird die Anzahl derer, die sich zu einem schwerwiegenden Schritt zielstrebig und klar entscheiden, immer geringer. Die Gründe dafür sind vielfältig, aber in meinen Augen ist die zunehmende Mentalität, Verantwortung von sich zu weisen und auf andere abzuwälzen, ein Hauptgrund. Der Kauf eines Hauses ist für viele Menschen die größte Entscheidung und Investition des Lebens. Diese will zurecht gut überlegt sein, fällt aber schwer, wenn man letztlich selbst oder nur mit dem Partner ganz allein für diese Entscheidung die Verantwortung tragen muss, die sonst gerne umgangen oder auf viele Personen verteilt wird.

Führen Sie sich das vor Augen, wenn Sie mit Unentschlossenen sprechen. Diese brauchen aktive Hilfe für Ihre Entscheidung und auch Bestätigung für Ihre Entscheidung. Fragen Sie also gezielt nach: »Was ist für Sie ein Kriterium, das Sie von einer Entscheidung zugunsten meines Hauses abhält?« Oder: »Was müsste gegeben sein, damit Sie sich für mein Haus entscheiden?« Stellen Sie die Fragen bewusst offen und hören Sie sich die Antworten genau an. Sind es Gründe und Argumente? Oder Vorwände, die auf eine eigentlich schon getroffene Entscheidung hinweisen?

Nehmen wir dafür ein Beispiel: Aus den bisherigen Gesprächen wissen Sie, dass der Arbeitsplatz des Interessenten fünf Gehminuten entfernt ist. Wenn er Ihnen nun sagt, dass ihm die schlechte Verbindung des ÖPNV zu seinem Arbeitsplatz die Entscheidung derzeit noch nicht möglich macht, dann ist das sehr wahrscheinlich ein Vorwand. Es muss noch einen anderen Grund geben, den man noch nicht preisgibt. Vielleicht ist es der Kaufpreis? Vielleicht möchte man die Immobilie gerne haben, aber die Finanzierung wackelt? Das kann sein, aber man möchte es nicht zugeben oder sich anmerken lassen, da man Nachteile befürchtet, wenn die Finanzierung doch funktioniert.

Bleiben Sie also am Ball und fragen Sie weiter nach. Irgendwann kommt der eine Punkt, der wirklich brennt. Ist es das Zimmer, das fehlt? Oder die fehlende Badewanne im Bad? Wie auch immer: Haben Sie eine Idee, dies zu entkräften? Haben Sie sogar eine Idee, wie man etwas kostengünstig und einfach umbauen kann? Dann teilen Sie es dem Interessenten mit. Manche Lösungen sind auch hier banal, werden aber aufgrund der vielen Überlegungen, die ein Interessent hat, schlicht übersehen. Bieten Sie eine weitere Besichtigung an und fordern Sie den Interessenten aktiv auf, Ratgeber seines Vertrauens mitzubringen. Denken Sie daran: Er braucht Menschen, die ihn in seiner Entscheidung bestärken. Kleiner Hinweis: Fragen Sie vor der Einladung zur zweiten Besichtigung dennoch nach dem Stand der Finanzierung. Warten Sie mit der zweiten Besichtigung, bis das Gespräch beim Finanzberater stattgefunden hat oder mehr Klarheit herrscht. Oder fragen Sie schon vorher: »Sie haben übermorgen das Gespräch bei der Bank. Was halten Sie davon, wenn Sie im Anschluss noch mal zu mir kommen und wir schauen uns das Haus noch mal an?«

Wenn der Interessent nur Gründe findet, die gegen Ihre Immobilie sprechen, dann hat er sich in meinen Augen entschieden. Er möchte die Immobilie nicht, sucht aber im Prinzip noch jemanden, der ihn in seiner Entscheidung bestärkt oder ihm die Verantwortung dafür abnimmt. Wer wäre da besser geeignet als Sie?

Also, aus Ihrer Sicht betrachtet: Was bringt es Ihnen, Ihre Energie aufzuwenden, wenn Ihnen jemand deutlich zeigt, dass er Ihr Haus nicht nehmen will? Verwenden Sie Ihre Zeit und Ihre Bemühungen auf ernsthafte Kaufinteressenten! Trauen Sie sich ruhig ab einem gewissen Punkt des Gesprächs, freundlich und bestimmt zu sagen: »Frau Schulze, es ist offensichtlich, dass mein Haus nicht zu Ihren Vorstellungen passt. Dies ist vollkommen in Ordnung und um diese Entscheidung treffen zu können, schaut man sich ein Haus ja an. Ich wünsche Ihnen für Ihre Suche viel Erfolg und bin überzeugt, dass Sie das passende Haus finden werden.« Reiten Sie kein Pferd, das bereits tot ist, frei nach dem indianischen Sprichwort.

Die Entschlossenen sind bei Verkäufern beliebt. Aber auch hier rate ich bei aller Freude über den potenziellen Käufer zunächst zum Tritt auf die Bremse. Loben Sie die Entschlossenheit und die schnelle Klärung der Finanzierung. Bevor Sie aber eine verbindliche Zusage am Telefon in Richtung Kauf machen, laden Sie den vermeintlichen Käufer zu einer zweiten Besichtigung ein. Ermuntern Sie ihn ebenfalls, Personen seines Vertrauens mitzubringen. Diese braucht er zwar nicht für seine Entscheidung, aber es sind Leute, die ihm im Nachgang noch die Entscheidung madig machen könnten und das vielleicht kurz vor der Unterschrift beim Notar. Oder noch schlimmer: Einflüsterer vermiesen Ihrem Käufer das Geschäft im Nachgang. Dann hat der Schnellentschlossene womöglich Kaufreue und versucht das mit meist haltlosen, aber dennoch ärgerlichen Regressforderungen zu kompensieren. Sagt der Interessent, eine zweite Besichtigung sei nicht erforderlich, bestehen Sie dennoch darauf mit dem Argument, dass sich Ihr Gegenüber wirklich sicher sein sollte.

Diese zweite Besichtigung gestalten Sie dann allerdings anders als die erste. Lassen Sie den Interessenten die Besichtigung machen! Fordern Sie ihn auf, aktiv zu werden, indem Sie beispielsweise sagen: »Herr Meier, Sie kennen sich doch jetzt schon aus, entscheiden Sie, was Sie sich zuerst anschauen möchten.« Sie treten bewusst in den

Hintergrund und tauschen die Rollen. Warten Sie auf Fragen und beantworten Sie sie präzise und knapp. Durch die Priorität, die der Interessent bei der Besichtigung setzt, erfahren Sie zudem sehr klar, was ihn am meisten interessiert. Das gilt auch für den Unentschlossenen. Weisen Sie bei potenziellen Mängeln oder Nachteilen der Immobilie noch einmal dezent drauf hin und heben Sie ebenso dezent die starken Merkmale und den Nutzen hervor. Aber eben alles eine Spur defensiver und zurückhaltender. Sie haben die erste Besichtigung genutzt und Ihren Interessenten mit Fragen geführt und intensiv kennengelernt. Räumen Sie nun dem Interessenten Raum für seine Fragen ein, ohne jedoch das Heft aus der Hand zu geben. Den Rahmen setzen Sie. Immer.

Wenn diese Besichtigung sich dem Ende neigt, fragen Sie den Unentschlossenen, ob er jetzt alle Informationen für seine Entscheidung hat. Kann er sie Ihnen mitteilen? Oder braucht er die berühmte Nacht, um »darüber zu schlafen«? Auch wenn viele Verkäufer der Meinung sind, diese Nacht solle man nicht gewähren, sondern auf eine Entscheidung drängen: Gewähren Sie diese Nacht, es ist wahrscheinlich eine der größten Entscheidungen, die der Interessent in seinem Leben treffen wird. Vereinbaren Sie, am nächsten Tag zu telefonieren. Dann sollten Sie aber eine Entscheidung herbeiführen oder – sollte noch immer keine Zusage kommen – den Bewerber nicht mehr aktiv bearbeiten, sondern sich anderen, ernsthaften Bewerbern widmen. Halten Sie diesen Kandidaten in der Hinterhand. Vielleicht brauchen Sie ihn noch, falls sich wider Erwarten doch so schnell kein Käufer findet. Dann können Sie ihn immer noch anrufen.

Seien Sie im Gegenzug so fair, ihn zu informieren, wenn Sie einen Käufer gefunden haben. Wenn der Entschlossene immer noch entschlossen ist, können Sie entweder im Anschluss an die Besichtigung die Gespräche über die Kaufvertragsgestaltung führen oder einen separaten Termin vereinbaren. Voraussetzung: Ihnen liegt die entsprechende, qualifizierte Finanzierungsbestätigung vor.

Verhandlung – Kauf – Notar

So bereiten Sie Ihre Verhandlung vor

»Verhandeln ist nicht die schlechteste Form des Handelns.«
Will Rogers (1879–1935), Humorist

Auch bei der Verhandlung gilt es, vorbereitet zu sein, also entsprechend bereits gehandelt zu haben. Einer der wichtigsten Punkt neben dem Kaufpreis ist der Zeitpunkt der Übergabe der Immobilie. Beide Punkte haben Sie intensiv vorbereitet, denn Sie lesen ja dieses Buch. Sie wissen ganz genau, wann Ihr Käufer Ihr Haus übernehmen kann und Ihnen ist klar, wo Sie ab wann wohnen werden. Sie geben hier also klar den Zeitpunkt vor und haben ihn wohlmöglich bereits im Exposé klar kommuniziert. Damit ist ein häufiger Knackpunkt bei Verhandlungen bereits vom Tisch.

Womit wir beim Kaufpreis sind: Muss dieser unbedingt noch zu Ihrem Nachteil verhandelt werden? Oder ist Ihrem Käufer bewusst, welch großes Glück er hat, sich gegen die anderen Bewerber durchgesetzt zu haben? Das meine ich ernsthaft: Hatten Sie mehrere Bewerber und haben das auch jedem Interessenten klargemacht? Nicht plump, aber dezent den Hinweis auf »viele Besichtigungen«, »interessante Gespräche« und »mehrere Interessenten, die sich um die Finanzierung bemühen«? Hat es vielleicht sogar ein Bewerbungsverfahren gegeben? Dann sollte auch der Kaufpreis kein Thema mehr sein.

Ist dies nicht der Fall und der Kaufpreis sollte ein Thema werden, dann gilt hier die bereits klar genannte Regel: Sie nennen keinen Mindestpreis und werden auch keine Preisvorstellung abweichend vom Angebotspreis formulieren. Ihr Gegenüber ist am Zug. Also sagen Sie: »Frau Schulze, meine Preisvorstellung kennen Sie. Sie haben sich für mein Haus entschieden, weil Ihnen folgende Dinge gefallen.« Jetzt zählen Sie die Entscheidungsgründe auf und fahren fort: »Sie sehen darin einen großen Mehrwert. Was wäre Ihnen das denn wert?«

Schweigen Sie nun. Wichtig ist, dass Sie die drei wesentlichen Kaufgründe benennen konnten. Aber dafür haben Sie ja vorher in Ihre Notizen geschaut und die richtigen Fragen gestellt. Frau Schulze bittet Sie nun, doch einmal eine Richtung zu nennen? Bleiben Sie freundlich, aber bestimmt: »Meine Richtung und Preisvorstellung ist bekannt, Frau Schulze. Was schwebt Ihnen denn vor? Wir sind hier, um darüber offen zu sprechen.«

Meistens kommt jetzt eine Preisvorstellung des Käufers. Egal, wie diese ausfällt, bleiben Sie sachlich, freundlich und setzen Sie Ihr Pokerface mit der freundlichen Miene auf. Seien Sie auch auf ein Angebot gefasst, bei dem Sie locker mitgehen würden, lassen Sie es sich aber nicht anmerken. Ich habe schon erlebt, dass jemand bei einem Kaufpreis von 500.000 Euro in der Verhandlung 495.000 Euro angebracht hat. Allerdings auch schon 450.000 Euro. Das erste Angebot stellt sicherlich keinen Grund dar, die Verhandlungen scheitern zu lassen. Aber selbst hier können Sie noch versuchen, Ihrem Gegenüber etwas abzuringen. Und sei es nur, dass Sie ihm auferlegen, den Keller dann selbst leerzuräumen. Oder Sie beharren auf Ihrem Angebotspreis. Schätzen Sie die Situation aber realistisch ein und lassen Sie keine Verhandlung, die Substanz hat, an Kleinigkeiten scheitern. Und bei allem Respekt: 5.000 Euro sind zwar auch viel Geld, aber in diesem Zusammenhang eher eine Kleinigkeit als Eingeständnis an den Verhandlungspartner. Bei 50.000 Euro Differenz sieht die Sache anders aus – doch auch da sollten Sie sachlich bleiben. Aus meiner Erfahrung heraus bezweckt Ihr Verhandlungspartner mit diesem Angebot sehr häufig nicht einen Nachlass um

50.000 Euro, sondern möchte signalisieren, dass er schon ein deutliches Entgegenkommen erwartet. Was liegt hier näher, als auf ein Treffen in der berühmten Mitte zu hoffen? Also bei 475.000 Euro?

Nun liegt es an Ihrer Vorbereitung. Wie haben Sie den Kaufpreis angesetzt und ermittelt? Sind diese 475.000 Euro das Ergebnis, das Ihre Wertermittlung und Marktrecherche ergeben haben? Oder fällt das Ergebnis darin höher aus? Gibt es nach Ihrer Marktrecherche Kaufpreise vergleichbarer Immobilien, die höher sind und die Sie belegen können? Dann führen Sie sie an und nennen Sie dazu Vorteile und den Nutzen Ihrer Immobilie, die für den Käufer wichtig sind.

Argumentieren Sie präzise und knapp und räumen Sie zunächst nur einen Nachlass auf 490.000 Euro ein. Durch die Vorlage eines Kaufpreises einer vergleichbaren Immobilie schaffen Sie einen Referenzwert. Der vielleicht eher Unentschlossene bekommt hier indirekt ein Argument für seine Entscheidung nach dem Motto: »Die Immobilie in der Nachbarschaft war genauso teuer, hatte aber diesen und jenen Nutzen nicht.«

Bewährt hat sich folgende Argumentationskette:

1. Nennen Sie als Gründe, mit denen Sie Ihren gewählten Angebotspreis plausibel machen – zum Beispiel Vergleichsobjekte.
2. Nennen Sie zwei Merkmale und Nutzenaspekte Ihrer Immobilie, die für Ihren Verhandlungspartner wichtig sind.
3. Nennen Sie den Preis, den Sie abweichend gewähren würden.
4. Setzen Sie jetzt noch einen Nutzen dahinter, von dem Sie ebenfalls wissen, dass er Ihrem Kaufinteressenten wichtig ist.

Und dann schweigen Sie wieder. Warten Sie die Reaktion und Antwort des Gegenübers ab. Hat er berechtigte Einwände oder nutzt er Vorwände? Verbessert er sein Angebot? Geht er auf 460.000 Euro, dann ist die Mitte nach wie vor das Ziel.

Oder stimmt er Ihrer Argumentation innerlich zu und erhöht sein Angebot direkt auf die Mitte, also auf 475.000 Euro? In diesem Fall wissen Sie: Er will unbedingt kaufen.

Jetzt ist für Sie mehr als die Mitte drin. Loten Sie aus, wie weit er sich in Ihre Richtung bewegen wird. Zugegeben, dies fordert eine Menge Erfahrung und Menschenkenntnis. Aber Sie haben einen großen Vorteil gegenüber vielen anderen privaten Verkäufern. Sie sind vorbereitet: Was hat das Ergebnis Ihrer Wertermittlung ergeben? Oder die Expertise eines Maklers? Lag diese möglicherweise bei 485.000 Euro? Dann ziehen Sie diese Karte. Die Chancen stehen jetzt gut, dass Sie sich jenseits der Mitte zu Ihren Gunsten treffen.

Grundsätzlich gilt: Sie müssen bei den Verhandlungen immer Ihr Ziel im Auge behalten. Steht für Sie ein Zeitpunkt für die Übernahme der Immobilie unumstößlich fest, also der Zeitpunkt, an dem Sie Ihr Haus geräumt haben müssen, dann ist dieser Zeitpunkt nicht verhandelbar. Sind Sie in diesem Punkt flexibel, können Sie eher Zugeständnisse machen und beim Preis Ihr Ziel konsequenter verfolgen. Unterschreiten Sie jedoch auf keinen Fall den Preis, den Sie mindestens haben möchten. Sie haben diesen für sich seriös und mit Sorgfalt ermittelt und festgelegt. Bleiben Sie entsprechend beharrlich. Verhandeln Sie freundlich, sachlich und zugleich bestimmt und nachdrücklich. Sie werden Ihr Ziel erreichen.

Überlegen Sie sich auch im Vorfeld, welche Zugeständnisse Sie neben dem Preis machen können, die zudem für Sie praktisch sind und dennoch dem potenziellen Käufer einen Nutzen bringen. Also was ist zum Beispiel mit den Gartengeräten, die Sie in Ihrer neuen Wohnung ohnehin nicht brauchen? Oder mit der Einbauküche, die noch gut in Schuss ist, aber für die Sie keine Verwendung haben? Diese Dinge sind nur dann Teil der Verhandlungsmasse, wenn Sie sie nicht schon im Rahmen der Besichtigung leichtfertig versprochen haben. Überlegen Sie, worauf Sie gerne verzichten und was für Ihren Käufer einen Mehrwert hat.

Spielen Sie im Vorfeld die Verhandlung gedanklich mehrmals durch. Welche Fragen könnten noch kommen? Welche Argumente könnten kommen, um den Preis zu drücken? Üben Sie die Verhandlung mit Ihrem Partner oder einen Bekannten. Wichtig ist: Seien Sie vorbereitet mit dem klaren Ziel vor Augen, von dem Sie auf keinen Fall abweichen und das Sie in jedem Fall erreichen werden. Wenn Sie mit dieser Einstellung in die Verhandlung gehen, wird diese aus Ihrer Sicht positiv verlaufen. Freuen Sie sich auf das Gespräch, denn Sie stehen kurz vor dem Abschluss und somit vor dem Ziel Ihrer ganzen Bemühungen: Sie sind kurz vor dem Abschluss des Kaufvertrages beim Notar!

Wenn Sie trotz der umfangreichen und gewissenhaften Vorbereitung, die Sie in den ganzen Verkaufsprozess gesteckt haben, in Sachen Verhandlungen unsicher sind, dann ist es legitim, dass Sie sich Verstärkung holen. Eines Ihrer Kinder hat beruflich mit Verhandlungen zu tun? Oder ein sehr guter Freund? Dann holen Sie sie an den Tisch und nutzen Sie ihre Erfahrung. Informieren Sie aber im Vorfeld Ihren Verhandlungspartner darüber! Vielleicht möchte er auch eine Person seines Vertrauens mitbringen – und das ist völlig in Ordnung. Wie auch immer: Wer für Sie verhandelt oder Sie unterstützen soll, muss Ihre Vorstellungen genau kennen. Also informieren Sie diese Person über alles. Viel Erfolg, Sie schaffen das!

So begegnen Sie emotionalen Argumenten

»Menschen sind oft unberechenbar,
unlogisch und selbstzentriert.
Vergib ihnen einfach.«
Mutter Teresa (Agnes Gonxha Bojaxhiu, 1910–1997), Missionarin

In Sachen Emotionen gibt es einen Widerspruch. Zum einen heißt es: »Emotionen gehören nicht an den Verhandlungstisch.« Zum anderen heißt es: »Emotionen verkaufen.« Was ist denn nun richtig?

Die Antwort liegt in der Art der Emotion. Positive Bilder und Assoziationen schaffen ein gutes Gefühl und eine gewisse Vertrautheit, was uns alle dazu bringt, eine Sache gut zu finden. Wir alle kennen das Gefühl, etwas unbedingt haben zu wollen, weil wir uns davon einen großen Nutzen versprechen und schon Bilder vor Augen haben, wie wir uns damit fühlen und was wir für großartige Dinge damit machen und erleben. Warum wird für ein E-Bike der bis zu fünffache Preis gegenüber einem normalen Fahrrad bezahlt? Rechtfertigen Akku und E-Motor diesen Mehrpreis? Das kann ich offen gestanden nicht beantworten. Haben Sie ein E-Bike gekauft? Was waren die Gründe? Etwa die spezielle Akkuladetechnik und die technischen Feinheiten des E-Motors unter Anwendung neuester Forschungserkenntnisse? Oder haben Sie es gekauft, weil der Gegenwind Ihnen ab sofort nur noch ein müdes Lächeln abverlangt, da Sie einfach den E-Motor zuschalten?

Sie sehen, Emotionen gehören dazu. Nicht umsonst haben Sie im Exposé mit der Formulierung des Nutzens in Bildsprache diese Emotionen bewusst eingesetzt. Setzen Sie diese positiven Emotionen und Bilder auch in den Verhandlungen bewusst und gezielt ein. Sie kennen aufgrund Ihrer guten Vorgehensweise und Vorbereitung das »Warum« des potenziellen Käufers. Nutzen Sie das und wecken Sie gezielt und wohldosiert positive Gefühle. Es wird die Verhandlungen zu Ihren Gunsten beeinflussen und erleichtern.

Negative Emotionen

Im Gegensatz zu Emotionen, die ein gutes Gefühl und eine gute Atmosphäre schaffen, gibt es auch Emotionen, die das Gegenteil bewirken. Sie gilt es aus den Verhandlungen unbedingt rauszuhalten.

Solche negativen Gefühle wecken wir häufig, ohne es zu merken. Vielfach liegt es an Negationen in unserer Sprache. Ohne jetzt in die Hirnforschung einsteigen zu wollen, ist es jedoch kein Geheimnis, dass unser Gehirn Negatives nicht verarbeiten kann. Das berühmteste Beispiel ist wohl der rosa Elefant, an den Sie jetzt bitte nicht denken. Welches Bild haben Sie gerade vor Augen? Richtig, den rosa Elefanten. Wenn wir darauf hinweisen, an etwas Bestimmtes nicht zu denken, denken Menschen genau daran.

Was bedeutet das für Ihre Verhandlungen? Formulieren Sie die Dinge positiv und vermeiden Sie Negationen möglichst. Nehmen wir als Beispiel den Hinweis auf die Nachbarschaft: »In der Nachbarschaft gibt es keinen Streithammel und Querulanten.« Was bleibt unbewusst hängen? Der Streithammel und Querulant! Wie wirkt dagegen die Aussage: »Die Nachbarn sind alle freundlich, hilfsbereit und zuvorkommend«? Das Positive! Was bleibt bei der Aussage: »Die Heizung geht so schnell nicht kaputt«, hängen? Und wie wirkt dagegen die Aussage: »Die Heizung ist gerade fünf Jahre alt und hat somit statistisch noch eine wahrscheinliche Lebensdauer von mindestens zehn Jahren«?

Wenn Sie es auf die Spitze treiben möchten, können Sie auch »fünf Jahre jung« sagen. Aber auch hier gilt: nicht übertreiben. Oder besser gesagt: Strapazieren Sie es nicht. Na gut, manchmal ist es schwer, die Negation zu vermeiden. Aber vermeiden Sie diese dort, wo sie gut durch positive Formulierungen zu ersetzen sind.

Was ist aber mit den negativen Emotionen, die aus der Verhandlung heraus entstehen können? Diese gilt es zu vermeiden, beziehungsweise aus Ihrer Sicht auszublenden. Was Ihr Verhandlungspartner fühlt und denkt und wie er seine Emotionen im Griff hat, können Sie nicht wissen und nur in gewissem Umfang beeinflussen. Wie Sie jedoch mit negativen Emotionen umgehen, können Sie sehr wohl entscheiden.

Es gilt die Grundregel: Nehmen Sie in der Verhandlung nichts persönlich. Fühlen Sie sich niemals angegriffen oder beleidigt. Einzige Ausnahme: Jemand beleidigt Sie tatsächlich. An dieser Stelle lautet meine Empfehlung: Beenden Sie die Verhandlungen und begleiten Sie den ehemaligen Kaufinteressenten vor die Tür. In einer Verhandlung darf mit harten Bandagen um die Sache gerungen und auch gestritten werden. Wird es jedoch persönlich, dann ist die Verhandlung für mich beendet. Und dies empfehle ich auch Ihnen. Wenn es sich um eine Beleidigung handelt oder jemand sogar handgreiflich wird, was ich Gott sei Dank noch nie erlebt habe, dann ist das Gespräch beendet. Punkt.

Zugleich gibt es manchmal auch Missverständnisse in diesem Zusammenhang. Ich möchte von einer tatsächlichen Verhandlung berichten. Das Beispiel wird Ihnen zeigen, was passieren kann, wenn man Aussagen falsch interpretiert oder negative Emotionen zulässt. Wir hatten die Verhandlungen über den Kauf eines Einfamilienhauses mühsam, aber mit für beiden Seiten annehmbaren Bedingungen zum erfolgreichen Abschluss geführt. Übrigens zu Zeiten, als wir einen Käufermarkt hatten und »Hurra, mein Haus ist weg!« noch eine tiefere Bedeutung hatte als in dem derzeitig (noch) herrschenden Verkäufermarkt mit seiner großen Nachfrage. Die Rahmenbedingungen waren fixiert und notiert, der Notar zur Kaufvertragserstellung benannt. Wir saßen beim Kaffee kurz vor der Verabschiedung und der Verkäufer sagte zum Käufer: »Da haben Sie ja ein wirklich gutes Ergebnis erzielt. Eigentlich hatte ich mir fest vorgenommen, den Kaminofen separat vergütet zu bekommen, denn der ist wirklich einmalig.« Man muss dazu sagen, dass an diesem Kaminofen der Lieblingsplatz des Verkäufers war. Er saß hier sehr gerne im Sessel, las ein Buch und genoss den Blick in den Garten. Seine Bemerkung war also nett gemeint. Aus Gesprächen wusste ich sogar, dass er diesen Platz am meisten vermissen würde. Allerdings hatte er nicht mit der Antwort des Käufers gerechnet, durch die ich mir fast den Kaffee übers Hemd gekippt hätte: »Das Ding können Sie gerne mitnehmen, das fliegt als erstes raus.«

Der Spruch hat den Verkäufer verständlicherweise sehr getroffen und er hat diese Antwort leider persönlich genommen. Er war entsetzt und so getroffen, dass er das Haus nicht mehr an den Kaufinteressenten verkaufen wollte. Er war sichtlich beleidigt.

Die Reaktion war menschlich: Ihr Lieblingsplatz, der Ort, der Sie emotional mit Ihrer Immobilie verbindet, ist für Ihren Nachfolger nicht nur ohne Bedeutung, sondern auch ein Störfaktor. Eine Unverschämtheit! Nein, ist es nicht. Sie sollten solche Emotionen nicht in sich aufkommen lassen, denn letztlich haben Sie Ihren Lieblingsplatz mit der Einigung auf den Kauf aufgegeben. Sie bekommen dafür eine angemessene Entschädigung in Form von Geld und es ist das gute Recht des Käufers, die Immobilie nun zu seinem Lieblingsplatz umzugestalten. Führen Sie sich das immer vor Augen und blenden Sie Ihre Emotionen diesbezüglich aus.

Wie ging das alles aus? Zunächst löste die Reaktion des Verkäufers auch beim Käufer eine Gegenreaktion aus, die Lage drohte zu eskalieren. Letztlich war die Lösung, wie so oft, eine W-Frage. Ich fragte: »Warum möchten Sie den Kaminofen denn entfernen?« Die Antwort war dann Gott sei Dank wieder etwas sachlicher: Der Kaufinteressent erläuterte, dass man die Wand hinter dem Kaminofen durchbrechen wolle, um die Küche mit diesem Raum zu verbinden.

Dann wolle man dort die Essecke einrichten, um beim gemeinsamen Essen im Kreis der Familie den wunderbaren Blick in den Garten genießen zu können. Gott sei Dank, da war er, der gemeinsame Nenner! Der Blick in den Garten. Der Deal war gerettet und beide Seiten können heute zum Glück über den Vorfall schmunzeln. Allerdings hat der Verkäufer mir mehrfach gesagt, dass er den Käufer ohne meine Anwesenheit rausgeworfen hätte. Der Deal wäre geplatzt aufgrund einer Emotion und eines Missverständnisses.

Stehen Sie also über den Dingen und blenden Sie persönliche Befindlichkeiten aus. Bleiben Sie sachlich und denken Sie daran: Ihr Nachfolger kann frei über Ihre Immobilie verfügen, wenn er Ihnen den Kaufpreis gezahlt hat. Geschmäcker sind unterschiedlich und man soll sich über Geschmack bekanntlich nicht streiten. Es geht in der Verhandlung um die Sache und den optimalen Kaufpreis. Lösen Sie sich auch emotional von Ihrem Haus, denn Sie werden es ohnehin bald verlassen. Nicht umsonst lesen Sie dieses Buch und haben es bereits so weit geschafft.

So wählen Sie den richtigen Käufer

»Kluge Entscheidungen sind die,
bei denen Kopf und Bauch,
Verstand und Gefühl koordiniert sind.«
*Maja Storch (*1958), Psychologin*

Sie haben bereits vor der Einladung zur Besichtigung Kriterien dafür angelegt, wer Ihr Haus betreten darf und wer nicht. Von daher sollte es im Kreis der potenziellen Kaufinteressenten keine schwarzen Schafe und Personen mit betrügerischen Absichten mehr geben. Dennoch gilt es nur mit einem Kaufinteressenten zum Notar zu gehen, der den Kaufpreis auch tatsächlich bezahlen kann und wird. Dies ist der wichtigste Aspekt. Ebenso wichtig ist es aber auch, Kaufinteressenten zu erkennen, die im Nachgang ungemütlich werden und sogar die Absicht haben, sich Teile des Kaufpreises durch Schadenersatzansprüche zurückzuholen. Dies gilt es zu vermeiden. Schauen wir uns einmal an, wie das möglich ist.

Wenn es darum geht, »sicher« den Kaufpreis zu erhalten, hatte ich ja schon empfohlen, nach dem Stand der Finanzierungsgespräche zu fragen. Auch gibt es die Möglichkeit einer »allgemeinen Finanzierungszusage« und einer »qualifizierten Zusage«. Eine »allgemeine Finanzierungszusage« ist die Aussage, dass eine Bank den Interessenten aufgrund seiner Bonität grundsätzlich bei seinem Vorhaben begleiten würde, ein Haus zu erwerben. Idealerweise steht dann dort noch ein Budget, in dessen Rahmen man dies tun würde. Und dann wird darin noch so oder so ähnlich formuliert stehen: »vorbehaltlich der Objektprüfung«. Sprich, man muss sich noch anschauen, ob man in Sachen Sicherheit und Beleihungswert mit dem Kaufpreis für Ihre Immobilie klarkommt.

Offen gesprochen: Diese »allgemeinen Finanzierungszusagen« sind oft das Papier nicht wert, auf dem sie geschrieben sind. Bewerten Sie sie also nicht zu hoch. Dennoch wissen Sie anhand einer solchen »Zusage«, dass sich Ihr Interessent zumindest schon über die Finanzierung Gedanken gemacht hat.

Mehr wert ist da schon die »qualifizierte Finanzierungszusage«. Hier wird konkret die Immobilie genannt, die finanziert werden soll, der Kaufpreis und dass man das Vorhaben begleiten wird. Jede weitere Einschränkung wie »vorbehaltlich der abschließenden Objektbesichtigung« macht aus der qualifizierten Finanzierungszusage wieder eine allgemeine Zusage. Trotzdem, an dieser Stelle wissen Sie: Der Interessent wird zu 99 Prozent eine Finanzierung erhalten. Richtig sicher können Sie aber erst sein, wenn die Grundschuldbestellung zum Darlehen vorliegt. Fragen Sie danach, spätestens bevor Sie beim Notar unterschreiben! Fragen Sie auch den Notar, denn dieser muss es wissen. Denn schließlich beurkundet er die Grundschuld in der Regel unmittelbar nach der Unterzeichnung des Kaufvertrages mit dem Käufer Ihrer Immobilie. Auf Details gehen wir diesbezüglich noch ein, allerdings an dieser Stelle schon die klare Empfehlung: Unterschreiben Sie beim Notar nur, wenn die Grundschuldbestellung vorliegt und direkt im Anschluss an den Kaufvertrag unterzeichnet wird. Nur so haben Sie eine Sicherheit von annähernd 100 Prozent. 100 Prozent Sicherheit gibt es, wie immer im Leben, nie. Dazu auch später noch mehr.

Die Finanzierung ist also geklärt. Wie finden Sie nun heraus, ob der Bewerber im Nachgang ungemütlich werden wird und womöglich wegen irgendwelcher Schadenersatzansprüche oder verdeckter Mängel klagt? An dieser Stelle die klare Frage an Sie mit der Bitte um eine ehrliche und aufrichtige Antwort: Haben Sie dem Käufer alle Ihnen bekannten Mängel benannt und die von mir empfohlenen behördlichen und baurechtlichen Unterlagen zugänglich gemacht? Dann können Sie jeder Klage, die vielleicht kommen könnte, gelassen entgegensehen. Denn Sie als privater Verkäufer sind nur dann schadenersatzpflichtig, wenn Sie den Käufer bewusst und arglistig täuschen. Dies tun Sie nicht, also ist insofern alles entspannt. Wichtig ist natürlich, dass Sie nicht irgendwelche Haftungen oder Versprechungen im Notarvertrag abgeben, die etwas anderes regeln. Aber auch dazu später mehr.

Dennoch möchten Sie nach dem Verkauf mit Ihrer Immobilie abschließen und den wie auch immer gestalteten neuen Lebenstraum und Lebensabschnitt genießen. Sich dann mit dem Käufer und seinen Anwälten oder mit einem Gericht herumzuschlagen – das gilt es zu vermeiden.

Eines vorweg: In mehr als 20 Jahren kam es in meiner Tätigkeit zu zwei solchen Prozessen, die vor Gericht für den Käufer jedoch grandios scheiterten. Wir unterhalten uns also über sehr seltene Fälle, die gleichwohl ärgerlich sind. Letztlich scheiterten die Klagen, weil die Vorwürfe haltlos waren, da alle bekannten Mängel genannt waren und der Verkäufer das auch beweisen konnte. Um eine Beweisführung zu verkürzen: Listen Sie bekannte Mängel am Gebäude, in Sachen Baurecht und andere wesentliche Dinge, z. B. eine bekannte Baulast, im Notarvertrag auf. Klarer geht es nicht. Lassen Sie sich hier auch nicht auf Vorschläge ein wie: »Das muss doch nicht rein, das ist doch besprochen.« Halten Sie alles schriftlich im Notarvertrag fest. Somit sollte rechtlich alles klar sein.

Was aber, wenn Sie einen sehr peniblen und genauen Kaufinteressenten haben? Zunächst finde ich es gut, wenn sich jemand intensiv mit der wahrscheinlich größten Investition seines Lebens befasst und entsprechend tief in Details einsteigt. Dies sollten Sie unterstützen und Fragen bereitwillig beantworten. Geht es aber in Richtung »Erbsenzählerei«, dann sollten Sie sich überlegen, was im Rahmen der Übergabe und danach noch alles auf Sie zukommen könnte und ob Sie das möchten. Wo ist die Grenze zwischen intensiver Beschäftigung mit der Sache und Erbsenzählerei? Das festzustellen, ist sicher keine leichte Aufgabe und es verlangt eine gute Menschenkenntnis. Wenn sich jemand Ihren Fliesenboden genau anschaut, um mögliche Risse zu erkennen, ist das in Ordnung. Wenn sich aber jemand auf den Boden kniet und wirklich jede einzelne Fliese abklopft, um deren ordnungsgemäße Verlegung zu prüfen, dann ist das schon eher Erbsenzählerei. Wenn jemand den Energieausweis zum Haus sehen möchte, dann ist das sein gutes Recht. Es ist auch berechtigt, Fragen dazu zu stellen und sich nach energetischen Maßnahmen und deren Umfang zu erkundigen. Wenn aber jemand trotz vorgelegter Rechnung mit Angabe der Dicke und der Qualität des Dämmstoffs die innere Dachverkleidung an einer Stelle abreißen möchte, um das auch zu prüfen, dann ist das grenzwertig.

Entscheiden Sie, was für Sie zur nachvollziehbaren und detaillierten Auseinandersetzung mit Ihrer Immobilie gehört und wo für Sie eine Grenze überschritten wird. Wenn es Ihnen zu bunt wird, beenden Sie die weiteren Gespräche. Es geht darum, eine Entscheidung zu treffen. Eine Verhandlung zu beenden, ist auch eine klare Entscheidung – und Ihr gutes Recht.

Ebenso mit Vorsicht zu genießen ist aber auch der Interessent, der allzu oberflächlich ist. Also jemand, der Ihre Informationen nicht aufnimmt oder Unterlagen offensichtlich nicht liest. Wenn Sie also im Exposé und bei der Besichtigung auf Feuchtigkeit im Keller hinweisen und er diesen Mangel dann erst bei der Auflistung im Notarvertragsentwurf bemerkt und ganz überrascht und entsetzt bei Ihnen anruft, warum Sie das denn bisher nicht erwähnt haben, dann sollten Sie hellhörig werden. Er wird vermutlich immer von nichts gewusst haben und Ihnen auch bei anderen Dingen den »Schwarzen Peter« zuschieben. Bleiben Sie auch bei oberflächlichen Interessenten Ihrer Linie treu und halten Sie alles Wesentliche schriftlich fest, auch wenn vermeintlich alles einfach und locker zu sein scheint. Im Zweifel sind Sie nachher schuld, wenn der »Oberflächliche« bemerkt, dass ein Kinderzimmer fehlt, weil Sie es ihm nicht gesagt haben. Na gut, das ist ein übertriebenes Beispiel. Aber so tickt der »Oberflächliche«. Auch hier gilt: Man kann etwas übersehen oder vergessen. Das ist menschlich. Aber der Oberflächliche schaut meist woandershin und hört selten genau zu. Gehen Sie entsprechend damit um. Auch hier liegt es an Ihnen, wie weit Sie die Verhandlungen führen. Seien Sie aber beruhigt: Für das fehlende Zimmer kann Sie niemand juristisch zur Verantwortung ziehen.

Wichtig ist auch die Zuverlässigkeit des potenziellen Käufers. Also wie verbindlich sind seine Zusagen und Aussagen? Es fängt mit Kleinigkeiten an wie Pünktlichkeit bei Terminen oder rechtzeitigen Absagen bei Verhinderung. Achten Sie dabei auf widersprüchliche Aussagen. Hatte der Interessent Ihnen am Telefon gesagt, er habe sich bereits intensiv mit der Finanzierung beschäftigt und spricht jetzt davon, er müsse sich erstmal einen Finanzierungspartner suchen und hat sich diesbezüglich noch keine weiteren Gedanken gemacht? Dann hat er Sie am Telefon belogen. Wie oft wird er Sie in den weiteren Gesprächen noch belügen und in welchem Umfang?

Prüfen Sie, wie sehr ein Wort bei Ihrem Gegenüber gilt. Verspricht Ihnen jemand eine Rückmeldung in den nächsten drei Tagen, und meldet er sich auch wirklich von sich aus? Auch hier gilt: Wir alle vergessen mal etwas und können uns verspäten. Wichtig ist dann aber, dazu zu stehen und zumindest um Entschuldigung zu bitten. Auch haben wir alle schon einmal geflunkert und eine kleine Notlüge verwendet. Aber auf eine klare Frage dreist zu lügen, das ist etwas anderes. Bedenken Sie: Hält sich dieser Interessent an den vereinbarten Kaufpreis? Oder versucht er gar beim Notar, die Unterschrift von einem nochmaligen Nachlass beim Preis abhängig zu machen und Sie somit in gewisser Weise zu erpressen, weil Sie sich zeitlich nicht noch einmal langwierige Verhandlungen leisten können? Sie bereiten sich gewissenhaft auf den Verkauf Ihrer Immobilie vor, von daher bin ich davon überzeugt, dass Ihnen dies nicht passieren wird. Sollte es dennoch so kommen, dann sollten Sie die Unterschrift verweigern. Fordern Sie den Notar auf, Ihrem Verhandlungspartner die entstandenen Kosten in Rechnung zu stellen, da er die vereinbarten Vertragsbedingungen einseitig gebrochen hat.

Fazit: Es ist immer schwer, einen Menschen richtig einzuschätzen. Letztlich schauen wir immer nur auf den Menschen drauf, selten in ihn hinein. Es gibt aber Verhaltensmuster, die uns Hinweise darauf geben können, wie zuverlässig und seriös jemand ist. Achten Sie darauf und hören Sie im Zweifel neben dem Verstand auf Ihr Bauchgefühl. Die Bauchgefühl-Methode kennen Sie ja bereits.

So fixieren Sie den Deal

»Das Geheimnis des Erfolges ist,
den Standpunkt des anderen zu verstehen.«
Henry Ford (1863–1947), US-Industrieller

Sie haben den Käufer für Ihre Immobilie gefunden. Nun ist es wichtig, den Notar zu bestimmen und sich auf die wesentlichen Punkte zu einigen, die in den Kaufvertrag aufgenommen werden sollen. Damit meine ich nicht juristisch ausformulierte Klauseln und Vereinbarungen, sondern Dinge, auf die Sie sich im Laufe der Verhandlungen mit dem Käufer Ihrer Immobilie geeinigt haben. Sie fassen also mehr oder weniger die Ergebnisse der Verhandlungen schriftlich zusammen. Diese Zusammenfassung ist zugleich die Grundlage dessen, was der Notar neben den juristisch notwendigen Dingen im Kaufvertrag berücksichtigen soll. Es versteht sich, dass der Notar nur Dinge aufnehmen kann, die juristisch haltbar sind.

Die wesentlichen Verhandlungspunkte sind sicher der Kaufpreis und der Zeitpunkt der Übergabe der Immobilie. Besprechen Sie unbedingt noch folgende Punkte:

- Auswahl des Notars. Wenn Sie hier eine Empfehlung oder gar einen Favoriten haben, dann benennen Sie diesen. Beachten Sie allerdings: Der Käufer bezahlt den Notar. Und wer die Musik bezahlt, der bestellt sie in der Regel auch. Sprich: Es ist das gute Recht des Käufers, einen Notar auszuwählen. In der Regel ist es so, dass der Käufer für eine Empfehlung dankbar ist. Der Hinweis, dass die Gebühren bei allen Notaren gleich sind, erleichtert die Zustimmung meist zusätzlich.

- Bestimmen Sie den Zeitpunkt der Kaufpreiszahlung und somit den Zeitpunkt, an dem Sie Ihre Immobilie spätestens geräumt haben müssen. Dazu müssen Sie wissen, dass der Kaufpreis durch den Notar erst fällig gestellt werden kann, wenn alle Fälligkeitsvoraussetzungen erfüllt sind. Dies kann einen bis drei Monate dauern. In besonderen Fällen auch länger. Was die Fälligkeitsvoraussetzungen sind, erläutere ich gleich. Wichtig für Sie zu wissen ist, dass der von Ihnen definierte Zeitpunkt im Kaufvertrag nicht der späteste Zeitpunkt der Kaufpreiszahlung und somit der Übergabe der Immobilie ist. Die Formulierung im Vertrag wird sinngemäß lauten: »Der Kaufpreis ist fällig, wenn alle Fälligkeitsvoraussetzungen erfüllt sind, nicht jedoch vor dem Tag X des Monats Y im Jahr Z.« Im Klartext: Sind die Voraussetzungen der Fälligkeit bis dahin nicht erfüllt, dann kann der Kaufpreis noch nicht gezahlt werden. Entsprechend kann der Käufer auch noch nicht die Schlüssel zur Immobilie erhalten.
- Formulieren Sie klar, wie Sie die Immobilie zu verlassen haben. Üblich ist es, sie leer, also vollständig geräumt und besenrein zu übergeben. Sie brauchen also nicht mehr komplett zu putzen. Wenn Sie das trotzdem tun, ist dies natürlich erlaubt, Sie müssten es aber nicht. Möchte Ihr Nachfolger umfangreich modernisieren, dann können Sie sich das wirklich sparen. Wenn Ihre Immobilie aber so hervorragend in Schuss ist, dass der Käufer direkt einziehen kann, dann wäre es natürlich eine Option und liegt letztlich an Ihrem Anspruch, wie Sie Ihr Haus übergeben möchten. Sollen Einrichtungsgegenstände übernommen werden, dann formulieren Sie das bitte. Klassiker sind hier die Einbauküche, Badmöbel und Gartengeräte in der Garage. Listen Sie alles auf. Klären Sie auch, ob Sie diese Gegenstände extra vergütet bekommen oder nicht. Falls Sie sie zusätzlich bezahlt

bekommen, sollten Sie die Höhe der Vergütung in den Kaufvertrag aufnehmen. Erstens ist dadurch gesichert, dass Sie das Geld bekommen. Zum anderen ist der Käufer sicher, dass er die Gegenstände bekommt. Außerdem sind Nebenabreden zum Kaufvertrag nicht zulässig. Wichtig zu wissen ist an dieser Stelle, dass der Wert der Einrichtungsgegenstände nicht der Grunderwerbsteuer unterliegt. Deshalb sollten Sie auch für im Kaufpreis enthalte Einrichtungen einen Wert ausweisen. Bleiben Sie hier aber realistisch. Erscheint dem Finanzamt der angesetzte Wert zu hoch, wird man einen Beleg haben wollen und dies anfechten. Wenn die Einrichtung aber realistisch noch einen Zeitwert von beispielsweise 10.000 Euro hat, dann spart Ihr Käufer in Nordrhein-Westfalen bei 6,5 Prozent Grunderwerbsteuer immerhin 650 Euro. Das ist nett, aber auf der anderen Seite auch kein Grund, um sich mit dem Finanzamt anzulegen. Wenn eine Einbauküche offensichtlich nichts mehr wert ist, dann ist das so. An der Stelle noch der Hinweis: Es kann sein, dass die finanzierende Bank des Käufers darauf besteht, dass man den Wert für die im Kaufpreis enthaltene Küche nicht im Vertrag ausweist. Wenn dem so ist, spart der Käufer leider die 650 Euro nicht. Die Bank macht das manchmal mit der Argumentation, dass sie mit einer Baufinanzierung keine Einrichtung finanziert. Ein weiterer Grund ist, dass man sonst vielleicht mit der Sicherheit, also dem Beleihungswert, intern nicht mehr klarkommt. Dies ist insbesondere der Fall, wenn die Bonität des Käufers zwar vorhanden, aber nicht optimal ist. Wichtig ist dennoch: Listen Sie alle übernommenen Einrichtungsgegenstände und beweglichen Gegenstände auf.

- Listen Sie auch alle Mängel auf, die Ihre Immobilie hat und die Sie dem Käufer im Vorfeld benannt haben. Gibt es Feuchtigkeit im Keller, dann nehmen Sie auch das auf. Mein Rat an dieser Stelle: Gehen Sie nicht zu sehr ins Detail. Wenn es die Feuchtigkeit im Keller an allen vier Gebäudeecken gibt und die Mitte der Wände jeweils trocken erscheint, dann beschreiben Sie dies nicht so, sondern nur: »Feuchtigkeit im Keller ist bekannt.« Sie können als Laie nicht beurteilen, ob das Problem nicht auch in der Mitte der Wand vorhanden ist, wenn auch noch nicht so offensichtlich wie in den Ecken. Wenn Sie ein Schadengutachten dazu erstellt haben, dann weisen Sie darauf hin: »Die Feuchtigkeit im Keller ist bekannt. Das dazu vom Verkäufer beauftragte Schadengutachten liegt dem Käufer vor.« Das ist wichtig, wir reden von Mängeln. Die übliche Abnutzung des Gebäudes muss nicht aufgenommen werden. Gibt es also an der Tür um das Schloss herum leichte Kratzer vom Schlüsselbund, so ist dies eine »übliche Gebrauchsspur, die der üblichen Abnutzung entspricht.« Die Formulierung im Notarvertrag wird dazu in etwas so lauten: »Der Käufer hat die Immobilie besichtigt und übernimmt sie im gegenwärtigen und altersbedingten Zustand.« Auf der anderen Seite wird im Vertrag eine Formulierung stehen, die in etwa so lautet: »Der Verkäufer versichert, dass ihm bei der Besichtigung nicht erkennbare Mängel nicht bekannt sind.« Auch wenn die Mängel sichtbar sind: Nehmen Sie diese an dieser Stelle auf. Der nächste Satz könnte dann lauten: »Die Feuchtigkeit im Keller ist bekannt.« So kann es im Nachgang keine Diskussionen mehr geben. Es kann nicht behauptet werden, Sie hätten dies nicht gesagt. Es steht schwarz auf weiß im Notarvertrag und Sie haben von Anfang an transparent auf den Mangel hingewiesen. Insofern ist diese Formulierung für beide Seite in Ordnung. Problematisch wird es nur, wenn der Käufer davon beim Notar zu ersten Mal hört.

- Klären Sie die Renovierung vor der Zahlung des Kaufpreises. Häufig möchte der Käufer schon vor der Kaufpreiszahlung die

Schlüssel zu Ihrer Immobilie haben, um zu renovieren. Das ist nur möglich, wenn Sie dort ausgezogen sind. Rechtlich ist es aber problematisch, denn der Käufer investiert in fremdes Eigentum. Was, wenn der Kauf aus unwahrscheinlichen Gründen nicht zustande kommt? Auf der anderen Seite könnte er Ihr Haus so beschädigen, dass es nicht mehr nutzbar ist. Dann ist es nicht mehr im vereinbarten »gegenwärtigen Zustand«, sprich: Es ist nicht mehr im Zustand der letzten Besichtigung. Meine grundsätzliche Empfehlung dazu ist eindeutig: Keine Renovierung und keine Schlüsselübergabe vor Eingang des Kaufpreises auf Ihrem Konto! Wenn der Käufer fragt, ob er vorher mit dem einen oder anderen Handwerker zwecks Erstellung eines Angebots zur Modernisierung ins Haus darf: Seien Sie kooperativ und ermöglichen Sie es. Bitten Sie den Käufer jedoch, möglichst viele Handwerker auf einen Termin zu legen, um die Anzahl dieser Termine gering zu halten. Machen Sie auch klar, dass Sie Termine erst nach Unterzeichnung des Notarvertrags wünschen. Im Vorfeld kann das den Deal noch gefährden, wenn die Angebote zum Beispiel wesentlich höher ausfallen als erwartet oder die Handwerker ihre Umsatzchancen wittern und möglichst alles erneuern wollen und Ihr Haus, meist unbewusst, schlechtreden. Sollte Ihr Haus bereits leer sein und Ihr Käufer unbedingt schon einen Schlüssel zur Renovierung haben wollen und dies seine Bedingung sein, dann gibt es dafür auch eine Möglichkeit: Sprechen Sie den Notar darauf an und er wird eine »Renovierungsklausel« einbauen. Diese definiert genau, was gemacht werden darf und was nicht und welche daraus resultierenden rechtlichen Verpflichtungen damit verbunden sind. Wenn Sie hohes Vertrauen in Ihren Käufer haben und er bisher in allen Aussagen und Zusagen zuverlässig war, dann ist dies eine Option. Aber nur mit der entsprechenden Klausel im Vertrag.

Dies sind die wesentlichen Dinge, die Sie im Vorfeld im Rahmen der Verhandlung vereinbaren können. Fixieren Sie diese und den vereinbarten Kaufpreis schriftlich. Ergänzen Sie zudem, dass der Käufer den Notar beauftragt und bezahlt und er natürlich auch die in Ihrem Bundesland gültige Grunderwerbsteuer im vollen Umfang übernimmt. Nehmen Sie zudem ein Datum auf, bis zu dem beide Parteien spätestens beim Notar den Kaufvertrag beurkunden möchten. Eine Frist von vier Wochen ist hier angemessen. Eine kürzere Frist ist unrealistisch, weil der Notar noch den Entwurf erstellen muss und eine längere Frist keinen Sinn ergibt.

Nehmen Sie in dieser Vereinbarung auch noch auf, dass die Grundschuldbestellung für die Finanzierung beim Notar zum Beurkundungstermin vorliegen muss. Nur so können Sie als Verkäufer sicher sein, den Kaufpreis zu erhalten und nur so hat der Käufer auch die Gewissheit, das Geld von der Bank zu bekommen. Zudem kann die Bestellung der Grundschuld direkt im Anschluss an die Unterzeichnung des Kaufvertrages stattfinden und Ihr Käufer muss kein weiteres Mal zum Notar. Wird der Kaufpreis nicht oder nur teilweise finanziert, denken Sie natürlich ans Geldwäschegesetz und fragen, ob die Bank des Käufers in Form eines kurzen Schreibens bestätigen kann, dass Eigenkapital zur Bezahlung des Kaufpreises vorhanden ist. Alternativ kann auch ein Kontoauszug vorgelegt werden. Ich persönlich würde jedoch meine Kontoauszüge ungerne vorlegen und daher meine Bank bitten, einen kurzen Dreizeiler aufzusetzen.

Letztlich unterwirft sich der Käufer im Kaufvertrag der sofortigen Zwangsvollstreckung. Das heißt: Wenn er nicht rechtzeitig zahlt, müssen Sie keinen Titel erwirken. Insofern wäre es dumm, wenn jemand nicht bezahlen kann und trotzdem unterschreibt. Dennoch: Sie wollen ja mit dem Kapitel »Immobilie« abschließen und da sind ein Ausfall des Kaufpreises und die Konsequenzen daraus das Letzte, was Sie haben möchten.

Damit wären wir bei den Inhalten des Kaufvertrages. Die wesentlichen Punkte werde ich Ihnen nun erläutern und in meinem Mitgliederbereich ist auch ein Mustervertrag mit Kommentierungen hinterlegt. Wichtig ist: Jeder Notar hat seinen eigenen Stil und seine eigene Wortwahl. Wichtig ist, dass alle Punkte enthalten sind. Und auch wenn Sie gut vorbereitet sind: Lassen Sie sich den Vertrag im Vorfeld erläutern, vielleicht zusammen mit dem Käufer und stellen Sie Fragen dazu. Selbst im Termin sind Fragen erlaubt. Besser ist aber im Vorfeld zu verstehen, was man unterschreibt. Kommen wir zu den wesentlichen Inhalten.

Vertragsbeteiligte und Grundbuchstand

Der Punkt ist klar: Ihre Personalien und die des Käufers werden hier aufgenommen – und die Information, welcher Notar das Ganze beurkundet. Zudem wird der Grundbuchstand wiedergegeben. Es wird also aufgelistet, was aktuell, also am Tag der Beurkundung im Grundbuch eingetragen ist und noch gilt. Dies dürfte den Beteiligten bereits bekannt sein, muss aber dokumentiert sein. Auch wenn Sie davon ausgehen können, dass Ihr Notar gewissenhaft arbeitet: Kontrollieren Sie die Angaben. Fehler passieren und schon ein Zahlendreher (»Flurstück 237« statt »273«) führt zu einer anderen Immobilie. Auch sollten Ihre persönlichen Angaben stimmen und richtig geschrieben sein.

Kaufgegenstand und Kaufpreiszahlung

Jetzt folgt der Kaufvertrag. Darin wird der Kaufgegenstand definiert, also Ihre Immobilie. Zudem wird festgelegt, welche Rechte aus Abteilung II oder III übernommen werden und welche noch gelöscht werden müssen. Aus den Erläuterungen zum Grundbuch wissen Sie, dass Abteilung II die Dienstbarkeiten enthält. Sehr häufig ist hier nichts eingetragen. Es kann aber auch sein, dass hier – wie erwähnt – noch das lebenslange Wohnrecht Ihrer Tante eingetragen ist, die bereits seit längerer Zeit verstorben ist. In diesem Fall wird das Recht gegen Vorlage der Sterbeurkunde im Rahmen des Kaufvertrages gelöscht. Die Gebühren dafür tragen Sie als Verkäufer. Kann eine Dienstbarkeit nicht gelöscht werden, dann haben Sie den Käufer darüber im Vorfeld informiert und er übernimmt sie wie besprochen. Häufig geht es dabei zum Beispiel um Leitungsrechte für Kommunen, die in der Praxis kaum stören.

Außerdem wird hier festgelegt, zu welchen Anteilen die Käufer bei Personenmehrheit kaufen. Meist ist dies im Verhältnis 50:50. Allerdings sind auch andere Verhältnisse möglich. Dies ist aber Sache des Käufers und für Sie eher nicht von Bedeutung.

Bei der Kaufpreiszahlung wird angegeben, innerhalb welcher Frist der Käufer den Kaufpreis nach Mitteilung der Fälligkeit bezahlen muss. In der Regel sind das 10 bis 14 Tage. Gibt es ein Datum, vor dem der Käufer nicht bezahlen muss, gilt die Frist ab diesem Tag. Folgende Punkte müssen durch den Notar geklärt sein, bevor er den Kaufpreis fällig stellen kann:

- Eintragung der Auflassungsvormerkung im Grundbuch zu Gunsten des Käufers. Dies ist eine Sperre im Grundbuch und sichert den Kaufanspruch des Käufers. Salopp gesagt: Sie können nun nicht mehr zum nächsten Notar gehen und Ihr Haus ein weiteres Mal verkaufen. Auch können Sie kein Darlehen mehr auf Ihr Haus aufnehmen. Würde eine Zwangsversteigerung drohen, könnte die Bank diese auch nicht mehr eintragen lassen. Das Grundbuch ist gesperrt und Eintragungen sind nur noch mit Zustimmung des Käufers möglich. Wird der Vertrag umgesetzt und der Kaufpreis ist bezahlt, dann wird die Auflassung gelöscht und das Eigentum im Grundbuch auf den neuen Eigentümer umgeschrieben. Das darf der Notar aber nur machen, wenn Sie ihm den vollständigen Erhalt des Kaufpreises schriftlich mitgeteilt haben. Ihr eingetragenes Eigentum bleibt also ebenfalls maximal geschützt.

- Verzicht auf Ausübung des allgemeinen Vorkaufsrechts nach § 24 Baugesetzbuch (BauGB) durch die Gemeinde. Der Notar holt die sogenannte Vorkaufsrechtsverzichtserklärung bei der entsprechenden Gemeinde ein. Beim Verkauf einer Eigentumswohnung oder eines Erbbaurechts besteht kein Vorkaufsrecht nach dem BauGB. Für die Ausübung des Vorkaufsrechts muss ein berechtigtes Interesse der Gemeinde vorliegen, was ebenfalls in §24BauGB geregelt ist. In Anbetracht zunehmend leerer Kassen bei der öffentlichen Hand ist es in der Praxis eher selten, dass ein Vorkaufsrecht nicht nur besteht, sondern auch ausgeübt wird. Sollte es dennoch ausgeübt werden, dann tritt die Gemeinde anstelle des bisherigen Verkäufers in den Vertrag ein.
- Löschung noch bestehender Grundschulden aus Abteilung III des Grundbuchs. Sollte noch ein Darlehen auf der Immobilie seitens des Verkäufers eingetragen sein, so muss dieses gelöscht werden, da der Käufer ja nicht die Schulden des Verkäufers übernimmt. Damit der Notar die Grundschuld löschen darf, holt er eine Löschungsbewilligung bei der entsprechenden Bank ein. Sofern der Anspruch aus der Grundschuld nicht höher als der Kaufpreis ist, ist dies in der Regel unproblematisch. Sollte die Forderung aus der Grundschuld höher sein, so muss der Verkäufer aktiv eine Lösung mit der Bank finden. Erlauben Sie mir die Bemerkung: Sie lesen dieses Buch und sollten den Punkt schon erledigt haben.
- In den neuen Bundesländern und in Ost-Berlin ist die Genehmigung nach der Grundstücksverkehrsordnung

einzuholen. Diese bescheinigt, dass keine Altansprüche von Berechtigten mehr vorliegen. Dies kann mehrere Monate dauern. Die Genehmigung ist nicht erforderlich, wenn nach dem 28. September 1990 bereits eine Auflassung erfolgte und in diesem Zusammenhang die Genehmigung erteilt wurde oder sich die Immobilie seit dem 30. Januar 1933 ununterbrochen im Familieneigentum befindet.

Eine weitere Fälligkeitsvoraussetzung ist in der Regel die frist- und ordnungsgemäße Räumung des Vertragsgegenstands, also der Immobilie. Normalerweise übergeben Sie die Immobilie wie erwähnt »leer und besenrein« – es sein denn, Sie haben im Rahmen der Verhandlungen etwas anderes vereinbart oder der Käufer übernimmt ein bestehendes Mietverhältnis. Diese Fälligkeitsvoraussetzung wird aber nicht vom Notar überwacht, sondern durch die Beteiligten selbst. Meistens überzeugen sich die Käufer vor Ort von der vereinbarten Räumung und weisen dann die Zahlung des Kaufpreises bei der Bank an.

Sollte der Käufer den Kaufpreis nach der Fälligkeitsmitteilung nicht in der gewährten Frist bezahlen, so gerät er ohne Mahnung automatisch in Verzug und hat gesetzliche Verzugszinsen zu zahlen. Diese liegen bei Privatpersonen 5 Prozent über dem Basiszinssatz. Zudem riskiert der Käufer eine Rückabwicklung des Kaufvertrages und unterwirft sich der sofortigen Zwangsvollstreckung aus dem Kaufvertrag. Das heißt: Der Verkäufer muss nicht in einem weiteren Verfahren einen Titel erwirken, sondern hat ihn auf diesem Wege bereits eingeräumt bekommen. Da Sie gut vorbereitet sind und auch die Grundschuldbestellung beim Notar vorliegt, ist das Eintreten eines solchen Falles sehr unwahrscheinlich. Sollte er aber wider Erwarten doch eintreten, holen Sie sich entsprechend juristischen Beistand durch den Notar oder einen Juristen Ihres Vertrauens.

Belastungsvollmacht

Wie bereits besprochen, bekommt der Käufer das Geld von der finanzierenden Bank nur, wenn er eine entsprechende Sicherheit bieten kann. Diese Sicherheit ist in der Regel die Immobilie, also der Vertragsgegenstand. Da Sie aber noch Eigentümer sind, kann die entsprechende Sicherheit nur mit Ihrer Zustimmung erfolgen. Allerdings muss verhindert werden, dass Ihnen dadurch Nachteile entstehen. Daher wird vereinbart, welche Institute und Banken eine Grundschuld eintragen dürfen und in welcher Höhe. Zudem wird klar geregelt, dass diese Grundschuld nur zum Zwecke der Kaufpreiszahlung eingetragen werden darf und die Auszahlung entsprechend den Anweisungen des Notars aus der Urkunde (dem Kaufvertrag) erfolgen muss. Zudem wird klargestellt, dass Ihnen keinerlei Zahlungsverpflichtungen durch die Eintragung entstehen.

Übergabe

Hier wird geregelt, wann der Verkäufer das Objekt geräumt haben muss, beziehungsweise wann die vereinbarte Regelung geschaffen sein muss. Die Übergabe hat zu erfolgen, sobald der Kaufpreis auf dem Konto des Verkäufers eingegangen ist. Räumt der Verkäufer nicht fristgerecht, so unterwirft auch er sich dem Recht der sofortigen Zwangsvollstreckung aus dem Kaufvertrag. Das bedeutet, dass der Käufer das Recht auf Räumung nicht erst einklagen muss. Zudem verpflichtet sich der Verkäufer dazu, dem Käufer alle ihm vorliegenden Unterlagen zum Objekt auszuhändigen.

Außerdem wird mit der Zahlung des Kaufpreises der Käufer wirtschaftlicher Eigentümer der Immobilie mit allen daraus resultierenden Rechten und Pflichten. Rechte sind, dass er die Immobilie nutzen darf wie ein Eigentümer, also umbauen, einziehen, vermieten und so weiter. Pflichten sind die Verkehrssicherungspflicht und die Übernahme der öffentlichen und sonstigen Lasten der Immobilie. Also die Grundsteuer, Beiträge für Entwässerung, Entsorgung und andere öffentliche Lasten sowie die Gebäudeversicherung. Diese Kosten sind ab dem Tage der Kaufpreiszahlung zu übernehmen. Vom Verkäufer im Voraus entrichtete Beträge sind ihm zu erstatten.

Erschließungskosten

Hier wird geregelt, wer ab wann die Erschließungskosten zu tragen hat und ab wann nicht mehr. Zu empfehlen ist die Regelung, dass Bescheide und Kosten, die bis zum Tag der Beurkundung des Kaufpreises beim Verkäufer eingehen, von ihm zu tragen sind und ab dem Tag der Beurkundung vom Käufer. Hintergrund ist, dass der Käufer dann auch von diesen Maßnahmen profitieren würde und nicht mehr Sie. Da Sie die Anliegerauskunft eingeholt haben, ist bereits im Vorfeld geklärt, ob noch Abrechnungen aus der Vergangenheit zu erwarten sind und ob für die Zukunft Maßnahmen anstehen oder gar gerade durchgeführt werden. Von daher sollte dieser Punkt nur eine Formalie sein, die im Vorfeld durch Sie geklärt wurde.

Sach- und Rechtsmängel

Hier kommt die bereits mehrfach angesprochene Regelung zum Zuge, dass der Käufer die Immobilie unter Ausschluss jeder Haftung und Gewährleistung kauft. Sprich: Er kauft wie gesehen. Sie garantieren im Vertrag aber, dass Ihnen keine Mängel bekannt sind. Auch keine Baulasten, Altlasten, Hausbock, Hausschwamm und Trockenfäule. Sollten Sie jetzt wissentlich etwas verschweigen, begehen Sie eine arglistige Täuschung mit allen Konsequenzen. Dinge wie Denkmalschutz und eine Bindung an das Wohnraumfördergesetz – in welcher Form auch immer – sollten Sie ebenfalls erwähnen, sofern das der Fall ist.

Kosten und Steuern

Hier wird geregelt, dass eventuell erforderliche Löschungskosten (Notar und Grundbuchamt) für Rechte aus Abteilung II und III vom Verkäufer zu tragen sind und die Grunderwerbsteuer sowie die Kosten für den Notar und die Behörden im Zusammenhang mit dem Kauf durch den Käufer zu begleichen sind. Dies ist die Regelung, die im Innenverhältnis zwischen Käufer und Verkäufer bindend ist, da nach den gesetzlichen Regelungen beide als Gesamtschuldner haften.

Miet- und Pachtverhältnisse

Hier wird klargestellt, dass keine Miet- und Pachtverhältnisse bestehen. Sollte ein Mietverhältnis übernommen werden, dann ist dies entsprechend beschrieben. In einer Regelung ist aufgenommen, wie mit Nebenkostenabrechnungen und Kaution verfahren wird.

Vorkaufsrecht

Hier werden notwendige Erklärungen aufgenommen für den sehr unwahrscheinlichen Fall, dass die Gemeinde ihr Vorkaufsrecht ausüben sollte.

Maklerklausel

Sollten Sie Ihre Immobilie über einen Makler vermarktet haben, so wird dieser seinen Provisionsanspruch neben dem geschlossenen Maklervertrag auch im Notarvertrag vermerken lassen. Den Anteil Ihrer Provision kann sich der Makler auszahlen lassen, sobald der

Kaufpreis geflossen ist. Auch die Höhe einer Provision des Käufers wird unter dem Punkt »Maklerklausel« angegeben.

Durchführung und Grundbuchanträge

Dies war der wesentliche Inhalt des Kaufvertrages. Nun folgt die Beschreibung der notwendigen »technischen« Schritte und der Beauftragung und Erteilung von Vollmachten an den Notar und dessen Mitarbeiter. Wesentlich ist hier die bereits angesprochene Eintragung der Auflassungsvormerkung in das Grundbuch. Wichtig ist auch, dass diese erst aufgehoben und in eine Eigentumsumschreibung umgewandelt werden darf, wenn der Verkäufer dem Notar die vollständige Zahlung des Kaufpreises schriftlich bestätigt hat. Ebenso wichtig ist aber auch, ein Szenario festzulegen, die Auflassung löschen lassen zu können, wenn der Käufer seinen Pflichten nicht nachkommt und der Vertrag rückabgewickelt werden muss. Sollte dazu wider Erwarten nichts im Vertrag stehen, sprechen Sie den Notar aktiv darauf an.

Belehrungen

Hier wird aufgeführt, dass sämtliche Vereinbarungen Teil des Vertrages sind und Nebenabreden zwischen Ihnen und dem Käufer, die nicht in den Vertrag aufgenommen wurden, zur Nichtigkeit des Vertrages führen können.

Zudem erklärt der Notar, dass er keine steuerberatenden Pflichten hat und diese nicht vorgenommen hat. Eventuell weist er – wie bereits erwähnt – darauf hin, dass der Verkauf im Rahmen des relevanten Zeitraums für die Einkommensteuer liegt.

Eine weitere wichtige Belehrung ist in der Regel, dass der Notar das Eigentum im Grundbuch erst umschreiben kann, wenn ihm die Unbedenklichkeitsbescheinigung des Finanzamtes vorliegt. Anders ausgedrückt: Das Finanzamt muss bestätigt haben, dass die Grunderwerbsteuer bezahlt wurde.

Die Rückabwicklung

Sofern im Kaufvertrag nichts anderes geregelt ist, hat nur der Verkäufer ein Rücktrittsrecht vom Vertrag, wenn der Käufer in Zahlungsverzug gerät. Der Zahlungsverzug liegt dann vor, wenn der Käufer bei Fälligkeit nicht reagiert. Wobei der Notar in seiner Fälligkeitsmitteilung im Allgemeinen eine Frist für die Zahlung benennt, in der der Erwerber den Kaufpreis vollständig zu bezahlen hat. In diesem Fall ist – wie bereits erwähnt – gemäß § 286 Abs. 2 BGB keine zusätzliche Mahnung mehr erforderlich.

Als Verkäufer haben Sie in diesem Fall das Recht, sofort die Konsequenzen zu ziehen und vom Vertrag zurückzutreten. Da das mit Kosten verbunden ist, wird in der Regel zunächst eine weitere Frist gesetzt. Wird diese erneut nicht eingehalten, fordert der Verkäufer meistens Rechte ein. Diese sind die Einforderung der Verzugszinsen (§ 288 BGB) und letztlich die Lösung des geschlossenen Vertrages.

Für die Verzugsschäden im Zuge der Rückabwicklung eines Immobilienkaufvertrages kann der Verkäufer Schadenersatz fordern (§ 280 Abs. 2 BGB in Verbindung mit § 286 BGB). Denkbar ist Schadenersatz für ...

- die Mahn- und Anwaltskosten,
- die Kosten der Rückabwicklung beim Notar und Grundbuchamt,
- die Differenz im Kaufpreis, wenn der Verkäufer trotz umfangreicher Bemühungen nur noch einen niedrigeren Kaufpreis erzielen kann,

- den entgangenen Gewinn, den der Verkäufer durch die Anlage des Kaufpreises gehabt hätte,
- für die Nutzung, die sich in der Regel an der Höhe des Mietwerts der Immobilie orientiert (§ 346 Abs. 1, Abs. 2, S. 1 Nr. 1 BGB) – falls der Käufer schon die Immobilie bezogen hat.

Soll die Rückabwicklung tatsächlich eingeleitet werden, kann der Verkäufer das schriftlich beim beurkundenden Notar beantragen. Da Sie darauf geachtet haben, dass die Eigentumsumschreibung im Grundbuch erst durchgeführt werden darf, wenn der Kaufpreis vollständig bezahlt ist, muss der Notar »nur« noch die Löschung der Auflassung im Grundbuch beantragen. Dieser muss der Käufer zustimmen, wozu er nach § 346 BGB verpflichtet ist.

Unter bestimmten Voraussetzungen besteht die Möglichkeit einer Rücktrittsklausel im Kaufvertrag. Sprechen Sie diese im Gespräch mit dem Notar an. Erforderlich ist eine solche Klausel nicht, sie kann aber nötigenfalls die Rückabwicklung erleichtern.

Sobald die Rückabwicklung vollzogen ist, können Sie als Verkäufer vom »gescheiterten Käufer« die Erstattung der beschriebenen Verzugsschäden verlangen.

Zur Klarstellung: Wenn der Käufer im Vertrag der sofortigen Zwangsvollstreckung im Falle einer nicht rechtzeitigen Kaufpreiszahlung unterworfen ist, was ich empfehle, können Sie anstelle der Rückabwicklung auch die sofortige Zwangsvollstreckung betreiben. Das hat jedoch nur Sinn, wenn Sie wissen, dass beim Käufer die entsprechenden finanziellen Mittel vorhanden sind.

Rücktrittsrechte des Käufers

Ganz wichtig ist: Der Käufer hat kein Recht auf Rücktritt vom Vertrag, wenn er keine Finanzierung des Kaufpreises erhält und somit den Kaufpreis nicht bezahlen kann. Dieses Risiko haben Sie aber durch Ihr sorgfältiges Vorgehen nahezu ausgeschlossen. Eine Ausnahme wäre, wenn Sie im Vertrag ein Rücktritts- oder Widerrufsrecht eingeräumt haben. Beides sollten Sie in meinen Augen nicht tun!

Ansonsten hat der Käufer nur das Recht auf Rücktritt, wenn Sie arglistig einen Sach- oder Rechtsmangel verschwiegen haben (§ 123 BGB). Die Verjährung der Ansprüche ist in § 438 BGB geregelt.

Da Sie Ihren Käufer aber nicht arglistig täuschen und auch ansonsten eventuelle Mängel transparent benannt haben, sollte diese Information an dieser Stelle ausreichen. Sollten Sie sich wider Erwarten solchen Vorwürfen ausgesetzt sehen, empfehle ich Ihnen unbedingt juristischen Beistand.

Vor der Beurkundung beim Notar

Sie haben nun vom Notar – entsprechend Ihrer Vorstellungen und der mit dem Käufer getroffenen Vereinbarungen – den Vertragsentwurf zur Durchsicht erhalten. Lesen Sie diesen bitte sorgfältig und prüfen Sie auch Banalitäten wie das richtige Flurstück, die richtige Hausnummer und auch die richtige Bankverbindung. Haben Sie Verständnisfragen zum Vertrag, dann fragen Sie diesbezüglich nach. Ich empfehle Ihnen auch, das Gespräch mit dem Käufer zu suchen. Fragen Sie ihn, ob er den Vertrag versteht und ob seine Anforderungen in vollem Umfang enthalten sind. Klären Sie alle eventuellen Ungereimtheiten und Fragen, bevor Sie zur Beurkundung beim Notar gehen. Sollten umfangreiche Fragen offen sein, ist sogar ein gemeinsamer Beratungstermin beim Notar im Vorfeld der Beurkundung ratsam. Seien Sie hier aktiv und nehmen Sie das Ruder in die Hand! Es ist ein besseres Gefühl für Sie und den Käufer, vor der Beurkundung zu wissen und zu verstehen, was man unterschreibt. Auch ist es ein gutes Gefühl, zu wissen, dass es zwischen beiden Parteien inhaltlich absolute Übereinstimmung gibt. Die Unterschrift wird zur angenehmen Formsache und es schleichen sich keine Zweifel bei Ihnen oder beim Käufer ein, die im schlimmsten Fall sogar den Deal noch scheitern lassen könnten.

Seien Sie also auch hier aktiv und sorgen Sie, wie im ganzen Verkaufsprozess, für klare Verhältnisse. Sorgen Sie für die Terminvereinbarung zur Beurkundung und erinnern Sie den Käufer daran, die Grundschuldbestellung rechtzeitig beim Notar einzureichen, sofern eine Finanzierung notwendig ist. Zudem sind ein gültiger Personalausweis oder Reisepass und die Steueridentifikationsnummern von allen Beteiligten mitzubringen und dem Notar vorzulegen.

Beim Notar – die Beurkundung

Herzlichen Glückwunsch! Der große Tag, auf den Sie so lange und gewissenhaft hingearbeitet haben, ist da! Sie unterzeichnen heute mit dem Käufer den Notarvertrag. Und da Sie optimal vorbereitet sind, kann nichts mehr schief gehen.

Also zumindest ist es sehr unwahrscheinlich. Vergewissern Sie sich dennoch beim Notar, dass die Grundschuldbestellung vorliegt und im Anschluss vom Käufer ebenfalls beurkundet wird. Liegt diesbezüglich nichts vor, ist der sichere Rat an Sie: Trotz aller Vorfreude – unterzeichnen Sie nicht. Schützen Sie sich und Ihren Käufer vor einem drohenden Ausfall des Kaufpreises. Es mag sein, dass die Bank schlichtweg »gebummelt« hat und diese Sorge unbegründet ist. Dennoch mein Rat: Verschieben Sie die Beurkundung um ein paar Tage.

Gehen wir davon aus, es liegt alles vor, da Sie im Vorfeld mit Ihrem Käufer über alles gesprochen haben. Dann geht es ins Verhandlungszimmer und der Notar wird den kompletten Vertrag vorlesen. Die meisten Notare unterbrechen an wichtigen Stellen des Vertrages und erklären das Vorgelesene und die Konsequenzen daraus vereinfacht. Auch ist es möglich, dem Notar noch in der Beurkundung Fragen zu stellen. Dies ist aufgrund Ihrer Vorbereitung unter Einbeziehung des Käufers wahrscheinlich nicht notwendig. Dennoch: Ab und an kommt doch noch eine Frage. Stellen Sie diese, wenn sie für Sie – aus welchen Gründen auch immer – plötzlich relevant ist. Vermeiden Sie aber Anmerkungen oder gar Anekdoten rund um die Immobilie, die nichts zur Sache tun. Notare haben meist einen engen Terminkalender und auch die Zeit Ihres Käufers sollten Sie nicht unnötig in Anspruch nehmen.

Es ist so weit: Der Notar hat bis zum Ende den Vertrag vorgelesen und bittet nun um Ihre leserliche, aber übliche Unterschrift und die des Käufers. In dem Moment, in dem abschließend auch der Notar seine Unterschrift leistet, ist der Vertrag geschlossen und es besteht kein Widerrufsrecht mehr. Der Notar arbeitet nun die Ihnen bekannten Punkte ab – und Sie und Ihr Käufer warten von nun an auf Post. Herzlichen Glückwunsch!

Ein neuer Abschnitt

Ein Einschreiben wird kommen …

»Gute Briefe sind wie gute Freunde.
Sie dürfen es heute eilig haben,
aber sie müssen sich morgen Zeit nehmen.«
Oskar Wilde (1854–1900), Schriftsteller

Ein Brief per Einschreiben löst meistens beim Empfänger eine gewisse Unruhe aus und weckt negative Assoziationen. Das Einschreiben, das Sie nun vom Notar erhalten, dürfen Sie mit Freude erwarten. Es wird die Fälligkeitsmitteilung sein mitsamt der vorbereiten Quittung über den Erhalt des Kaufpreises. Es ist also so weit: Sie haben die Immobilie vertragsgemäß geräumt und verlassen, der Käufer wird sich davon nach Absprache überzeugen und seine Bank anweisen, den Kaufpreis gemäß der Fälligkeitsmitteilung zu überweisen. Das ist wichtig, denn es kann ja erforderlich sein, dass Ihre Bank noch einen Teil des Kaufpreises erhält, um das Darlehen in Abteilung III des Grundbuchs zu löschen.

Die Übergabe

Wenn der Kaufpreis oder der laut Fälligkeitsmitteilung an Sie auszuzahlende Anteil des Kaufpreises vollständig bei Ihnen auf dem vereinbarten Konto eingegangen ist, ist der Käufer wirtschaftlicher Eigentümer Ihrer früheren Immobilie. Das heißt, Sie sollten jetzt zeitnah die Übergabe des Hauses oder der Wohnung angehen.

Dazu empfiehlt sich grundsätzlich ein kleines Übergabeprotokoll. Darin halten Sie Zählerstände (Gas, Wasser, Strom) fest und lassen sich idealerweise den »ordnungsgemäßen Zustand der Immobilie wie bei der letzten Besichtigung« quittieren. Ebenso halten Sie eventuell doch noch eingetretene Mängel fest, die Sie dann noch beheben müssen. Hat also in der Nacht vor der Übergabe und vor Eingang des Kaufpreises bei Ihnen ein Sturm das Dach abgedeckt, so sind Sie noch Ansprechpartner der Versicherung. Passiert es einen Tag später, ist es Sache des neuen Eigentümers.

Dokumentieren Sie außerdem die Unterlagen, die Sie dem Käufer zur Verfügung gestellt haben und halten Sie die Ansprüche fest, die Sie aufgrund bereits im Voraus gezahlter Grundsteuer und von Beiträgen zur Gebäudeversicherung bezahlt haben. Wenn Sie bereits für das ganze Jahr die Grundsteuer bezahlt haben, steht Ihnen ab dem Tag der Kaufpreiszahlung die Erstattung durch den neuen Eigentümer zu. Beispiel: Sie zahlen 365 Euro Grundsteuer im Jahr. Am 1. Februar des Jahres ist der Kaufpreis bei Ihnen eingetroffen. Entsprechend haben Sie 31 Euro zu tragen und die zu viel gezahlten 334 Euro muss der Käufer Ihnen erstatten. Diese Rechnung können Sie in allen Fällen so durchführen.

Erläutern Sie dem Käufer noch wichtige Funktionen in der Haustechnik, zum Beispiel bei der Heizung, und geben Sie ihm auch die Handwerker an, die bei Ihnen gearbeitet haben und mit dem Haus vertraut sind. Garantie- und Gewährleistungsansprüche leiten Sie ebenfalls weiter.

Unterzeichnen Sie gemeinsam das kurze Protokoll – und das war es an dieser Stelle fast: Tragen Sie auch noch ein, dass Sie alle Schlüssel übergeben haben und händigen Sie sie nun vollständig an den neuen Eigentümer Ihrer Immobilie aus.

Am Ziel

Das war's. Sie verlassen nun, hoffentlich als gern gesehener Gast, Ihr Haus. Das ist meist ein merkwürdiger Moment mit vielen Erinnerungen. Vor allem ist es ein endgültiger Moment. Ein Kapitel Ihres Lebens schließt sich und ein neues beginnt. Freuen Sie sich darauf! Die schönen Momente in Ihrem alten Haus sind ohnehin in Ihren Erinnerungen gespeichert. Freuen Sie sich auf neue Momente im neuen Umfeld!

Bevor Sie nun den neuen Lebensabschnitt angehen, müssen Sie dem Notar noch schriftlich bestätigen, dass Sie den Kaufpreis vollständig erhalten haben. Dazu ist der Fälligkeitsmitteilung meist eine vorbereitete Quittung beigefügt. Nun kann der Notar auch im Grundbuch die Eigentumsumschreibung vornehmen und in den nächsten Wochen endet dieses Kapitel für Sie auch offiziell.

Genießen Sie nun mit dem Erlös Ihrer Immobilie Ihren neuen Lebenstraum! Wie auch immer er für Sie aussieht. Falls Sie planen, den Erlös oder einen Teil davon in eine Renditeimmobilie zu investieren, dann schauen Sie doch gerne einmal in meinem Mitgliederbereich und registrieren Sie sich dort kostenlos. Hier gibt es interessante Anlagemöglichkeiten in Deutschland und auch international. Es sind kleine Eigentumswohnungen dabei bis hin zu großen Investments. Aber auch andere Anlagemöglichkeiten für Ihr Geld werden dort vorgestellt, die durchaus interessant sind und sich manches Mal angenehm von anderen Angeboten am Markt absetzen.

Nachwort

Niemand ist perfekt. Auch ich nicht. Von daher kann es sein, dass ein anderer Experte den einen oder anderen Rat in diesem Buch anders sieht. Dennoch garantiere ich Ihnen, dass ich meine Erfahrungen aus nun schon insgesamt 30 Jahren »Immobilien« nach bestem Wissen und Gewissen für Sie zusammengetragen habe. Ich hoffe, Sie ziehen daraus einen maximalen Nutzen und Mehrwert und gestalten Ihren Immobilienverkauf entsprechend erfolgreich. Gehen Sie das Thema nun mit dem richtigen Bewusstsein und auch mit stabilem Selbstbewusstsein an.

Warum ich dieses Buch geschrieben habe, hatte ich im Vorwort bereits angedeutet. Geprägt hat mich bei dem Gedanken des fairen und nachhaltigen Deals mein Vater. Er hat diese Haltung gelebt. Er war es auch, der mir einmal sagte, dass er gerne die Möglichkeit gehabt hätte, zu studieren und dann einmal ein Buch zu schreiben. Die wirtschaftliche Ausgangssituation war aber so, dass er zunächst eine Ausbildung zum Bäckermeister machte und durch harte Arbeit zusammen mit meiner Mutter ein erfolgreiches Geschäft aufbaute. Irgendwann waren dann Immobiliengeschäfte möglich, wobei ich mitmachen durfte. Mein Vater hat seine privaten Vermietungen so leicht und gut organisiert, dass Bekannte ihn gefragt haben, ob er das nicht auch für sie machen könne. Daraus entwickelte sich sein und letztlich auch mein Werdegang zum Immobilienmakler.

Oft haben wir gescherzt, dass wir unsere Erlebnisse und Erfahrungen mal in ein Buch schreiben sollten. Ein Buch schreiben, dieses Vorhaben hatte ich immer im Kopf, aber es war auch ganz weit weg. Wer soll das lesen? Und wann soll ich denn schreiben? Das waren die Vorwände, es nicht zu tun.

Dann änderte sich binnen fünf Minuten mein Leben und vor allem das Leben meines Vaters im wahrsten Sinne des Wortes durch einen Schlaganfall. Heute bin ich froh, mich damals mit meinem Vater noch unterhalten zu können. Aber schreiben konnte er nicht mehr. Das war der Auslöser, mich endlich hinzusetzen und sein und mein Wissen zusammenzutragen und dieses Buch zu schreiben. Vor allem war mir wichtig, dass er es auch noch in den Händen halten konnte. Mittlerweile hat er seinen Frieden gefunden.

Das ist die Stelle, an der man »Danke« sagt. Danke an Sie, die dieses Buch gekauft haben und mir insofern auch vertraut haben. Danke an meine Steuerberaterin Katrin Buschmann für ihr kritisches Auge über viele meiner Zahlen und ihrem Berufskollegen Rainer Schoeps für den einen oder anderen Tipp.

Ein besonderer Dank geht an Thilo Baum, der mich aktiv unterstützt hat und der mir insbesondere bei der Strukturierung des Buches geholfen hat und den finalen Anstoß gab, diese Zeilen zu schreiben.

Danke auch an meine Familie und insbesondere an Nicole. Ohne sie und ihr Verständnis und ihre Geduld wären diese Zeilen nicht möglich gewesen. Sie hält mir fantastisch den Rücken frei und ist nebenbei noch eine großartige Mutter für Lena und Marie.

Zum Schluss auch noch ein großer Dank an mein Team im Büro. Michaela, Sonja und Tahnee, ihr macht einen großartigen Job und auf euch ist Verlass. Obwohl ihr lange nichts von diesen Zeilen wusstet, habt ihr geduldig hingenommen, dass der Chef immer mal wieder aus dem Haus war und sich zurückgezogen hat. Besonderer Dank geht an Sonja für die Textprüfung.

Wenn Sie mit mir und meinem Team weiter in Kontakt bleiben möchten, dann würde mich das freuen. Wir haben auf unserer Website www.im-g.de ein Blog[4] hinterlegt und geben unser Wissen auch

[4] im-g.de/blog

an anderen Stellen gerne an Sie weiter. Scheuen Sie auch nicht, sich bei konkreten Fragen direkt an mich zu wenden. In Zeiten von Video-Calls spielt Entfernung keine Rolle mehr. Auch tatkräftige Unterstützung ist möglich, selbst wenn ich nicht in Ihrer Nähe wohne. Es finden sich Lösungen, um Ihnen gezielt zu helfen. Vernetzen Sie sich auch gerne auf Social Media[5] mit mir und mit uns.

In diesem Sinne: Ich freue mich, auch Sie kennenzulernen. Bis dahin alles Gute, bleiben Sie gesund und bis bald!

»Was immer du tun kannst oder träumst es zu können,
fang damit an.«
Johann Wolfgang von Goethe

Hier geht es zum Mitgliederbereich:

https://arndtgerhardts.com/hurra-buch-bonus

5
https://www.linkedin.com/in/arndtgerhardts
https://www.instagram.com/arndtgerhardts
https://www.youtube.com/user/GerhardtsImmobilien
https://www.facebook.com/agerhardts
https://twitter.com/Arndt_Gerhardts

arndtgerhardts.com